国家全球战略智库系列专题报告

APEC：中国推进全球化的再次努力

国外智库论中国与世界（之四）

中国社会科学院国家全球战略智库

王灵桂／主编

APEC:

THE PLATFORM FOR THE GLOBALIZATION FROM CHINA'S EFFORTS

Special Report on China and the World by International Strategic Think Tanks (No.4)

社会科学文献出版社
SOCIAL SCIENCES ACADEMIC PRESS (CHINA)

编委会

前　言

中国对亚太经济一体化有引领之责，无主导之心

陆忠伟[*]

第二十六次亚太经合组织（APEC）领导人非正式会议将于今年底在南太平洋岛国巴布亚新几内亚首都莫尔兹比港举行。2013年以来，从巴厘岛到北京、马尼拉，从利马、岘港到莫港，域内成员元首频繁会晤，规划行动愿景，描绘合作蓝图，致力于建立新型区域经贸合作关系。今日，中国东南沿海经济重镇福州举办的这场学术盛会，将从更广阔的视野、更全面的角度，讨论及思考进一步推促亚太经济合作的理念与路径。

莫港峰会面临的形势，仍然是挑战与机遇并存，开放与保护光影交织。细言之，经济全球化失速，世界经济深度调整，新一轮科技和产业革命尚未形成势头，区域一体化进程遭遇“逆风”。2017年，全世界出台约500项贸易保护主义措施；2018年伊始，美国启动“301调查”“232调查”，对中国输美商品大幅加征关税，奖出限进，并以“国家安全”为由，对中美高科技领域正常的贸易与投资活动设限使绊。

美国的行径严重冲击国际贸易秩序，对区域经济合作构成严重冲击。然而，越是面临竞争合作同步深化，越需各国高层高瞻远瞩；越是利益错综复杂，越需增信释疑，找到新利益契合点；越是面临区域性机制和目标重塑，越需携手应对。莫港峰会所定的“把握包容性机遇，拥抱数字化未来”的主题，摸准了区域经济一体化症结所在，契合了成员对反一体化抬头的关切，贴近了各国拥抱新工业革命的迫切要求。

---

* 陆忠伟，中国现代国际关系研究院原院长。

2013年至今，历次APEC峰会已触及亚太经济合作的深层次、结构性问题。概言之，一是亚太经合组织缺少有效约束，切实行动力度不大；二是区域贸易协定碎片化严重，即形成“意大利面碗”现象；三是区域贸易循环多有梗阻，气滞血瘀；四是东北亚、南亚等传统区域经济合作进展缓慢；五是特朗普政府强硬修改双边自贸协定，以取代多边或区域机制，退出“跨太平洋伙伴关系协定”（TPP）；六是一些国家为重塑贸易竞争优势，频频出台内顾性、限制性保护政策。

商海无边，善游者胜。对区域经济合作的光影交织现象，如何看，怎么做？不单是基于经济逻辑的思考，更需各国基于辩证思维，统筹考虑。所以，面对“逆风”及“雾霾”，要看清区域经济合作本质，看准各国贸易政策动向，看透亚太地区总体开放、稳定、繁荣的基本盘。毋庸置疑，打造发展创新、增长联动、利益融合的亚太经济格局，仍是所有成员利益所在。幸运的是，由于一些国家勇担政治责任与灵活使用外交技巧，多边主义DNA“生生不息”，区域FTA“火焰不灭”。

其标志，当属2014年以来，中国积极推进区域全面经济伙伴关系协定（RECP）谈判，并启动推进亚太自贸区（FTAAP）建设。2017年岘港峰会上，各成员重申：全面系统推进并最终实现亚太自贸区。此外，TPP 11国仍续推谈判，致力于建设“全面与进步跨太平洋伙伴关系协定”（CPTPP）。当下，CPTPP东山再起，有扩大规模之势；RCEP高开高走，完成谈判指日可待。笔者赞同CPTPP、RCEP与FTAAP相向而行，共促亚太地区PPP（和平、繁荣、伙伴）关系形成。

APEC聚集了区域主要经济体，其影响和作用举足轻重，但也身处应对风险挑战、开拓增长空间的最前沿。缘于此，各成员对莫港峰会充满期待。期望值此区域经济一体化负重爬坡的当口，借莫港峰会，及时传递同舟共济、共克时艰的重要信号；通过各自行动与集体合力，既添当下动力，活血化瘀，又促长远发展，根治“意大利面碗”病症，坚定对FTAAP建设的“道路自信”，确保这一建设的可持续及深化，进而发挥APEC区域经济治理主平台的作用。

中国与其他亚太国家在地理上毗邻而居——不论是从国与海、城与海的海上通道联系角度观察，还是从一山两国、一村两国的国土接壤、陆路通联角度分析，得益于基础设施“神经系统”的发达、完善，太平洋两岸国家不仅地理距离越来越近，而且在资源链、产业链、价值链、供应链中的互为一体的关系更是愈发密切，正形成新的“天缘”、“地缘”、“币缘”与“物缘”关系，即经济贸易合作愈发兼具文化属性、战略属性、金融属性和商品属性。家长里短常有，磕磕碰碰难免。

中国对亚太区域经济一体化趋势，有“引领”之责，无“主导”之心，绝无与美国争夺地区主导权的意图。中国更关注，如何才能胜任“引领者”新角色——把中国的发展转变为周边国家的机遇，把与周边国家的合作潜力转变为中国的机遇，进而将政治关系、民意所向、守望相助、陆海通道、经济互补等诸多优势转化为务实合作、持续增长的有利条件，努力让经济一体化更具包容性，更富“数字化”元素，以使各国都能从中获得经济转型、产业升级等实实在在的好处。

从岘港峰会到莫港峰会，目前经历了中共十九大到今年博鳌亚洲论坛年会。短短半年时间，中国给亚太经济送上了沉甸甸的“大红包”：大幅度放宽市场准入，即将出台新的外商投资负面清单，降低汽车等消费品进口关税，汽车行业5年内取消外资股比限制；推进金融市场“大爆炸”，即放宽银行、证券、保险业的外资股比限制，准许外资证券公司将股比上限从49%提至51%，以及放开会计、审计、建筑设计等领域外资准入限制。此乃中国基于发展需要做出的战略选择，以行动展现了对区域经济一体化的“引领”之责及负责任的“大国自信”。

岘港峰会以来，中国积极推进“大通关”机制建设，参与关税减让谈判，开展国际贸易“单一窗口”试点，并大力推动电子商务、数字贸易等新型业态发展，以降低贸易成本（据估算，各国跨境文件审核和通关程序成本约占贸易成本的80%）。与此同时，通过双边或区域合作，完善边境口岸的通关软硬件——海关质检人员培训与基础设施建设，以便共享监管设施，优化监管流程，提高通关效率，缩短通关时间。

从2013年巴厘岛峰会到今年莫港峰会的五年期间，恰是中国“一带一路”倡议出台，活跃区域经济的五年。该倡议成为区域一体化的新里程碑——既推进产能、贸易、投资的“通”与“联”，还构建货币流通的“路”与“网”。三年多来，中资银行在“一带一路”沿线26

个国家设立了62家一级分支机构，通过资金的长短期“变压”，变储蓄死水为长期资本，利用外部金融活水及流通顺畅的金融体系，助推产能合作，促进沿线国家与中国资本市场的融合。

2017年中国主办“一带一路”国际合作高峰论坛以来，关于“一带一路”的认识越来越深化，理念越来越与时俱进，如下思维愈发获得国际社会认可：正和思维超越零和思维，开放思维超越地理思维，陆运思维充实海运思维，资本思维超越产业思维，长线思维兼顾短线思维，文化思维助推经贸思维，以及多双边并行合作思维超越开发援助与单向出资思维。总之，基于对“一带一路”认识的深化，南太平洋也成为“21世纪海上丝绸之路”的自然延伸，突破了洲际和次区域间的藩篱。

2017年6月，国家发改委和国家海洋局联合发布的《“一带一路”建设海上合作设想》提出，要重点建设三条蓝色经济通道之一，即中国—大洋洲—南太平洋蓝色经济通道。本人赞同大洋洲“一带一路”促进机制发起人、新西兰国家党主席彼得·古德费洛先生的观点——“对大洋洲地区来说，‘一带一路’仍是当前的一个巨大良机”，机制“有助于推动大洋洲国家与中国在经济社会和文化领域的资源整合与机会共享”。

对“一带一路”倡议，国际社会存在防范之心、质疑之声。有西方媒体报道，“澳新等国担心中国扩大对南太的影响力”，担心中国的基础设施有军事用途。必须指出，“一带一路”的关键项目，不搞一家独大，不搞暗箱操作，也不搞赢者通吃。正如世界著名未来学家、《大趋势》一书作者约翰·奈斯比特所言，“中国努力让经济全球化更具包容性，‘一带一路’的经济和地理愿景将对中国和世界产生重大影响”。

对抹黑中国的“新殖民主义论”“经济动物论”必须消毒脱敏。但这些谬论提示我们应注意发挥文化认同对金融、产能合作的作用。鉴于此，应提倡以“古丝路”的“大敦煌”“三宝庙”带有的文化符号作为合作图腾，化解沿线国家的猜忌与狐疑，以“天缘”（文化属性）替代“地缘”（战略博弈）。

是为序。

2018年5月13日于福州

目　录

制裁是如何帮助普京的

Andey Movchan*

原文标题： How the Sanctions Are Helping Putin

文章框架： 西方观察家和克里姆林宫发言人一致认为，西方制裁是俄罗斯经济困难程度日益加深的主要原因；然而，制裁并不能阻止俄罗斯成为一个积极的全球经济参与者。

观点摘要：

1. 西方观察家和克里姆林宫发言人一致认为，西方制裁是俄罗斯经济困难程度日益加深的主要原因。但这明显忽略了一个事实，即西方制裁可能实际上不会对俄罗斯造成太大影响。其中，经济数据发人深省，俄罗斯的人均国内生产总值（GDP）已降至2007年的水平，到2016年秋天，按美元计算，俄罗斯的国内生产总值比2013年减少了40%，实际卢布价格下跌15%。但关键在于，这种下降与西方制裁几乎没有关系，西方制裁的影响主要在政治方面，而不是经济方面。事实上，西方制裁的重点是俄罗斯的部分企业，比如建筑业巨头俄罗斯天然气建筑与输送公司（Stroytransgaz）和北海航线银行（SMP），这两家公司属于普京的密友阿卡迪·罗滕贝格。西方制裁措施包括阻止一小部分俄罗斯人前往相关国家或与这些国家的人做生意，并禁止其向俄罗斯转移军民两用的军事技术和先进的石油勘探设备。这些制裁措施涉及的经济总量占俄罗斯经济总量的比例不到10%，但更重要的是，由于俄罗

---

* Andey Movchan，卡内基莫斯科中心经济政策项目高级研究员和主任，研究领域是俄罗斯经济、欧亚经济联盟以及俄罗斯与欧盟经济关系的未来。来源：卡内基国际和平研究院（美国智库），2017年3月28日。

斯的银行体系流动性较大，所有被制裁的公司都可以很容易地从俄罗斯银行借到足够的资金。俄罗斯通过禁止本国公司从西方国家进口食品来回应西方制裁，这就“剥夺”了俄罗斯中产阶级的美食，比如帕尔马干酪、熏火腿、挪威三文鱼和希腊橙子。

2. 然而，制裁并不能阻止俄罗斯成为一个积极的全球经济参与者。它仍然是世界贸易组织（WTO）和亚洲太平洋经济合作组织（APEC）的成员。俄罗斯将其储备金保留在最具流动性的金融工具和货币中，其货币交易和对外贸易不受限制。而且俄罗斯主权债务收益率很低，短期内没有迹象显示出收益率有上升的可能性。此外，俄罗斯及其企业没有“遭受”别国的保护主义或反倾销关税等敌对经济措施，因此，借贷限制对一个外债水平早在 2014 年之前就已经下降的国家并没有什么用。2015 年到 2016 年，尽管有技术禁令，但俄罗斯石油和天然气产量的增长速度超过了所有海湾国家，甚至美国。最后，决定俄罗斯经济状况的一个主要因素是油价。随着油价趋于稳定，俄罗斯经济在很大程度上已经复苏，并转向缓慢衰退模式，因此，据世界银行（World Bank）估计，对俄制裁措施将使俄罗斯的国内生产总值减少不到 0.5 个百分点。这并不令人意外，因为即使是 0.5 个百分点也可能是过高的估计。

合作与竞争：俄罗斯和中国在中亚、俄罗斯远东和北极事务中的关系

Paul Stronski；Nicole Ng *

原文标题： Cooperation and Competition：Russia and China in Central Asia，the Russian Far East，and the Arctic

文章框架： 在多边合作的基础上，中国和俄罗斯在20世纪90年代开始协调它们在联合国和其他国际机构中的合作关系以提高地位；在过去十年中，俄罗斯已经从将中国视为对其远东地区的威胁转变为将中国视为在该地区发展的关键合作伙伴。

观点摘要：

1. 在多边合作的基础上，中国和俄罗斯在20世纪90年代开始协调它们在联合国（UN）和其他国际机构中的合作关系以提高地位。例如，1997年中国和俄罗斯向联合国大会提交了《中俄关于世界多极化和建立国际新秩序的联合声明》，这表明两国对国际体系中西方统治地位的不满，以及希望重建有利于它们发展的国际体系。由于拥有作为联合国安全理事会常任理事国所具有的权威和影响力，中国和俄罗斯都致力于促进联合国成为国际体系的关键支柱。中国和俄罗斯也在亚洲太平洋经济合作组织（APEC，以下简称亚太经合组织）、东亚峰会、二十国集团（G20）等主要经济组织和金砖国家（成员为巴西、俄罗斯、印度、中国和南非）中合作，以维护它们的利益。

2. 在过去十年中，俄罗斯已经从将中国视为对其远东地区的威胁

---

* Paul Stronski，卡内基俄罗斯和欧亚计划高级研究员，研究重点是俄罗斯与中亚、南高加索地区邻国的关系。Nicole Ng，卡内基俄罗斯和欧亚计划初级研究员。来源：卡内基国际和平研究院（美国智库），2018年2月28日。

转变为将中国视为在该地区发展的关键合作伙伴。在 2017 年举行的亚太经合组织峰会之前，俄罗斯总统普京连续第四年肯定俄罗斯远东地区的经济发展是俄罗斯“整个 21 世纪的优先任务”。俄罗斯远东地区的经济发展是其实现提升安全能力和在东北亚地位目标的关键组成部分。

一场史无前例的示威：秘鲁消除性别暴力的呼声

Melanie Landa[*]

原文标题：An Unprecedented Demonstration：A Cry to Eradicate Gender－Based Violence in Peru

文章框架：2016 年 8 月 13 日，秘鲁出现了大规模示威活动，抗议者举行了近几十年来最大的关于性别暴力的游行活动；尽管现有趋势令人不安，但上周的事件是反对性别暴力运动浪潮中的一个重要变化。

观点摘要：

1.2016 年 8 月 13 日，秘鲁出现了大规模示威活动，抗议者举行了近几十年来最大的关于性别暴力的游行活动。5 万多名秘鲁民众（主要是妇女）聚集在城市街道上进行了一场前所未有的游行抗议，呼吁要为秘鲁妇女申张正义，因为她们经常遭受性别暴力甚至“司法疏忽”。这个拥有超过 3000 万人口的南美国家的性别暴力发生率之高令人震惊。秘鲁作为西半球国家之一，也加入了消除基于性别暴力的呼吁行动中，并参加了谴责针对女性暴力行为的“一个都不能少”（Ni Una Menos）运动。在秘鲁，对妇女的暴力行为并不少见。过去几十年里，妇女一直受到虐待，甚至受到被认为本应该保护她们的相关部门的不公正对待。在 20 世纪 90 年代和 21 世纪初，秘鲁“见证”了近年来最严重的女性侵权事件之一，在前总统阿尔韦托·藤森的领导下，数千名妇女被强制绝育，以防止在所谓的“计划生育”政策下出现人口过剩和贫困现象。可悲的是，秘鲁的性别暴力事件远远超出了国家这一层面。它就像一种

---

* Melanie Landa，半球事务研究所研究助理。来源：半球事务研究所（美国智库），2016 年 8 月 17 日。

在国家社会和文化中蔓延的流行病，逐渐侵蚀着国家的完整性。

2. 尽管现有趋势令人不安，但上周的事件是反对性别暴力运动浪潮中的一个重要变化。秘鲁的示威规模前所未有，一些参与者引起了当地和国际媒体的注意。最重要的是，新上任的总统佩德罗·巴勃罗·库琴斯基也参加了游行，并宣布他将致力于消除性别暴力："在秘鲁，我们不要针对任何人的暴力行为，尤其是对妇女和儿童。"库琴斯基接着说，消除性别暴力的第一步是鼓励公众谴责，因此，他呼吁妇女加入谴责杀害妇女和其他性别暴力行为的集体机构中。只有通过这样的社区活动，秘鲁才能"克服"妇女面临的残酷现实。此外，其他公职人员也就反对性别暴力对经济发展的重要性做出评论。秘鲁妇女部部长马塞拉·怀塔指出，性别暴力对妇女参与秘鲁经济活动产生了不利影响。怀塔解释道，2016 年亚洲太平洋经济合作组织（APEC）妇女与经济论坛指出，由于妇女受到家庭暴力侵害，秘鲁的公司每年损失 1.9 亿～25 亿美元。当暴力事件发生后，妇女必须予以应对或参加有关司法听证会，从而失去工作。

俄罗斯在拉丁美洲的参与：最新进展

Evan Ellis [*]

原文标题： Russian Engagement in Latin America：An Update

文章框架： 随着美国在西半球的领导地位在多个领域“倒退”，以及俄罗斯和中国越来越多地对该地区的军事、安全和基础设施项目进行投资，拉丁美洲与欧亚国家的关系可能会在2018年发生变化；俄罗斯与该地区的一些合作伙伴解除了合作关系；在墨西哥，与美国的政治紧张关系促使墨西哥向俄罗斯靠拢；在尼加拉瓜，俄罗斯向该国提供了一系列装备；俄罗斯在“北方三角”的其他地方做出了努力；具有讽刺意味的是，俄罗斯在拉丁美洲的发展受到中国在该地区发展的限制；如果俄罗斯和中国在拉丁美洲进行更明确的合作，就像它们偶尔在西伯利亚和亚洲其他地方那样，那么对美国利益的威胁可能会更大；在回应俄罗斯的挑战时，美国不应试图阻止该地区与俄罗斯和其他商业伙伴之间的合法政治和商业往来。

观点摘要：

1. 在2017年9月于厦门举行的金砖国家（BRICS）峰会中，俄罗斯几乎没有出现在媒体的报道中，而且在11月，弗拉基米尔·普京在越南岘港举行的亚太经合组织（APEC）峰会上的讲话甚至没有提到拉丁美洲。与俄罗斯在2008年和2013~2014年在拉丁美洲高调的政治和军事行动相比，它在2017年与该地区的接触是“不平衡”的。但是，随着美国在西半球领导地位在多个领域“倒退”，以及俄罗斯和中国越来越多地对

---

* Evan Ellis，半球事务研究所客座学者。来源：半球事务研究所（美国智库），2018年1月19日。

该地区的军事、安全和基础设施项目进行投资，拉丁美洲与欧亚国家的关系可能会在2018年发生变化。与中国在拉美的活动形成鲜明对比的是，俄罗斯的参与主要集中在有限的一些国家经济部门中，这些部门以销售武器为主。尽管俄罗斯向加勒比地区派遣游客，并从“南锥体”（特别是南美洲大陆南端的几个国家）购买农产品，但该地区的商人和政治领导人根本不希望获得俄罗斯广阔的市场、巨额的贷款和投资。

2. 俄罗斯目前在石油、采矿、核能、建筑和航天等领域的商业项目数量有限。它还向古巴出售数量不多的汽车和其他商品，但除了军事用品之外，俄罗斯产品和服务的竞争力较弱。在过去一年里，俄罗斯与该地区的一些合作伙伴解除了合作关系。在阿根廷，亲西方的总统毛里西奥·马克里（Mauricio Macri）的当选决定了几个已经陷入困境项目的命运，包括购买Su－24拦截机，安装格洛纳斯（GLONASS）全球导航卫星系统，以及在阿图查电站建设一座核反应堆的合同。在巴西，尽管政府确实向俄罗斯购买了大量萨姆－24“针－s”便携式防空导弹并于2017年4月交付最后一批，但重要的俄罗斯武器交易仍处于停滞状态，如铠甲（Pantsir－S1）防空系统。即使是对该地区的主要军火客户委内瑞拉来说，俄罗斯似乎也已经失去了根基。尽管俄罗斯在该地区的挫折可能会助长美国的自满情绪，但俄罗斯在该地区的扩张速度将比人们普遍认为的要快得多。

3. 在墨西哥，与美国的政治紧张关系促使其向俄罗斯靠拢，以实现一种地缘政治平衡，并向美国发出警告。俄罗斯卡莫夫公司（Kamov）已经向墨西哥出售了“安萨特”（Ansat）直升机，而且据报道，墨西哥将重新评估并购买更多的Mi－17直升机。如果在2018年7月的总统选举中左翼候选人安德烈斯·曼纽尔·洛佩兹·奥夫拉多尔（AMLO）获胜，那么这可能会进一步推动墨西哥与俄罗斯合作。此外，尼加拉瓜一直是俄罗斯与中美洲重新接触的中心，因为通过其很容易与由洪都拉斯、危地马拉和萨尔瓦多组成的“北方三角”（Northern Triangle）地区进行政治和安全接触。

4. 在尼加拉瓜，俄罗斯向该国提供了一系列装备，包括BMP－3和BTR－80装甲车、Mirazh巡逻艇、Molina导弹艇和T－72坦克。俄罗斯还讨论了向该国出售雅克－130（Yak－130）战斗机拦截器。在与尼加拉瓜领导人丹尼尔·奥尔特加·萨阿韦德拉（Daniel Ortega Saavedra）建立稳固关系的基础上，俄罗斯也帮助其在马那瓜郊区建立了一个新的戒毒中心。该设施最初用于训练尼加拉瓜警察，但预计最终将从中美洲各地接收来自中美洲的人员，以支持俄罗斯在该地区的安全利益。此外，俄罗斯还与其签署了一项协定，允许俄罗斯海军舰艇进入尼加拉瓜港口，尽管这不是正式的“基地”协定。

5. 在“北方三角”的其他地方，萨尔瓦多总统桑切斯（Salvador Sánchez Cerén）可能会扩大与俄罗斯的政治、经济和安全合作。在加勒比地区，俄罗斯在巩固其在古巴的地位方面取得了显著进展。在多米尼加共和国，尽管该国没有在政治或军事领域与俄罗斯进行广泛合作，但2015 年 9 月其取消对俄罗斯人的签证要求，仅 2017 年一年，俄罗斯游客数量就增加了 90%。

6. 具有讽刺意味的是，俄罗斯在拉丁美洲的发展受到中国在该地区发展的限制。中国已经在某种程度上取代了俄罗斯，向秘鲁和委内瑞拉等国出售武器。在商业领域，中国公司收购了俄罗斯铝业公司（Rusal）在牙买加氧化铝合资公司（Alpart）铝土矿炼油厂的股权，并在阿根廷击败了俄罗斯国家原子能公司（Rosatom），以进行相关的核能工作。

7. 然而，俄罗斯和中国的利益也相辅相成，因为俄罗斯的贷款和其他投资维持了反美政权（如委内瑞拉），使这样的国家与俄罗斯一起进行“令人棘手”的活动，而中国不一定会冒险。如果俄罗斯和中国在拉丁美洲更明确地合作，就像它们偶尔在西伯利亚和亚洲其他地方那样，那么对美国利益的威胁可能会更大。

8. 在回应俄罗斯的挑战时，美国不应试图阻止该地区与俄罗斯和其他商业伙伴之间的合法政治和商业往来。相反，美国应该采取一系列激励措施来阻止俄罗斯建立一个非民主以及反美政权，并阻止在冲突时期俄罗斯做出对其造成威胁的选择。美国可以使自己成为一个好的合作伙伴。在可能的情况下，美国国防部应优先考虑高水平的外国军事武器，这将使合作伙伴不再依赖俄罗斯的商品和支持关系，其中包括向秘鲁出售“斯瑞克”（Stryker）装甲车，以及继续向墨西哥出售黑鹰直升机和高机动性多用途轮式车辆（HMMWV）。

中美双边合作：推进气候变化政策的进展

Joseph Aldy；Ftomas Brewer；Chen Ji；Qi Yue；Robert Stavins；Robert Stowe；Wang Pu；Zhang Xiaohua；Zheng Shuang；Zou Ji *

原文标题：Bilateral Cooperation between China and the United States：Facilitating Progress on Climate – Change Policy

文章框架：2014 年 11 月 12 日，在北京举行的亚太经合组织（APEC）会议之后，中国国家主席习近平和美国总统奥巴马都表明了愿意减少中国和美国二氧化碳排放量的意向；中美在这样的大型区域协定中协作可能是中美合作面临的新挑战。

观点摘要：

1. 2014 年 11 月 12 日，在北京举行的亚太经合组织（APEC）会议之后，中国国家主席习近平和美国总统奥巴马共同表示愿意减少中国和美国二氧化碳排放量的意向。在声明中，两国政府还承诺扩大正在进行的合作，以开发和展示清洁能源和碳捕获及储存技术；继续推进先前的合作，以减少氢氟碳化合物的排放；分享低碳城市的发展经验；推进

---

* Joseph Aldy，哈佛大学肯尼迪政府学院公共政策副教授。Ftomas Brewer，国际贸易和可持续发展中心高级研究员。Chen Ji，国家应对气候变化战略研究和国际合作中心（NCSC）国际合作部助理研究员。Qi Yue，国家应对气候变化战略研究和国际合作中心（NCSC）国际合作部助理研究员。Robert Stavins，哈佛大学肯尼迪政府学院商业与政府专业教授。Robert Stowe，哈佛大学环境经济项目执行主任。Wang Pu，哈佛大学肯尼迪政府学院博士后研究员。Zhang Xiaohua，联合国秘书长办公室气候变化南南合作高级政策顾问。Zheng Shuang，国家应对气候变化战略研究和国际合作中心（NCSC）清洁发展机制项目管理中心研究员。Zou Ji，曾任国家应对气候变化战略研究和国际合作中心（NCSC）教授兼副主任。来源：贝尔福科学与国际事务研究中心（美国智库），2016 年 2 月 24 日。

“绿色商品”贸易的发展。

2. 此外，中国和美国也可以通过诸如亚洲太平洋经济合作组织（APEC）等论坛和机制，在多边或区域层面进行合作。然而，2015 年 10 月初，由 12 个国家达成的跨太平洋伙伴关系协定（TPP）涵盖了美国，但不包括中国。此外，在由 16 个国家参与的区域全面经济伙伴关系协定的谈判中包括中国，但不包括美国。由此看来，中美在这样的大型区域协定中协作可能是中美合作面临的新挑战。

理解跨太平洋伙伴关系协定

Jeffrey J. Schott *

原文标题： Understanding the Trans - Pacific Partnership

文章框架： 跨太平洋伙伴关系协定（TPP）是自 20 多年前世界贸易组织（WTO）建立以来最全面的贸易和投资协定；为了解跨太平洋伙伴关系协定的动机和野心，考察该协定成员最初的意图是有道理的；对于美国来说，跨太平洋伙伴关系协定可以产生永久性的占国内生产总值 0.5% 的实际收益，这是一个很大的数字；尽管所有跨太平洋伙伴关系协定成员都从贸易和投资改革中获益，但并非所有公司和工人都能过得更好；跨太平洋伙伴关系协定为更广泛的亚太地区经济一体化建立了一个更全面的模板；跨太平洋伙伴关系协定对中国在诸如劳动者权益、数据自由流动和知识产权等领域提出了一些基本挑战。

观点摘要：

1. 跨太平洋伙伴关系协定（TPP）是自 20 多年前世界贸易组织（WTO）建立以来最全面的贸易和投资协定。它消除了广泛的贸易和投资壁垒（其中一些障碍在以前的贸易协定中是无形的），并就扭曲贸易

---

* Jeffrey J. Schott，华盛顿大学学士、约翰·霍普金斯大学研究学院国际关系专业硕士；于1983 年加入彼得森国际经济研究所，是国际贸易政策和经济制裁方面的高级研究员，现任美国国际经济政策咨询委员会委员，曾任普林斯顿大学客座讲师（1994 年）、乔治城大学兼职教授（1986 ~ 1988 年）、卡内基国际和平研究院高级助理（1982 ~ 1983 年）以及美国财政部国际贸易和能源政策方面的高级助理（1974 ~ 1982 年）。来源：彼得森国际经济研究所（美国智库），2016 年 5 月 9 日。

和投资流动的国内政策制定了最先进的规则。

2. 为了解跨太平洋伙伴关系协定的动机和野心，考察该协定成员最初的意图是有道理的。但跨太平洋伙伴关系协定给这种分析带来了复杂内容：与其他贸易谈判不同，参与跨太平洋伙伴关系协定谈判的国家在谈判过程中不断增加，而且各自增加了自己的出口优先权，提高了进口敏感度。新加坡、智利、新西兰和文莱（“P4”）于2004年签署了跨太平洋战略经济伙伴关系协定，成为之后跨太平洋伙伴关系协定的创始成员。

3. 2010年3月，八个国家参加了在澳大利亚的第一轮谈判（澳大利亚、秘鲁、美国和越南加入“P4”，越南最初作为“准会员”）；2010年10月，马来西亚加入谈判，紧随其后的是加拿大和墨西哥在2012年底加入谈判，并且日本在2011年宣布加入谈判，韩国在2013年宣布加入谈判。

4. 亚洲参与者发起跨太平洋伙伴关系协定谈判的主要目标反映了新加坡已故总理李光耀（Lee Kuan Yew）的战略眼光，即确保美国对该地区经济发展的持续参与，并维护美国的战略性参与以遏制在过去一个世纪中对东亚和东南亚构成极大破坏的军事冒险主义。相同的目标支撑了20世纪80年代末亚太经济合作组织（APEC）的创立，并在之后的将近三十年内继续推动着此战略举措的发展。

5. 对于美国来说，跨太平洋伙伴关系协定可以产生永久性的占国内生产总值0.5%的实际收益，这是一个很大的数字。美国出口商和投资者获得了大量进入跨太平洋伙伴关系协定经济体的机会，特别是日本和越南，美国的农民和服务公司可以获取重大收益。从绝对意义上说，日本将受益更多，因为它必须做更多工作来改革其扭曲贸易和投资的现行政策。日本的收益应该接近其国内生产总值的2.5%。美国和日本一起占这12个国家总收益的55%左右。但最大的赢家可能是较贫穷的跨太平洋伙伴关系协定成员越南和马来西亚，这两国的预期收益分别为其国内生产总值的8.1%和7.6%，这是因为这些国家已承诺大幅改革其现行政策。在自由贸易协定（FTAs）中，各国从“放弃”自身贸易壁垒的限制中受益最多。

6. 尽管所有跨太平洋伙伴关系协定成员都从贸易和投资改革中获益，但并非所有公司和工人都能过得更好。一些公司在面临新的竞争格局时缩小规模或离开；一些工人将失去他们的工作。跨太平洋伙伴关系协定不涉及就业政策，也不要求企业重组或对工人进行再培训。政策制定者在推进战略以及利用跨太平洋伙伴关系协定创造的新机会时，需要应对这些调整带来的挑战。鉴于对失业工人较弱的安全保障，美国尤其如此。

7. 跨太平洋伙伴关系协定为更广泛的亚太地区经济一体化建立了一个更全面的模板，并能为未来亚太自由贸易区（FTAAP）的建设提供一个核心，美国、中国和其他亚太经济合作组织成员在 2014 年 11 月的北京亚太经合组织峰会上同意推进亚太自由贸易区建设。为了实现这一目标，美国寻求将跨太平洋伙伴关系协定的成员扩大到该地区愿意并能够履行和落实该协定广泛义务的所有国家。值得注意的是，跨太平洋伙伴关系协定不是区域全面经济伙伴关系协定（RCEP）的替代选择或竞争对手，区域全面经济伙伴关系协定最初被日本设想为一个“东盟 +6”谈判，包含东南亚国家联盟和它们在亚洲、大洋洲的自由贸易协定伙伴。事实上，几乎一半的区域全面经济伙伴关系协定成员也是跨太平洋伙伴关系协定的成员，并且其他几个国家也正准备在未来参与跨太平洋伙伴关系协定，其中包括中国。

8. 跨太平洋伙伴关系协定是有生命力的协定，一些国家已经在积极审查其要求，以确定一旦协定生效，是否申请加入。与最初预期的该协定只对亚太经济合作组织成员开放的想法相反，跨太平洋伙伴关系协定的最后条款允许任何愿意和能够履行其广泛义务的国家加入，并得到了所有成员的批准。

9. 中国对跨太平洋伙伴关系协定的兴趣主要是由该协定如何补充和加强国内改革（在金融和其他服务业以及有关国有企业的规定等领域）所决定的，而中国正对其关键经济部门逐步实施改革。

10. 跨太平洋伙伴关系协定对中国在诸如劳动者权益、数据自由流动和知识产权等领域提出了一些基本挑战。越南同意调整其政策，以达到跨太平洋伙伴关系协定的高标准，其需要在一段时间内进行必要的行政和监管改革，因为它只有这样做才能保持竞争力。

11. 如果跨太平洋伙伴关系协定扩大到包括韩国、印度尼西亚和其他亚洲主要贸易伙伴，那么中国可能会面临重大贸易转移，这可能导致它重新考虑其在跨太平洋伙伴关系协定的成员身份或寻求与美国通过另一种途径深化经济合作，比如正在进行中的亚太经济合作组织建立亚太自由贸易区的努力。亚太经合组织一份有关建立亚太自由贸易区后续举措的研究报告（由中国和美国共同进行），将在 2016 年 11 月呈现在亚太经合组织领导人面前。这项研究可能为下一任美国总统在今后十年扩大跨太平洋伙伴关系协定和更广泛的亚太经济一体化范围提供新的选择。

跨太平洋伙伴关系协定对世界贸易体系的影响

Jeffrey J. Schott；Cathleen Cimino – Isaacs；Euijin Jung*

原文标题： Implications of the Trans – Pacific Partnership for the World Trading System

文章框架： 在过去十年里，亚洲太平洋经济合作组织（APEC）成员一直在讨论如何构建亚太自由贸易区（FTAAP）；发展亚太自由贸易区有两种可行的途径，一种是美国优先考虑的打造“升级版”的跨太平洋伙伴关系协定，另一种是达成覆盖亚太地区的一体化单独协定。

观点摘要：

1. 在过去十年里，亚洲太平洋经济合作组织（APEC）成员一直在讨论如何构建亚太自由贸易区（FTAAP）。在 2014 年 11 月于北京举行的亚洲太平洋经济合作组织峰会上，峰会领导人授权了一项研究，要求在 2016 年 11 月的亚洲太平洋经济合作组织峰会上就推进亚太自由贸易区的可能途径进行报告。2014 年亚洲太平洋经济合作组织第 22 次领导人非正式会议宣言附件一（《亚太经合组织推动实现亚太自贸区北京路

---

* Jeffrey J. Schott，华盛顿大学学士、约翰·霍普金斯大学研究学院国际关系专业硕士；于 1983 年加入彼得森国际经济研究所，是国际贸易政策和经济制裁方面的高级研究员，现任美国国际经济政策咨询委员会委员，曾任普林斯顿大学客座讲师（1994 年）、乔治城大学兼职教授（1986 ~ 1988 年）、卡内基国际和平研究院高级助理（1982 ~ 1983 年）以及美国财政部国际贸易和能源政策方面的高级助理（1974 ~ 1982 年）。Cathleen Cimino – Isaacs，加州大学圣地亚哥分校国际关系和太平洋研究学院国际事务硕士，彼得森国际经济研究所研究助理，研究领域包括国际贸易政策、自由贸易协定谈判以及世界贸易组织未来发展等。Euijin Jung，彼得森国际经济研究所研究分析师。来源：彼得森国际经济研究所（美国智库），2016 年 7 月 8 日。

线图》）承诺将“一步一步、以共识为基础”推进自由贸易区建设。由于这份报告由中美两国共同负责，并由具有不同政策目标的政府官员起草，因此报告可能不具有说服力，将在亚洲太平洋经济合作组织理事会中引发进一步分析和辩论。此外，跨太平洋伙伴关系协定的批准和实施也会影响对亚太自由贸易区的设想。

2. 发展亚太自由贸易区有两种可行途径，一种是美国优先考虑的打造“升级版”跨太平洋伙伴关系协定，另一种是达成覆盖亚太地区的一体化单独协定。前者是一个全面的自由贸易协定，在很大程度上可以与目前的跨太平洋伙伴关系协定相比。为了实现这一目标，亚太自由贸易区谈判代表必须解决对不发达国家的特殊安排和有关中国台湾参与引起的政策分歧。这两个问题并不会对推进“升级版”跨太平洋伙伴关系协定造成影响。对不发达国家的特殊安排将为柬埔寨、老挝和缅甸加入该协定扫清障碍；就中国台湾参与引发的政策分歧这一问题而言，虽然亚洲太平洋经济合作组织中一些成员担心，如果支持中国台湾加入亚太自由贸易区，那么其与中国大陆的关系可能会受到不利影响，但其实可以通过将中国香港纳入谈判来缓解这种担忧。当然，如果中国大陆要求加入“升级版”跨太平洋伙伴关系协定，那么中国香港和中国台湾可以以地区经济体的身份加入，就像加入亚洲太平洋经济合作组织时那样。

区域主义和世界贸易组织：规则应该被改变吗?

Robert Z. Lawrence *

原文标题：Regionalism and the WTO：Should the Rules Be Changed?

文章框架：在过去十年中，许多区域经济安排都被列入了谈判议程；对外开放的方法已被亚太经济合作组织的专家组提议作为实现开放区域主义目标的一种手段，其从经济角度来看是有吸引力的；确保优惠贸易安排不会影响贸易发展的最好方法是消除所有的贸易壁垒；传统上，世界贸易组织的渐进方式允许缔约方选择时机来处理最敏感的问题；世界贸易组织所能做的确保区域协定不会破坏世界贸易体系的最重要的事情是为多边自由化进程做出可信承诺，并加快其发展。

观点摘要：

1. 在过去十年中，许多区域经济安排都被列入了谈判议程。著名的是欧盟完成其内部市场化改革的进程，美国、加拿大和墨西哥之间的北美自由贸易协定（NAFTA）以及亚太经济合作组织（APEC）。但这些只是在最近几年才出现或恢复活力的、迅速发展的优惠经济协定中较突出的几个。国际货币基金组织在 1994 年分析了 67 项此类协定。这种现象涵盖了五大洲的大部分协定：从东盟自由贸易区（AFTA）和安第斯共同市场（ANCOM）到中部非洲经济与关税同盟（UDEAC）以及西非经济货币联盟（UEMOA）。

2. 对外开放的方法已被亚太经济合作组织的专家组提议作为实现开放区域主义目标的一种手段，其从经济角度来看是有吸引力的。事实

---

* Robert Z. Lawrence，哈佛大学肯尼迪政府学院贸易和投资教授。来源：彼得森国际经济研究所（美国智库），2016 年 9 月 28 日。

上，它可以使实现多边自由化发展具有强劲的势头。但随着自由贸易区越来越与世界贸易组织所不涵盖的更深层次的经济一体化措施交织在一起，这种“开放的地区主义”变得不太可行。区域协定反映出谈判具有复杂性。有时，各国在世界贸易组织未涵盖的领域给予优惠条件，以获得贸易优惠。它们可能不愿向外界提供这些优惠条件。很难想象世界贸易组织如何在成员不愿意承认其他国家的情况下强迫它们同意开放成员资格，但不难想象成员会设定准入条件，从而阻止他国加入。

3. 确保优惠贸易安排不会影响贸易发展的最好方法是消除所有的贸易壁垒。一旦消除所有贸易壁垒的目标得以实现，那么在区域协定中更深层次的一体化就是重要的。在这方面，区域协定表明，许多国家，无论是发达国家还是发展中国家，都准备确保在某个时候实现与很多国家之间的自由贸易。这在2005年初的美洲自由贸易区协定（FTAA）和亚太经济合作组织的《茂物宣言》中都实现了。事实上，亚太经济合作组织成员在对开放性区域主义的承诺中，已经含蓄地接受了这一承诺。世界贸易组织应尽快获得所有成员的类似承诺。

4. 的确，当这些承诺的细节被真正阐明时，它们会使所有有关自由化的重大政治斗争尖锐化。传统上，世界贸易组织的渐进方式允许缔约方选择时机来处理最敏感的问题。正如乌拉圭回合谈判中《国际纺织品贸易协定》（MFA）改革的例子所表明的那样，将敏感的自由化延迟到一个最迟的固定日期可以减少其中一些政治问题。然而，如果在政治上是可行的，那么由于各国试图利用临时优惠条件，开放性区域主义的多边承诺实际上可能会加速区域自由化，同时可能有助于确保这些安排实际上成为全球自由化的基石。

5. 就确保区域协定不会破坏世界贸易体系这一点而言，世界贸易组织所能做的最重要的事情是就多边自由化进程做出可信承诺并加快其发展。具有讽刺意味的是，因为各国寻求从临时优惠条件中获益，所以这样的承诺实际上可以加速亚太经济合作组织和美洲自由贸易区的自由化。此外，现有协定的某些条款（与北美自由贸易协定的原产地规则和欧盟实施的反倾销有关）应该被修正而不被扭曲。

美国必须回到亚太地区的博弈中去

Peter A. Petri；Michael G. Plummer [*]

原文标题： US Must Get back into the Game in the Asia Pacific

文章框架： 特朗普总统上任第一天就宣布美国退出跨太平洋伙伴关系协定，并称理应废除这项“荒谬”的贸易协定；跨太平洋伙伴关系协定十一国已经搁置了知识产权保护谈判，领先世界的美国制药行业认为知识产权保护是非常必要的。

观点摘要：

1. 特朗普总统上任第一天就宣布美国退出跨太平洋伙伴关系协定（TPP），并称理应废除这项“荒谬”的贸易协定。但是，当特朗普在2017年11月初访问亚洲的五个国家，并在亚洲太平洋经济合作组织（APEC，简称亚太经合组织）峰会上会晤二十个地区领导人时，他发现跨太平洋伙伴关系协定不仅没有被“消灭”，而且还发挥着巨大的作用。跨太平洋伙伴关系协定的其他成员也正在努力达成其双边贸易协定。事实上，这些贸易协定可能会让美国在某一天感到后悔。其他成员虽然不希望美国退出跨太平洋伙伴关系协定，但是它们已确实开展多个项目，如没有美国参与的三个主要的地区性项目，并且这些项目的发展势头强劲，包括中国、印度和日本在内的大型经济体都参与其中。这些项目的人口数占世界人口总数的一半，项目产出占世界经济总量的三分之一，这些国家试图从深层次的经济联系中谋求真正的利益。三个主要的地区性项目中的第一个是由 11 国达成的全面与进步跨太平洋伙伴关

---

* Peter A. Petri，彼得森国际经济研究所访问学者，布兰迪斯大学国际商学院金融系教授。Michael G. Plummer，彼得森国际经济研究所客座研究员。来源：彼得森国际经济研究所（美国智库），2017 年 10 月 23 日。

系协定（CPTPP），这是在美国退出后，由 11 个国家签署的新的跨太平洋伙伴关系协定。这 11 个国家领导人最近已经举行几次会晤，并可能在 11 月或是在特朗普访问亚太地区期间签署新的协定。第二个项目是区域全面经济伙伴关系协定（RCEP），该协定涵盖包括中国、印度和日本在内的 16 个亚洲国家。该协定也可能很快宣布正式签署。区域全面经济伙伴关系协定的条款可能比跨太平洋伙伴关系协定更少，但就区域全面经济伙伴关系协定的规模而言，它每年将产生 2860 亿美元的收益。第三个项目包括由中国领导的亚洲基础设施投资银行以及“一带一路”倡议，这些项目包括大规模的铁路、公路、航空以及能源等方面的基础设施项目，将中国与欧洲的其他地区连接起来。这些项目在政治上和经济上都非常复杂，但如果它们能发挥作用，它们就将构建规模庞大的投资和生产体系。这些项目的影响很难被预测，对于美国来说，很可能是负面的。最初的跨太平洋伙伴关系协定预计在 2030 年使美国的收入每年增加 1310 亿美元，但预期并没有实现；美国谈判人员努力在跨太平洋伙伴关系协定框架下构建的国际竞争秩序也被打破。

2. 跨太平洋伙伴关系协定十一国已经搁置了知识产权保护谈判，领先世界的美国制药行业认为知识产权保护是非常必要的。美国牛肉、猪肉、奶制品以及谷物的潜在出口目的地将转向美国的竞争对手——澳大利亚以及加拿大。在跨太平洋伙伴关系协定下的金融、咨询以及通信服务的出口目的地将转向其他国家。亚太地区的贸易项目可能会使美国从跨太平洋伙伴关系协定中的“赢家”变成“输家”，其收入每年会减少 60 亿美元。如果美国和日本可以签署一项新的双边贸易协定，这一损失就有可能会减少甚至消除，但日本到目前为止拒绝就达成双边贸易协定等相关事宜与美国进行讨论。无论如何，这一狭隘的贸易协定无法将美国的企业与区域生产链联系起来。最后，欧洲有可能步美国的后尘。其已经与包括加拿大、韩国、墨西哥在内的七个国家签署了双边自由贸易协定，并与包括印度和日本在内的六个国家进行了谈判。美国需要重新返回到亚太地区的竞争中去，在 2017 年亚太经合组织峰会上，特朗普总统应重申美国对亚太地区的承诺。毫无疑问，他应该让美国公司在这个市场上保持竞争力。特朗普应帮助亚太地区建立巨大的、相互关联的经济圈。为此，美国将在亚太地区遵守全球贸易规则，并期望其他国家也遵守这些规则。亚太地区为美国提供了经济和战略利益。到2030年，亚太地区将拥有世界一半的产出，也将拥有最强大的军事力量，雇用世界上大部分的高科技人才和低成本的劳动力。美国和亚洲之间的关系恶化将成为一个历史性错误。

美国的撤退不应阻止亚洲的经济一体化

Peter A. Petri; Michael G. Plummer; Fan Zhai *

原文标题： US Retreat Should Not Stop Asian Economic Integration

文章框架： 如果亚太地区要在未来几年维持经济一体化，就必须在没有美国领导的情况下独自行动。

观点摘要：

如果亚太地区要在未来几年维持经济一体化，就必须在没有美国领导的情况下独自行动。2017 年 11 月 11 日，在越南举行的第二十五届亚太经济合作组织（以下简称亚太经合组织）峰会上，各国领导人齐聚越南，开展区域内经济贸易合作，这对促进亚太地区的经济贸易合作是有利的。亚太地区的领导人，包括日本首相安倍晋三以压倒性优势赢得连任，中国国家主席习近平开启了第二个五年任期。亚洲经济体也在蓬勃发展。亚太地区的经济增长速度正在加快，国际货币基金组织和亚洲开发银行都上调了增长预期。希望亚洲主要领导人能看清本国形势，创造机会并在外交政策上采取大胆且有建设性的措施，其中包括缓解紧张的外交关系，从而促进更密切的区域经济合作。问题在于亚洲是否能够应对在没有美国参与情况下的挑战，因为即将参加亚太经合组织峰会的特朗普总统已使美国从跨太平洋伙伴关系协定中退出，并威胁称要退出韩美自由贸易协定（KORUS）、北美自由贸易协定（NAFTA），甚至要退出世界

---

* Peter A. Petri，彼得森国际经济研究所访问学者，布兰迪斯大学国际商学院金融系教授。Michael G. Plummer，彼得森国际经济研究所客座研究员。Fan Zhai，中国投资公司前总经理。来源：彼得森国际经济研究所（美国智库），2017 年 11 月 2 日。

贸易组织（WTO）。最近彼得森国际经济研究所发表的一份报告中的经验性预估显示，目前正在进行的三个大型区域贸易和投资项目可能带来利润的显著增长。而这些项目的成功开展也可能吸引很多伙伴，特别是欧洲的新合作伙伴。

特朗普在亚洲的贸易议程：情况可能更糟

Gary Clyde Hufbauer；Euijin Jung*

原文标题： Trump's Trade Agenda in Asia：It Could Have Been Worse

文章框架： 美国总统唐纳德·特朗普（Donald Trump）11 月对五个亚洲国家进行了为期 12 天的访问；美国总统特朗普在不同场合抱怨美国对世界的贸易逆差高达 5000 亿美元；在越南举行的亚太经合组织（APEC）会议上，特朗普告诉与会的其他领导人，美国不再是“替罪羊”。

观点摘要：

1. 美国总统唐纳德·特朗普（Donald Trump）11 月对亚洲的五个国家进行了为期 12 天的访问，访问内容包括他在贸易议程上的三个主题：协定、警告以及针对美国贸易伙伴和美国历届政府的批评。这次访问为特朗普树立了贸易保护主义者的形象，但特朗普实质上并没有采取任何贸易保护主义措施，他只是虚张声势，因此特朗普离开亚洲后，他的名誉并没有受损。这次访问可能会给那些担心潜在保护主义行为的人带来很糟糕的后果，实际情况可能会比他们想象的还要糟糕。

2. 中国国家主席习近平与美国总统特朗普私下相交甚好。但美国总统特朗普在中国访问期间在不同场合抱怨美国对世界的贸易逆差高达 5000 亿美元，并将美国与中国的贸易逆差归因于中国不公平的贸易竞争行为扩大了美国对中国商品的进口，中国的市场准入贸易壁垒限制了

---

* Gary Clyde Hufbauer，曾任美国财政部国际税务部门主任以及美国财政部国际贸易和投资政策部门副助理部长，研究领域包括外国直接投资、制裁、税收政策、贸易政策。Euijin Jung，彼得森国际经济研究所研究分析师。来源：彼得森国际经济研究所（美国智库），2017 年 11 月 13 日。

美国商品对中国的出口。特朗普讽刺性地称赞了中国谈判代表比美国同行更聪明。雷克斯·蒂勒森试图“缓和”特朗普的言论，在回答记者提问时说：“特朗普总统的话有一点半开玩笑的成分，但也包含很多事实。”

3. 在越南举行的亚太经合组织（APEC）会议上，特朗普告诉与会的各国领导人：“美国不再做‘替罪羊’，我们将不再缔结大量的协定，让这些协定束缚我们的手脚，牺牲我们的主权，我们会努力做一些看上去有意义但实际上不可行的事情。”在特朗普发表此言论后，跨太平洋伙伴关系协定（TPP）的其他 11 个成员宣布它们打算在没有美国参与的情况下批准该协定。亚太经合组织峰会之前，特朗普在越南岘港对一个商业集团说过：“我不指责中国或任何其他国家中的代表利用美国，他们也只是在做自己的工作。我希望我的国家的前任政府能够看到正在发生的事情，并采取一些措施。虽然他们没有，但我愿意。从现在开始，我们将在公平、平等的基础上竞争，我们不会再被利用了。”

数字时代的贸易规则

Sacha Wunsch - Vince *

原文标题： Trade Rules for the Digital Age

文章框架： 互联网和其他信息和通信技术（ICTs）的迅速发展，促进了服务和软件等数字产品电子跨境交付的日益发展；其他优惠贸易协定和亚太经合组织有关贸易的声明以及合作协定越来越多地包含关于信息和通信技术合作和数字贸易的承诺及规则；自1997年以来，相关国家已经缔结了大量的双边谅解备忘录或“电子商务联合声明”。

观点摘要：

1. 互联网和其他信息和通信技术（ICTs）的迅速发展，促进了服务和软件等数字产品电子跨境交付的日益发展。虽然在服务跨境交付方面的区域贸易协定不断创新，并且加入了有关电子商务的规定，但是，在多边层面上，世界贸易组织自乌拉圭回合多边贸易谈判结束以来并没有向前发展。本报告回顾了双边和多边贸易协定在确保自由数字贸易方面的发展，即数据、服务和数字产品的电子跨境贸易流动。本报告的目的是开始思考当下和今后15年需要什么样的数字贸易规则。本报告主要关注多边贸易系统对在信息网络中实际发生的数字贸易流动的作用。

2. 2000年，美国与约旦在双边优惠贸易协定（PTA）中加入了不具有约束力的电子商务章节，这使2003年的美国—新加坡优惠贸易协定中首次出现具有法律约束力的电子商务章节，此后涉及电子商务的双边优惠贸易内容的协定激增，主要包括美国与澳大利亚、中美洲自由贸

---

* Sacha Wunsch - Vince，世界知识产权组织高级经济学官员。来源：彼得森国际经济研究所（美国智库），2017年12月19日。

易协定，智利、摩洛哥和新加坡之间的优惠贸易协定。有趣的是，这一趋势在新加坡—澳大利亚、泰国—澳大利亚、泰国—新西兰、新西兰—新加坡、印度—新加坡、日本—新加坡、韩国—新加坡等双边优惠贸易协定中进一步“蔓延”。其他优惠贸易协定（如马格里布阿拉伯联盟国家、印度—泰国、日本—墨西哥、日本—东盟、印度—东盟、中国—东盟）和亚太经合组织有关贸易的声明以及合作协定越来越多地包含关于信息和通信技术合作和数字贸易的承诺和规则。

3. 自1997年以来，相关国家已经缔结了大量的双边谅解备忘录或“电子商务联合声明”。这些也在亚太经合组织、东盟和各种亚欧论坛的政治宣言中达成共识。这些不具有约束力的承诺提倡自由数字贸易原则，并因此被置于世界贸易组织相关讨论的背景下。这些数字贸易承诺也涉及一些数字贸易规则问题。与上述谅解备忘录有关的在信息和通信技术和电子商务领域的合作承诺最近在大多数新的优惠贸易协定中成为非常引人注目的项目；这不仅表现在由美国制定的双边协定中，而且体现在欧盟与别国（例如欧盟—智利）的双边贸易协定中，以及广泛的亚洲国家及组织之间的贸易协定（如印度—泰国、中国—东盟和其他贸易协定）中。虽然与具有约束力的法律法规相比，这些数字贸易承诺在很大程度上只是一种意图声明，但这些数字贸易元素融入贸易协定本身是值得注意的。这些合作承诺涵盖从促进信息和通信技术和电子商务的简短声明到更广泛的协定。虽然较简单的声明提议在由电子商务（例如，在欧盟—智利的优惠贸易协定）引起的市场准入和监管问题上进行合作，但是，更广泛的协定建议在信息社会的各个方面进行合作，特别是在以下领域：通信政策、信息和通信技术研究及相关标准、互操作性问题、网络安全、电子签名和支付、隐私保护与信息的自由跨境流动、知识产权、消费者信心、不断强化对信息和通信技术传播和使用、鼓励自我调节的发展、交换电子政务经验。

莫迪和特朗普的会晤将为美印关系定下基调

Walter Lohman *

原文标题： Modi and Trump Meeting Will Set the Tone for US – India Relations

文章框架： 周一，印度总理纳伦德拉·莫迪（Narendra Modi）将在美国首都华盛顿首次会见美国总统唐纳德·特朗普（Donald Trump）；印度有意加入亚洲太平洋经济合作组织（APEC）；特朗普总统则表示有意参加亚太经合组织领导人峰会。

观点摘要：

1. 周一，印度总理纳伦德拉·莫迪（Narendra Modi）将在美国首都华盛顿首次会见美国总统唐纳德·特朗普（Donald Trump）。积极的美印关系对美国维护其海外利益至关重要。尽管人们对美印“达成共识”不抱有太高的期望，但如果不是由于其他原因，而是为了在美印关系方面确立外交方向和优先事项，那么一些具体的事情就应该由双方领导人坐下来探讨。在过去的三届美国政府中，美印关系一直处于相对积极的发展轨道。而周一的会议将是美印关系发展方向和未来焦点的一个风向标。

2. 印度有意加入亚洲太平洋经济合作组织（APEC，简称亚太经合组织）。而特朗普总统则表示有意参加今年在越南举行的亚太经合组织领导人峰会。特朗普总统参加此次峰会应该会向亚太经合组织提供一个接纳印度加入该组织的提案。在观察人士眼里，这次峰会将是观察美国如何处理美印关系的理想场合。

---

* Walter Lohman，美国传统基金会亚洲研究中心主任。来源：传统基金会（美国智库），2017 年 6 月 23 日。

亚洲之行——特朗普纠正问题的机会

Walter Lohman；Bruce Klingner；Dean Cheng *

原文标题： Asia Trip：a Chance for Trump to Set Things Right

文章框架： 20多年来，美越安全关系一直在缓慢而稳定发展，美国作为菲律宾的经济合作伙伴，在经济、政治、文化、军事等方面与其交流密切。

观点摘要：

20多年来，美越安全关系一直在缓慢而稳定发展。美国和菲律宾达成了正式合作伙伴关系，在国防、经济和人文方面交流密切。由于越南和菲律宾会在2017年举办国际性会议，因此被纳入美国总统访问行程当中。越南成为举办2017年亚洲太平洋经济合作组织（APEC，以下简称亚太经合组织）领导人非正式会议的东道主。菲律宾成为东盟峰会的东道主。特朗普总统认识到参加这两个会议具有十分重要的战略意义。美国领导人参加亚太经合组织会议体现出美国对这一经济组织的"价值承诺"以及美国在这一地区的重要地位。同时，特朗普的参会也表明美国对亚太经合组织使命的支持，即保持东亚的外向性。参加东盟峰会体现出美国政府支持东盟在该地区外交体系中发挥中心作用。

---

* Walter Lohman，美国传统基金会亚洲研究中心主任。Bruce Klingner，美国传统基金会高级研究员。Dean Cheng，美国传统基金会亚洲研究中心高级研究员，作为一名中国政治和安全事务研究员，他对中国军事和空间能力有一定的了解。来源：传统基金会（美国智库），2017年11月1日。

特朗普在印度洋—太平洋地区的大冒险

Dean Cheng *

原文标题： Scoring Trump's Big Adventure in the Indo – Pacific

文章框架： 这是特朗普总统就任以来首次访问亚洲；这一行程不仅包括双边交流，还包括一系列重要的地区活动。

观点摘要：

1. 这是美国总统特朗普就任以来首次访问亚洲。这将是自乔治·W. 布什（George H. W. Bush）以来美国总统对亚洲进行的为期最长的一次访问。特朗普在亚洲访问的主要国家包括中国、日本、韩国、菲律宾以及越南。这次访问没有签订任何重大协定。美国与各国的外交关系也没有发生任何重大变化。

2. 这一行程不仅包括双边交流，还包括一系列重要的地区活动，包括参加亚太经合组织（APEC）峰会、东盟（ASEAN）峰会和东亚峰会（EAS）。特朗普总统对美国经济问题的关注引起了亚太地区的担忧——美国是否会继续支持这种已经给世界上超过四分之一的人口带来了前所未有的经济繁荣的贸易安排。在特朗普的亚太经合组织的讲话中，他特别强调愿意接受双边贸易协定，同时重申了他对多边贸易协定的怀疑。

---

* Dean Cheng，美国传统基金会亚洲研究中心高级研究员，作为一名中国政治和安全事务研究员，他对中国军事和空间能力有一定的了解。来源：传统基金会（美国智库），2017 年 11 月 17 日。

对亚洲共享经济潜力的认识

Riley Walters *

原文标题： Realizing the Potential of the Sharing Economy in Asia

文章框架： 共享经济正处于蓬勃发展的时期，中国国家主席习近平在亚太经合组织（APEC）领导人峰会上发表声明，强调中国政府致力于将中国打造成技术创新的引领者。

观点摘要：

共享经济正处于蓬勃发展的时期。优步（Uber）、爱比迎（Airbnb）以及来福车（Lyft）等企业可以被标榜为发展共享经济的典范。优步成立不到10年，其公司市值已经约为700亿美元。爱比迎市值达到了310亿美元。来福车的市值也达到了75亿美元。这三家公司构成了共享经济的重要组成部分，预计到2025年，共享经济的收入将达到3350亿美元。在中国，2016年国内共享经济创造的经济价值已经达到5000亿美元。中国国家主席习近平在亚太经合组织（APEC）领导人峰会上发表声明，强调中国政府致力于将中国打造成技术创新的引领者。数字经济和共享经济在全球经济领域内已经掀起了一股热潮。我们不能像旁观者那样静观共享经济的发展，而要积极参与其中。中国国家发改委也表示愿意为中国的企业提供政府支持，为国内企业的共享服务寻求海外发展做保障。

---

* Riley Walters，美国传统基金会亚洲研究中心研究员，凯瑟琳和谢尔比·卡洛姆·戴维斯国家安全和外交政策研究所研究员。来源：传统基金会（美国智库），2017年12月5日。

越南通过改变来化解亚太经济合作组织内部的危机

Que Anh Dang*

原文标题： Vietnam Navigates Change to Defuse APEC's Internal Crisis

文章框架： 由于美国退出跨太平洋伙伴关系协定和中国对区域全面经济伙伴关系协定的支持，亚太经合组织正处于关键时刻；"灵活性"原则在亚太经合组织内部出现了严重分歧。

观点摘要：

1. 由于美国退出跨太平洋伙伴关系协定（TPP）和中国对区域全面经济伙伴关系协定（RCEP）的支持，亚太经合组织（APEC）正处于关键时刻。作为2017年亚太经合组织的轮值主席，越南敦促各成员关注"为共同未来创造新动力"，并重申亚太经合组织的议程，以及其发展的核心目标。在经历了良好的开端和最初的成就之后，亚太经合组织经常因其在区域贸易和投资自由化方面达成切实成果的进程缓慢而受到批评。1994年，亚太经合组织同意建立自由贸易和投资区。人们认为，亚太经合组织未能加快这一议程，并引起信誉危机。

2. "灵活性"原则在亚太经合组织内部出现了严重分歧：一方面贸易自由化是由新自由主义意识形态和结构改革推动的，而另一方面经济和技术合作则是由发展主义意识形态支持的。亚太经合组织议程是否在不同的优先事项之间摇摆不定，取决于哪个成员在某一年担任亚太经

---

* Que Anh Dang，获得了布里斯托尔大学教育社会学博士学位和哥本哈根商学院商业与发展研究硕士学位，担任德国全球和区域研究所亚洲研究学院助理，其研究涉及国际组织、部门区域主义、知识经济中的高等教育政治以及亚欧教育外交。来源：大西洋委员会（美国智库），2017年10月10日。

合组织轮值主席。这种摇摆不定加剧了它的身份危机。2017 年 11 月举行的亚太经合组织峰会面临为振兴该组织和应对特朗普保护主义提供大胆举措的压力。越南正努力在自由贸易与发展之间取得平衡。应对气候变化的四个优先发展事项，即可持续和包容性增长、区域性经济一体化、数字化和可持续农业，表明了东道主试图使亚太经合组织与全球议程保持一致，重申了亚太经合组织的重要性，并且缓解了其内部危机。

特朗普的亚洲之行是否标志着美国在亚洲的领导地位将无可挽回地让与中国?

Carl Thayer [*]

原文标题: Will Trump's Visit to Asia Mark the Moment US Leadership in the Region Is Irrevocably Ceded to China?

文章框架: 美国总统唐纳德·特朗普将于本周首次访问亚洲;根据政府发言人的说法,特朗普此次访问有两个主要战略目标;特朗普让美国在全球事务中的领导地位具有前所未有的不确定性。

观点摘要:

1. 美国总统唐纳德·特朗普将于本周首次访问亚洲。在夏威夷停留期间,听取美国太平洋司令部简报也在他的行程范围内。特朗普随后将访问日本、韩国和中国(11 月 5 日至 9 日)。届时,他将在越南岘港出席亚太经合组织领导人非正式会议并发表讲话,随后于 11 月 11 日对河内进行正式访问。次日,特朗普将飞往马尼拉,参加由东南亚国家联盟(以下简称东盟)为纪念东盟与美国建交 40 年以及东盟成立 50 周年举行的会议。

2. 根据政府发言人的说法,特朗普此次访问有两个主要战略目标。首先是使美国的盟友和战略伙伴安心,美国仍然坚定地反对朝鲜进行导弹和核武器试验。特朗普还将向中国施压,希望中国进一步向朝鲜施压以终止其核项目。其次是证明美国将继续支持该区域主要的多边机构,如亚太经合组织和东盟。令人惊讶的是,两家美国媒体在特朗普亚洲之

---

* Carl Thayer,东南亚地区专家,曾在澳大利亚国防学院任教。来源:大西洋委员会(美国智库),2017 年 11 月 2 日。

行的声明中并没有特别提到东亚峰会，却提到了与东盟相关的机构。在该区域的国家领导人眼中，特朗普的一言一行都会有相当大的分量，他们将寻找基本问题的答案：他可以被信任吗？他能否保证美国继续参与亚太事务？还是其充满变化的战略不确定性会成为常态？

3. 在特朗普开始他的亚洲之行时，有必要问一问：特朗普执政近一年之后，在外交领域会取得怎样的成就？在他余下的任期内，我们还能期待什么？一个明显的“成就”是，特朗普让美国在全球事务中的领导地位产生了前所未有的不确定性。特朗普在美国对北约的承诺上摇摆不定，他已经使美国从跨太平洋伙伴关系协定（TPP）和《巴黎气候变化协定》中退出，并对多边贸易协定表现出不屑。特朗普所追求的是三个总体外交政策目标，即击败叙利亚和“伊斯兰国”（ISIS）、反对朝鲜核扩散、就自由贸易协定（尤其是北美自由贸易协定）进行重新谈判。

欧洲应该密切关注特朗普的亚洲之行

Janka Oertel *

原文标题： Europe Should Pay Close Attention to Trump's Asia Trip

文章框架： 唐纳德·特朗普总统踏上了他迄今为止历时最长的海外访问之行；特朗普最初计划不参加 11 月 13～14 日在菲律宾举行的东亚峰会，这是东盟地区最重要的政治性会议。

观点摘要：

1. 唐纳德·特朗普总统踏上了他迄今为止历时最长的海外访问之行。特朗普将在日本、韩国、中国、越南和菲律宾停留。这次访问是继中国召开中国共产党第十九次全国代表大会后，在中国扮演全球领导性角色后不久进行的。欧洲应该密切关注特朗普在上任近一年之际在亚洲地区的行动。特朗普此次亚洲之行包括参加在越南举行的亚洲太平洋经济合作组织（APEC，简称亚太经合组织）峰会和双边会谈。在亚太经合组织会议上，他将按照建设“自由开放的印度洋—太平洋地区”这一方针，为美国在亚洲的战略奠定基础。亚太经合组织是涉及经济合作的多边组织，而特朗普推行的一切政策都是为了美国的经济繁荣。在美国退出跨太平洋伙伴关系协定（TPP）之后，美国政府还没有制定出一套有关能在亚洲立足的贸易政策替代方案。

2. 特朗普最初计划不参加 11 月 13～14 日在菲律宾举行的东亚峰会(EAS)，这是东盟地区最重要的政治性会议。由于他的缺席将受到该地区国家的广泛批评，特朗普最终决定延长在菲律宾的访问时间（增加一

---

* Janka Oertel，获得耶拿大学博士学位，德国国际政治和安全事务研究所客座研究员。来源：德国马歇尔基金会（美国智库），2017 年 11 月 3 日。

天)，参加东亚峰会。在这个中国日益凸显自信和美国可能撤出的地区，特朗普的这一决定显得尤为重要。欧洲理事会主席唐纳德·图斯克（Donald Tusk）也将首次参加今年的东亚峰会，共同庆祝东盟（ASEAN）—欧盟建立对话关系40周年。

亲爱的世界领袖：拆除你的数字墙

Josh Kallmer*

原文标题： Dear World Leaders：Tear down Your Digital Walls

文章框架： 我们可以通过亚洲太平洋经济合作组织，推动各国努力在隐私保护问题合作上取得进展；截至目前，已经有5个经济体（加拿大、日本、墨西哥、韩国和美国）签署了《跨境隐私保护规则体系》。

观点摘要：

1. 我们可以通过亚洲太平洋经济合作组织（APEC，以下简称亚太经合组织）推动各国努力在隐私保护问题合作上取得进展。亚太经合组织由21个经济体（美国、中国、日本和俄罗斯等）组成，国内生产总值占全球国内生产总值（GDP）的54%。2011年的亚太经合组织领导人非正式会议通过了亚太经合组织《跨境隐私保护规则体系》（CBPR）。该体系旨在促进亚太地区各国隐私保护政策的兼容性，并加强对区域内市场消费者的隐私保护。根据《跨境隐私保护规则体系》的规定，各经济体的"问责代理机构"将承诺其隐私政策要体现2004年亚太经合组织成员达成的"亚太经合组织隐私保护框架"原则，即通知原则、选择原则和责任原则等。这些获得亚太经合组织认可的独立的第三方"问责代理机构"已经完全将自己置于严密的监督之下。

2. 截至目前，已经有5个经济体（加拿大、日本、墨西哥、韩国和美国）签署了《跨境隐私保护规则体系》，其他国家可能于不久的几个月里也将这样做。各国政府都非常青睐《跨境隐私保护规则体系》，

---

* Josh Kallmer，美国信息技术产业理事会全球政策高级副总裁。来源：德国马歇尔基金会（美国智库），2017年12月12日。

因为该体系有助于各国在不降低标准的情况下协调它们在隐私保护方面的分歧。各国公司对《跨境隐私保护规则体系》也越来越感兴趣，因为它使政府在隐私问题上可以保持“口径一致”，这增强了这些公司规划投资和进行其他商业活动的能力。《跨境隐私保护规则体系》为各国政府确保企业在隐私保护方面承担责任提供了相关办法，比如告知用户他们的个人数据如何被使用，以及如果数据使用不当可以采取的补救措施。《跨境隐私保护规则体系》的主要优点是它与各国国内有关隐私保护的法律共存，它没有取代相关国家的隐私保护法，也没有规定各国应该如何组织或管理其隐私制度的具体程序。只要各国遵守亚太经合组织先前商定的核心原则，并且如约遵守这些原则，那么《跨境隐私保护规则体系》就能使具有不同治理结构和发展水平的经济体在数据保护问题上更加顺畅地进行交流。《跨境隐私保护规则体系》是对隐私保护进行深思熟虑的恰当回应。

亚洲和西方的人权

Jiyoung Song*

原文标题： Human Rights in Asia and the West

文章框架： 尽管东西方人权思想存在显著差异，但是在21世纪，两个地区的保守派精英的规范出现了融合的趋势；随着美国实施“转向亚洲”（或后来修改为“再平衡”）战略，美国在理解亚洲价值观方面的兴趣主要集中在中国人的思想上，而其他亚洲小国人民的思想则相对被忽视；自由运动和互联网彻底改变了人们的思维方式；在物质世界中，一个国家的相对财富和自由吸引着来自其领土边界之外的人们。

观点摘要：

1. 在这一报告中，笔者认为，尽管东西方人权思想存在显著差异，但是在21世纪，两个地区的保守派精英的规范出现了融合的趋势。笔者解释了自“9·11”事件后这两种观念是如何融合的。“9·11”事件后，西方的人权理念淡化，更多的焦点集中在国家安全、严格的边境管制、审查制度和社会和谐上。东西方在地理、民族方面的人权思想分歧越来越无关紧要，相反，全球网络中形成的多层次横向团结跨越了社会经济阶层和政治关系。保守的政治精英们将国家安全置于整个亚洲和西方的个人自由之上，这两个地区的自由主义者都被严重边缘化。

2. 随着美国实施“转向亚洲”（或后来修改为“再平衡”）战略，美国在理解亚洲价值观方面的兴趣主要集中在中国人的思想上，而其他

---

* Jiyoung Song，墨尔本大学韩国研究高级讲师，曾任新加坡管理大学社会科学院政治学助理教授，目前的研究重点是东亚地区的非常规移民和人类安全。来源：卡内基国际事务伦理委员会（美国智库），2016年1月28日。

亚洲小国人民的思想则相对被忽视。从军事上讲，美国“转向亚洲”意味着通过联合军事演习来加强美国与其亚洲传统伙伴如日本、韩国和菲律宾的同盟关系，以平衡中国的崛起和朝鲜的威胁。在外交上，这意味着美国想要与亚洲其他国家重新建立关系、结交新朋友或建立战略伙伴关系。共同的准则在这些朋友做决定时会起到重要的作用。人权构成了一个重要的领域，在这一领域中，可以根据法律、民主和良好治理来判断国家是否遵守了国际标准。

3. 世界不再像塞缪尔·亨廷顿（Samuel Huntington）在“文明冲突论”中所阐述的那样，是由几个文明组成的。自由运动和互联网彻底改变了人们的思维方式。信息、贸易、教育和技术促进了不同文化间的相互了解。21 世纪被描绘成一个复杂的个人和个人思想的网络。信息的获取使世界各地的数百万人能够彼此交流和分享想法。这些网络连接各级人员：亚太经合组织会议上的政府首脑，香格里拉对话中的国防部部长，通过亚洲基金会或英国志奋领奖学金计划将年轻的亚洲领导人与西方连接，以及通过交流项目将亚洲学生与西方大学连接等。

4. 在物质世界中，一个国家的相对财富和自由吸引着来自其领土边界之外的人们。带来这种渗透效应的不仅是物质利益，还有规范。民主、人权、平等的机会和生活方式吸引了许多外来的学生、工人等。西方国家会有亚洲的学生和游客，法国加莱会有非洲的移民，西欧会有叙利亚的难民，美国也会有墨西哥的移民。

退出跨太平洋伙伴关系协定可能会给特朗普的亚洲之行带来困扰

Colin Grabow*

原文标题： TPP Withdrawal Likely to Trump's Asia Trip

文章框架： 特朗普总统访问中国的气氛似乎不太融洽；特朗普总统将在越南岘港举行的亚洲太平洋经济合作组织领导人峰会上发表讲话。

观点摘要：

1. 特朗普总统访问中国的气氛似乎不太融洽。最近几天，美国谈到了中国的“掠夺性”贸易行为，认为中国通过强制性技术转让削弱了美国公司的知识产权价值。除此之外，中国也对美国出于反倾销目的拒绝承认其市场经济地位的行为表示愤怒，这显然是两国关系中长期存在的刺激因素。中国政府无疑会关注特朗普发起的针对外国进口钢铁和铝产品的“232 调查”，及根据《1974 年贸易保护法》301 条款针对中国发起的“301 调查”。尽管中美双方有很多问题要讨论，但目前尚不清楚中国驻美大使最近承诺的“经济和贸易方面的重大成果”将如何实现。鉴于特朗普本周就中美“可怕”的双边贸易逆差发表的言论，以及中国驻美大使“从来不希望与美国形成巨大的贸易顺差，从长期来看，将无益于中国经济”的言论，一份旨在使贸易关系更加平衡的声明似乎是此次访问可能达成的结果。无论如何，我们可以肯定的是，一项双边投资协定的达成似乎近在眼前。

---

* Colin Grabow，获得詹姆斯·麦迪逊大学国际事务专业学士学位、乔治·华盛顿大学国际贸易和投资政策专业硕士学位，卡托研究所贸易专家。来源：卡托研究所（美国智库），2017 年 11 月 3 日。

2. 特朗普总统将在越南岘港举行的亚洲太平洋经济合作组织（APEC）领导人峰会上发表讲话。如果美国继续留在跨太平洋伙伴关系协定（TPP）中，特朗普此行就可以看作取得了一个胜利，并有机会因其领导能力和兑现这一关键贸易协定的承诺而受到赞扬。事实上，亚太经合组织领导人峰会已成为围绕建立亚太自由贸易区（FTAAP）展开讨论的理想场所。任何有关开放经济体和自由贸易的言论的影响力一定会因美国退出跨太平洋伙伴关系协定而被削弱。

特朗普和普京：接下来将怎样？

Nikolas K. Gvosdev *

原文标题： Trump and Putin：What Comes Next？

文章框架： 美国总统唐纳德·特朗普和俄罗斯总统普京出席了 2017 年越南岘港亚洲太平洋经济合作组织（APEC，简称亚太经合组织）领导人非正式会议，可是我们并没有看出美俄两国在亚太地区清晰明确的关系。

观点摘要：

美国总统唐纳德·特朗普和俄罗斯总统普京出席了 2017 年越南岘港亚洲太平洋经济合作组织（APEC，简称亚太经合组织）领导人非正式会议，可是我们并没有看出美俄两国在亚太地区清晰明确的关系。在 2017 年越南岘港亚太经合组织领导人非正式会议召开之前，俄罗斯总统普京既没有向越南方面发表任何表明其将改变参加 2017 年越南岘港亚太经合组织领导人非正式会议议程的暗示，也没有对美国在朝鲜、叙利亚、伊朗和乌克兰等国实施的存在严重问题的外交政策给予任何让步。美国总统唐纳德·特朗普将有可能通过美国方面的让步与俄罗斯总统普京进行谈判，以获得俄罗斯对美国在某些领域的提议的认可。由于美国在地理上把俄罗斯作为一个“欧洲”国家，因此特朗普并没有安排俄罗斯事务专家加入参加亚太经合组织领导人非正式会议的美国代表团。人们担心特朗普和普京之间的任何会晤都将在没有美国官员（这些官员都是具备某些特定领域专业知识的专家）参与的前提下进行。与此同时，人们还担心，如果特朗普和普京之间的会晤效仿二十国集团

---

* Nikolas K. Gvosdev，美国海军战争学院经济地理学专家。来源：兰德公司（美国智库），2017 年 11 月 13 日。

汉堡峰会的先例（只有两位总统及其首席外交官），那么特朗普很有可能会被普京说服并接受一系列妥协建议。特朗普在2017年越南岘港亚太经合组织领导人非正式会议后对媒体公开发表了一系列言论。其中大部分言论表示其将愿意接受“普京否认俄罗斯干涉美国2016年大选”。除此之外，特朗普对媒体公开发表的另外两条言论引起了国际上更广泛的关注。首先，特朗普并没有在2017年越南岘港亚太经合组织领导人非正式会议上将美俄两国在亚太地区的关系明确化，与此同时，特朗普承诺将在未来某个不确定的时间开展美俄两国总统间的正式会晤。其次，特朗普将在对俄政策中扮演什么角色？通过2017年越南岘港亚洲太平洋经济合作组织领导人非正式会议，我们未能看出美俄两国在亚太地区清晰明确的关系。特朗普是否会在未来某个不确定的时间开展美俄两国总统间的正式会晤以及美俄两国领导人间正式会晤会不会改变两国在亚太地区的关系，我们也无法知悉。

美国与越南在中国周边海域寻求平衡

Derek Grossman *

原文标题： US Striking Just the Right Balance with Vietnam in South China Sea

文章框架： 作为美国与越南深化防务合作伙伴关系的一部分，特朗普和范光毅重申了将在2018年派遣美国航空母舰到金兰湾的计划；最后，在2017年11月10日，特朗普在出席越南岘港举办的亚洲太平洋经济合作组织（APEC）领导人非正式会议时，多次提及"印度洋—太平洋"地区；另外，美国总统特朗普与中国国家主席习近平的关系发展迅速，这让越南感到放心，即其不太可能成为大国地缘战略博弈中的一枚棋子。

观点摘要：

1. 作为美国与越南深化防务合作伙伴关系的一部分，美国总统唐纳德·特朗普和河内市委书记范光毅重申了将在2018年派遣美国航空母舰到金兰湾的计划。事实上，在2017年5月越南总理阮春福访问白宫之际，特朗普就已提出航母访越的想法。美国五角大楼于2017年8月宣布，拟将于2018年派遣航空母舰停靠并访问越南，这是由美国国防部部长詹姆斯·马蒂斯（James Mattis）与来访的越南国防部部长吴春历共同达成的协定。在美国总统特朗普于2017年11月对越南进行正式访问时，两国发表联合声明，其中提出了2018年实现美国航母停靠

---

* Derek Grossman，美国兰德公司分析师，曾任职于美国国防部，负责亚洲和太平洋安全事务，负责每日情报简报。来源：兰德公司（美国智库），2017年11月22日。

越南的目标。在于2017年11月发表的联合声明中，特朗普和范光毅重申，此次航母访问将于2018年进行，并提出了一个共同的愿望，即美国国防部部长马蒂斯应该寻求对越南进行“早期访问”。

2. 最后，在2017年11月10日，特朗普在出席越南岘港举办的亚洲太平洋经济合作组织（APEC）领导人非正式会议时，多次提及“印度洋—太平洋”地区。尽管这一术语最初是在2007年被提出并被用来描述印度洋和亚太地区之间不断增长的“互联互通”，但自那以来，它已经演变成了许多观察家的一种暗示，即美国利用其强大的海军实力来增强其在该地区的影响力。事实上，特朗普在其亚洲之行时通过重启“四方安全对话”（包括美国、日本、澳大利亚、印度）将“印度洋—太平洋”地区这一概念纳入四国官方战略术语中。所有这些决定，包括向越南出售导弹等，都有利于深化双边防务关系，以实现国家战略利益。

3. 另外，美国总统特朗普与中国国家主席习近平的关系发展迅速，这让越南放心——其不太可能成为大国地缘战略博弈中的一枚棋子。鉴于越南抵御外部力量的“长期不幸”的战争史以及冷战时期在苏联和美国之间做出选择的压力，越南高度警惕，以避免情况重现。越南反而更喜欢中美间依靠独立的、不结盟的全方位外交政策所维持的稳定关系。然而，与此同时，越南赞赏美国的“再平衡”战略。特朗普通过增加帮助调解海上争端问题的可能性，试图继续在亚太地区发挥积极作用。这与特朗普早些时候终止跨太平洋伙伴关系协定（TPP）以及“重返亚太”“再平衡”奥巴马时代的政策背道而驰。这两项政策都试图维持美国方面在亚太地区的存在和领导地位。特朗普深化与越南的防务合作伙伴关系也有利于美国的发展。美国方面对“奉行‘海洋自由’的概念对全球经济来说至关重要”表现出了强烈兴趣。除了海上合作之外，美国方面还与越南在其他领域紧密合作，美国承认越南在人道主义援助、灾难救援、搜索和救援以及维和行动（PKO）等领域对区域安全的重要贡献。在过去25年里，越南决定与东南亚的地区性组织进行接触，并成为东南亚地区非传统安全的军事行动领导者。美国方面对越南的这种积极行为表示鼓励。

“美国优先”是一项失败的贸易战略

Mireya Solís *

原文标题：“America First” Is a Losing Strategy on Trade

文章框架： 特朗普政府启动“美国优先”贸易政策的第一步是退出跨太平洋伙伴关系协定；当美国正试图改变其现有的贸易协定条款（以一种没有达成国内共识或没有其他合作伙伴加入的方式）时，亚洲以及其他地方的政府开始将赌注押在一批新的大规模多边贸易协定上。

观点摘要：

1. 特朗普政府启动“美国优先”贸易政策的第一步是退出跨太平洋伙伴关系协定（TPP），许多人认为此举实际上扼杀了这一国内生产总值占全球国内生产总值（GDP）40% 的、包含 12 国的贸易协定。在否决跨太平洋伙伴关系协定等多边协定时，特朗普宣扬双边贸易主义的优势，即一对一的交易，美国可以利用其压倒性的市场力量，在谈判桌上快速取得成效。然而，这一期望并没有奏效。跨太平洋伙伴关系协定的谈判还在继续，美国也没有方法使其主导的双边贸易协定很快实现。拒绝多边主义、支持双边主义并不是推动特朗普政府制定此类贸易政策的原因。相反，确保美国能够以近乎自由的方式决定恢复特定产品关税、改变现有贸易协定的条款，以及在区域和全球层面削弱可能被用来遏制美国保护主义的争端解决机制才是特朗普政府制定该贸易政策的原因。在特朗普担任总统的前 9 个月里，贸易政策的发展清楚地表明了这一点。

---

* Mireya Solís，美国布鲁金斯学会高级研究员，东亚政策研究中心联合主任。来源：美国布鲁金斯学会（美国智库），2017 年 10 月 24 日。

2. 当美国正试图改变其现有的贸易协定条款（以一种没有达成国内共识或没有其他合作伙伴加入的方式）时，亚洲以及其他地方的政府开始将赌注押在一批新的大规模多边贸易协定上，即包括中国在内的、由16个国家组成的区域全面经济伙伴关系协定，日本与欧盟达成的经济伙伴关系协定以及跨太平洋伙伴关系协定升级版。其余11个跨太平洋伙伴关系协定成员正共同努力重启该协定，以便于下个月在越南举行的亚洲太平洋经济合作组织（APEC）领导人峰会上达成原则性协定。考虑到美国退出该协定的深远影响，这无疑是一项艰巨的任务。然而，谈判代表们明智地选择了暂时搁置一些跨太平洋伙伴关系协定的条款，直到美国回到该协定中。

特朗普亚洲之行关注朝鲜和中国

Nyshka Chandran *

原文标题： Trump to Tour Asia with North Korea, China on His Mind

文章框架： 美国总统唐纳德·特朗普将于周五开始亚洲五国之行，受朝鲜拥有核武器造成紧张局势的困扰，美国试图重申在该地区的领导地位；美国布鲁金斯学会的外交政策专家瑞安·哈斯（Ryan Hass）在最近的一份报告中说，在11月8～10日开启的访问中，习近平主席和特朗普总统有不同的目标。

观点摘要：

1. 美国总统唐纳德·特朗普将于周五开始亚洲五国之行，受朝鲜拥有核武器造成紧张局势的困扰，美国试图重申在该地区的领导地位。11月5～14日，71岁的特朗普将在日本、韩国、中国、越南和菲律宾停留，这是他上任以来首次访问该地区，除了进行国事访问外，特朗普还将出席亚洲太平洋经济合作组织（APEC）峰会和美国—东盟峰会。他的总体议程是建立统一战线，应对朝鲜的核威胁，并向亚太地区领导人保证美国的防御能力和贸易合作。美国国务院前政策规划主任安妮·玛丽·斯劳特解释说，“特朗普的外交政策议程是基于他提出的‘美国优先’政策”。

2. 美国布鲁金斯学会的外交政策专家瑞安·哈斯（Ryan Hass）在最近的一份报告中说，在11月8～10日开启的访问中，习近平主席和特朗普总统有不同的目标。习近平主席的目标是在特朗普离开中国时得

---

* Nyshka Chandran，获得了多伦多大学政治学和历史学学士学位，亚太财经频道网站作家，专注于研究亚太政治等。来源：美国布鲁金斯学会（美国智库），2017年11月2日。

到他应得的尊重，并确信特朗普会继续对中国采取建设性的、以成果为基础的方针，来达成他的目标，即实现更均衡的贸易和在朝鲜问题上进行更好的合作。与此同时，美国领导人将设法说服习近平主席，中国必须缓和其行为，以防止双边关系失衡，尤其是对待美国在华企业方面。特朗普将于 11 月 10 日抵达越南岘港参加亚洲太平洋经济合作组织峰会。届时他将发表演讲，并可能与俄罗斯总统弗拉基米尔·普京在非正式会议期间进行会晤。

缺失环节：亚洲的多边机构和地区安全

Michael H. Fuchs；Brian Harding *

原文标题： The Missing Link：Multilateral Institutions in Asia and Regional Security

文章框架： 美国对亚太地区组织机构政策的转变最初始于乔治·沃克·布什总统任期的最后两年；美国正以一种不同于与大多数亚洲国家交往的方式开展贸易和经济对话，其为参加贸易协定谈判设置了很高的门槛。

观点摘要：

1. 美国对亚太地区组织机构政策的转变最初始于乔治·沃克·布什总统任期的最后两年。然而，由于奥巴马政府重新关注多边主义，自2009年以来，美国在政策转变方面也已经加快了速度。在奥巴马政府八年任期结束时，他使美国成为处理亚太区域政治和安全问题相关组织机构的主要成员。直到近年来谈及对亚太地区机构的投资，美国才有选择性地参与，表现为经常谨慎地出现，或者根本不出现。美国于1994年首次加入东南亚国家联盟（ASEAN）地区论坛，然而，美国国务卿并没有每年都出席该论坛。时任国务卿康多莉扎·赖斯缺席2005年和2007年论坛一事在该地区仍然经常被提及。2005年东盟国家举行了东亚峰会，但美国直到2009年才开始对该峰会感兴趣。尽管亚太地区国家促进了经济一体化的发展，并强调将以东南亚国家联盟为中心讨论地区安全问题，但美国似乎没有参与进来。因为，奥巴马总统的注意力局

---

* Michael H. Fuchs，美国发展中心高级研究员。Brian Harding，美国发展中心东亚和东南亚地区项目主任。来源：美国发展中心（美国智库），2016年5月10日。

限在以贸易为导向的亚洲太平洋经济合作组织（APEC），即环太平洋国家举行的峰会上，此举与全球为实现国际贸易自由化所做的努力一致。

2. 美国正以一种不同于与大多数亚洲国家交往的方式开展贸易和经济对话，其为参加贸易协定谈判设置了很高的门槛。目前，奥巴马政府将注意力集中在跨太平洋伙伴关系协定和为亚洲太平洋经济合作组织制定议程上。与此同时，亚洲国家倾向于参加各种各样的贸易谈判，并希望在大多数地区性机构会议上解决贸易和经济问题。发展问题也是许多东亚峰会参与者的主要议题，然而，美国的立场是，还有其他更合适的论坛来解决该问题，诸如亚洲太平洋经济合作组织和世界卫生组织（WHO）。美国认为如果东亚峰会等只专注于亚太地区的安全问题，那么该问题会得到更好的解决。

美国在美洲的五大政策理念

Dan Restrepo; Michael Werz; Joel Martinez *

原文标题：5 Big Ideas for U. S. Policy in the Americas

文章框架：在美国的历史长河中，美国把其他美洲国家看作自己国家的一部分、自己的后院，或是美国行使自治权的地区，不允许外国势力进入；美国对全球事务参与度日益增长意味着，如果美国选择参与，而不是对抗，那么它就拥有更广泛的潜在合作伙伴，以建立一个现代的、基于规则和自由的国际秩序。

观点摘要：

1. 在美国的历史长河中，美国把其他美洲国家看作自己国家的一部分、自己的后院，或是美国行使自治权的地区，不允许外国势力进入。现在，那些日子已经过去，新的现实为美国在全球范围内推进美国国家利益带来了可能性，但前提是美国选择与日益参与全球化事务的国家合作。在21世纪开放的美洲，一个明显的特征是区域参与者在全球的参与度有所提高。巴西作为金砖国家（由巴西、俄罗斯、印度、中国和南非五个主要新兴经济体组成）成员之一，为南半球地区发展提供了拉丁美洲的视角。阿根廷、巴西和墨西哥在二十国集团（G20）的国际经济决策中发挥了重要作用。2012年墨西哥主办了二十国集团峰会，在2008年和2016年，秘鲁作为亚洲太平洋经济合作组织（APEC）峰会的东道主，分别“接待”了乔治·沃克·布什总统和奥巴马总统

---

* Dan Restrepo，美国进步中心高级研究员。Michael Werz，美国进步中心高级研究员。Joel Martinez，墨西哥国家安全与国际政策研究中心研究员。来源：美国发展中心（美国智库），2016年12月9日。

的最后一次国际访问。

2. 美国对全球事务的参与度日益增长意味着，如果美国选择参与，而不是对抗，那么它就拥有更广泛的潜在合作伙伴，以建立一个现代的、基于规则和自由的国际秩序。如果美国选择继续参与，那么它必须开始与那些已表现出承担全球责任意愿的国家和组织协同努力。首先是那些参与全球事务的主要组织，如二十国集团、亚洲太平洋经济合作组织和联合国维持和平部队（UNPKO）；其次是那些已明确表示愿意参与全球事务的国家。作为拉丁美洲第四大经济体，同时也是太平洋联盟的重要成员，哥伦比亚努力通过加入经济合作与发展组织（OECD）、北大西洋公约组织（NATO）和联合国维持和平部队表明愿意参与全球事务。

特朗普在经济问题上能与中国达成共识吗？

Melanie Hart *

原文标题： Can Trump Deliver on Economic Issues with China?

文章框架： 中国政府倾向于与其他国家进行双边贸易，因为这可以将中国对其他国家的影响力最大化；在对亚洲访问期间，特朗普将有足够多的机会与中国进行接触。

观点摘要：

1. 中国政府倾向于与其他国家进行双边贸易，因为这可以将中国对其他国家的影响力最大化。美国应该以多边方式为准则处理经济问题，因为有很多国家同美国一样，有同样的关切，并且愿同美国统一战线，最大限度地发挥美国的影响力。跨太平洋伙伴关系协定（TPP）的部分目的就是实现这一目标，将志同道合的国家聚集在一起，制定基于公平的贸易和投资标准以及基于规则的亚太地区治理和贸易自由化政策。抛开跨太平洋伙伴关系协定是否足以解决劳动力和环境等问题，若美国继续参与其中，则该协定将为中国设定准入门槛，并敦促中国改变自己的贸易行为。但由于特朗普宣布美国退出跨太平洋伙伴关系协定，因此美国现在需要寻找其他合作组织框架，以推动其他国家积极参与涉及中国的多边事务。

2. 在对亚洲访问期间，特朗普将有足够多的机会与中国进行接触。特朗普先对日本和韩国这两个美国的重要盟友进行了访问，随后访问中国，之后将立即从中国前往越南参加亚洲太平洋经济合作组织（APEC）领导人峰会。特朗普应该利用这些机会，找到新的契机，让

---

* Melanie Hart，美国发展中心中国政策项目主任兼高级研究员。来源：美国发展中心（美国智库），2017 年 11 月 6 日。

美国与亚太地区其他经济体进行更广泛的接触，并与中国共同关注地区经济问题。到目前为止，特朗普政府已表示有意与其他国家进行双边接触，并会继续脱离多边论坛。如果这一趋势在特朗普的亚洲之行中持续下去，那么美国的国际影响力将大打折扣，不及中国。

美印关系：平衡进展和管理预期*

原文标题： US – India Relations：Balancing Progress and Managing Expectations

文章框架： 美国支持印度加入亚洲太平洋经济合作组织，这标志着印度又朝着最终加入跨太平洋伙伴关系协定迈出了重要一步。

观点摘要：

1. 美国支持印度加入亚洲太平洋经济合作组织（APEC，以下简称亚太经合组织），这标志着印度又朝着最终加入跨太平洋伙伴关系协定迈出了重要一步。莫迪政府抓住新的经济机会，在数字技术、可再生能源和城市基础设施建设方面都采取了具有里程碑意义的经济举措。这为促进美国与印度的贸易、深化美国与印度的经济联系创建了纽带。

2. 亚太经合组织成立于1989年，由21个经济体组成，是东亚最大的经济组织，也是世界上最大的贸易集团。拥有30亿名消费者，贸易额占全球贸易总额的44%。早在1991年，印度就申请加入亚太经合组织，但遭到拒绝。2010年亚太经合组织暂不接纳新成员的10年巩固期到期，这为印度加入该组织打开了大门。美国欢迎印度加入亚太经合组织，但没有支持其成为正式成员。美国公开支持印度成为亚太经合组织成员的候选者，“响应”了美国的政策，即支持印度崛起为一个负责任的全球大国。一些反对印度加入亚太经合组织的人则是出于对其声名狼藉的贸易谈判代表的“反感”，而另一些反对印度加入亚太经合组织的人担心，承认印度加入亚太经合组织将损害该组织达成共识的能力并削弱其贸易协定的质量。

3. 尽管这些担忧是合理的，但对美国来说，支持印度成为亚太经

* 来源：美国企业公共政策研究所（美国智库），2016年9月22日。

合组织的成员，是一种可以带来高收益、低风险的策略。最坏的结果可能是这些成员之间订立非约束性协定，使本来已经臃肿的机构变得更加复杂。最好的结果可能是利用亚太经合组织成员进行试验，为更具有野心的跨太平洋伙伴关系协定（TPP）做准备，并使印度参与到新能源相关合作当中，更充分地融入全球经济。

11 国跨太平洋伙伴关系协定依然存在，这是一件很好的事

Claude Barfield *

原文标题： TPP－11 Lives，and That's a Very Good Thing

文章框架： 全面与进步跨太平洋伙伴关系协定的成功签署表明安倍晋三领导下的日本在区域贸易政策的制定上发挥着积极的领导作用。

观点摘要：

全面与进步跨太平洋伙伴关系协定的成功签署表明安倍晋三领导下的日本在区域贸易政策的制定上发挥着积极的领导作用。经过一段时间的犹豫之后，安倍晋三与其贸易外交官一直不遗余力地推动区域贸易政策的改革（此举得到了澳大利亚和新西兰的大力支持）。这与特朗普的亚洲之行以及其在亚洲之行期间所发表的保护主义言论、“美国优先”言论形成鲜明对比。特朗普访华后对在亚洲太平洋经济合作组织领导人非正式会议上美国受到的不公平待遇表示抱怨：“我们不会再让美国被利用了。那些不遵守规则的人必须明白，美国不会再对违规、欺骗或经济侵略视而不见。那些日子已经过去了。”最重要的是，全面与进步跨太平洋伙伴关系协定是一个赌注，有朝一日美国将摆脱这种愚蠢的贸易侵略，并再次在促进贸易开放方面和亚太地区的投资方面发挥经济和战略上的领导作用。

---

* Claude Barfield，美国西北大学硕士，美国约翰·霍普金斯大学文学学士，1982～1985 年担任美国贸易代表办公室顾问，1979～1981 年在美国参议院政府事务委员会任职，1974～1977 年担任《国家日报》记者，1970～1974 年担任慕尼黑大学教师。来源：美国企业公共政策研究所（美国智库），2017 年 11 月 13 日。

与印度的经济关系

Alyssa Ayres [*]

原文标题： Economic Relations with India

文章框架： 在向众议院外交事务委员会亚太小组委员会所做的声明中，阿丽莎·艾尔斯回顾了美印经济关系的发展历程。

观点摘要：

在向众议院外交事务委员会亚太小组委员会所做的声明中，阿丽莎·艾尔斯回顾了美印经济关系的发展历程并提出了如何推动美印两国经济关系向前发展的方法。她建议美国对印度的经济增长和改革进程提供支持，并将这一事务作为两国双边关系的最高优先事项，美国应开展更加全面的工作，以使印度融入全球经济体系中。为了将支持印度经济增长提升至美国与印度的最高双边议程中，美国应该在帮助印度成为亚洲太平洋经济合作组织（简称亚太经合组织）成员方面发挥领导作用；促进就达成部门间双边协定开展高级别讨论；达成双边投资协定；确定达成自由贸易协定或实现区域对等的途径；创建响应印度国内改革需求的倡议；继续重视军事贸易。除了推动印度加入亚太经合组织外，美国还应推动印度加入其他的其拥有“关键伙伴”地位的经济机构中，如经济合作与发展组织和国际能源署。

---

* Alyssa Ayres，美国外交关系学会研究印度、巴基斯坦和南亚问题的高级研究员。来源：美国外交关系学会（美国智库），2016 年 3 月 15 日。

跨境数据流动的新框架

Karen Kornbluh *

原文标题： A New Framework for Cross – Border Data Flows

文章框架： 跨越国家边界的数据流动带来了管辖权方面的挑战，因为数据本身和创造数据的人可能会受到不同国家法律的约束；美国应非常谨慎小心地采取行动，确保美国的努力能提高其整体的隐私保护水平，而不是使隐私保护受到破坏；美国努力争取二十国集团（G20）领导人对经合组织互联网政策制定原则的支持，其中包括允许跨境信息流动和尊重人权，以及支持可交互操作的隐私保护，如经济合作与发展组织《个人隐私保护基本准则》、亚太经合组织《跨境隐私保护规则体系》和美国与欧盟签署的《隐私之盾》。

观点摘要：

1. 跨越国家边界的数据流动带来了管辖权方面的挑战，因为数据本身和创造数据的人可能会受到不同国家法律的约束。当执法部门在国内刑事案件调查中寻找存储在外国服务器上的证据或者当个人希望在国外的数据受到国内隐私保护的时候，国家之间就会产生矛盾。越来越多的国家对此采取了应对措施，对本地存储数据提出了新的要求，这对跨境数据流动造成威胁，而跨境数据流动每年创造约 2. 8 万亿美元的经济价值。美国应该探索新的方法来阻止这些对数据自由流动的限制。鉴于世界上多数大型互联网公司的总部都设在美国，外国公民的数据被美国

---

* Karen Kornbluh，美国外交关系学会数字政策高级研究员，曾是尼尔森执行副总裁，负责全球公共政策、隐私策略和企业社会责任。来源：美国外交关系学会（美国智库），2016 年 6 月 1 日。

公司持有或存储在美国本土时，就会频繁地引发美国与其他国家的紧张局势。

2. 美国应非常谨慎小心地采取行动，确保美国的努力能提高其整体的隐私保护水平，而不是使隐私保护受到破坏。这可以通过三种方式实现。首先，美国政府应该提倡一种共同的数据保护方法，通过诸如《隐私之盾》（*Privacy Shield*）和亚太经济合作组织《跨境隐私保护规则体系》等区域协定，来减少日益增长的隐私问题。其次，美国应最终更新《共同法律协助协定》（MLAT），提高在刑事案件调查中跨境获取证据的法律手段的合法性。最后，美国应该主动在外交谈判中采取行动以寻求国际社会对信息自由流动规范的认可。现在的情况是，越来越多的国家提出了将数据存储在本地的要求（也称为“强制本地化”）并且数字问题也出现在了二十国集团（G20）领导人峰会的议程上。在美国经济严重依赖于互联网的情况下，这些提议将减少国家主权和无边界互联网之间的摩擦，同时实现对人权、隐私保护和网络法治的尊重。

3. 《共同法律协助协定》将通过严格的标准，包括由法律学者詹尼弗·达加（Jennifer Daskal）和安德鲁·伍德（Andrew K. Woods）提出的严格标准，防止滥用行为。数字隐私专家雷格·诺吉姆（Greg Nojeim）列出了还应考虑的附加限制。美国应该努力争取二十国集团领导人对经济合作与发展组织（OECD）互联网政策制定原则的支持，其中包括允许跨境信息流动和尊重人权，以及支持可交互操作的隐私保护，如经济合作与发展组织《个人隐私保护基本准则》、亚太经合组织《跨境隐私保护规则体系》和美国与欧盟签署的《隐私之盾》。数据问题已经被提上了今年二十国集团峰会的议程，而中国作为该峰会的举办者，正在寻求可交付成果，这为美国提供了一定的外交筹码。俄罗斯也表现出了加入经济合作与发展组织的野心，因此其必须遵守该组织的个人隐私保护原则，俄罗斯的加入可能会带来额外的杠杆作用。最近取得的这些成效也为美国提供了一个帮助应对隐私保护冲突的机会，以及通过交互操作式协定获取数据的执法途径，而这些协定将在美国的部分地区灵活实施，这也为美国提供了一个制定具有开放性、全球性、安全性互联网标准的机会。

2017 年全球经济预测

James McBride *

原文标题： Prospects for the Global Economy in 2017

文章框架： 不可预测的地缘政治事件已经波及 2017 年的世界经济发展；在 2018 年末，几乎所有拉丁美洲的领导人都将面临重要的选择。

观点摘要：

1. 不可预测的地缘政治事件已经波及 2017 年的世界经济发展。政治上的不满加剧了英国和美国等国反政府力量的壮大，这有可能使全球贸易议程陷入混乱。亚洲太平洋经济合作组织（APEC）成员正在进行会谈，太平洋联盟经济体智利、哥伦比亚、秘鲁和墨西哥正在谋划除了停滞不前的跨太平洋伙伴关系协定之外的事务。中国似乎急于填补美国实施新贸易政策而留下的空白。南美的南方共同市场于 2016 年中止了委内瑞拉的成员资格，急切希望促进它们自身贸易的发展。

2. 在 2018 年末，几乎所有拉丁美洲的领导人都将面临重要的选择，包括阿根廷的国会选举，智利、巴西、墨西哥、哥伦比亚以及委内瑞拉的总统选举。人民不满的加剧、政治僵局、大范围的政治贪污，都可能让这些选举充满不确定性。

---

* James McBride，美国外交关系学会研究员。来源：美国外交关系学会（美国智库），2016 年 12 月 27 日。

特朗普执政期间有关拉美关系容易提出的几个问题

Matthew M. Taylor *

原文标题： Open Questions about Latin American Relations during the Trump Administration

文章框架： 当墨西哥外交部部长路易斯·比德加赖和经济部部长伊尔德方索·瓜哈尔多在本周访问美国的时候，美国为阻止墨西哥移民修筑的隔离墙、移民问题和北美自由贸易协定都可能被摆在谈判桌上；特朗普政府退出跨太平洋伙伴关系协定，承诺重新谈判北美自由贸易协定，以及不断使用“内向型言辞”，这一典型转变就像是拉丁美洲的贸易和投资不断向东部和南部转移一样。

观点摘要：

1. 当墨西哥外交部部长路易斯·比德加赖（Luis Videgaray）和经济部部长伊尔德方索·瓜哈尔多（Ildefonso Guajardo）在本周访问美国的时候，美国为阻止墨西哥移民修筑的隔离墙、移民问题和北美自由贸易协定（NAFTA）都可能被摆在谈判桌上，而在月底的时候，墨西哥总统培尼亚·涅托（Peña Nieto）也将访问美国。即使今天的行政命令为美国修建隔离墙铺平了道路，之后围绕此次谈判［由美国方面的雷恩斯·普利巴斯（Reince Priebus）、斯蒂芬·班农（Stephen Bannon）、贾里德·库什纳（Jared Kushner）、彼得·纳瓦罗（Peter Navarro）、加里·科恩（Gary Cohn）和迈克尔·弗林（Michael Flynn）领导的谈判］

---

* Matthew M. Taylor，美国外交关系学会拉丁美洲事务客座高级研究员。来源：美国外交关系学会（美国智库），2017 年 1 月 25 日。

的中心问题仅仅是特朗普愿意走多远的问题。正如一些人所暗示的那样，有关北美自由贸易协定的煽动性言论仅仅是谈判策略的开头吗？或者特朗普团队是否真的想要破坏有史以来最成功的半球贸易协定？与此同时，鉴于墨西哥 85% 的出口产品都流向了美国，而且美国在该国的投资水平已经下降，这种不确定性对墨西哥经济有何影响？墨西哥劳动力市场的恶化对移民流动有什么影响？

2. 特朗普政府退出跨太平洋伙伴关系协定（TPP）、承诺重新谈判北美自由贸易协定，以及不断使用“内向型言辞”，这一典型转变就像是拉丁美洲的贸易和投资不断向东部和南部转移一样。在北美没有更好交易的情况下，太平洋联盟是该地区的新热点。一位巴西外交官讽刺道，特朗普的胜利意味着“墨西哥必须记住它是拉丁美洲国家”。墨西哥早已建议太平洋联盟向南转移到南方共同市场，南方共同市场似乎比以往任何时候都更加开放，这使其大西洋成员能进入太平洋市场。南美那些储蓄匮乏国家也很乐意向东部寻求更多的外国投资，以使它们能够从经济衰退中恢复过来。中国很清楚这一机遇，即仅在美国大选 10 天后，习近平主席就抵达秘鲁出席亚太经合组织（APEC）峰会。拉丁美洲国家已经开始“将它们的蛋投入区域全面经济伙伴关系协定（RCEP）的篮子”中，这由智利和秘鲁向东部转移的利益表达所引导。跨太平洋伙伴关系协定的结束是否预示着以南方共同市场—太平洋联盟协定为中心更大的半球贸易一体化？中国在该地区发挥更大的经济作用会带来什么影响？中国是否愿意将拉美纳入区域全面经济伙伴关系协定？区域全面经济伙伴关系协定是否会增强或削弱金砖国家的影响力，以及这对墨西哥和巴西作为地区领导者（有时是竞争对手）有何影响？

与米歇尔·巴切莱特的对话

David M. Rubenstein*

原文标题： A Conversation with Michelle Bachelet

文章框架： 在美国退出跨太平洋伙伴关系协定之后，智利政府与15个太平洋沿岸国家召开了一次部长级会议。

观点摘要：

在美国退出跨太平洋伙伴关系协定（TPP）之后，智利政府与15个太平洋沿岸国家召开了一次部长级会议。由于美国的退出，其余11个跨太平洋伙伴关系协定成员举行了多次会晤。在今年的亚洲太平洋经济合作组织（APEC，简称亚太经合组织）峰会上，智利将对自己的未来做出决定。智利正在努力为连接亚洲和拉丁美洲搭建平台。为此，2017年5月，智利参加了“一带一路”国际合作高峰论坛。在该论坛中，只有智利和阿根廷两个拉丁美洲国家被邀请，当时米歇尔·巴切莱特（智利历史上第一位女总统）担任太平洋联盟的主席，而阿根廷总统毛里西奥·马克里当时是南方共同市场（MERCOSUR）的主席，因此，他们受邀参加了这次论坛。众所周知，中国是智利的主要贸易伙伴，近年来智利与中国的关系在很大程度上得到了深化。智利是亚太经合组织的主要成员，其将承办2019年亚太经合组织领导人非正式会议。此外，智利还于2016年加入了《东南亚友好合作条约》。

---

* David M. Rubenstein，凯雷投资集团联合创始人兼联席首席执行官。来源：美国外交关系学会（美国智库），2017年9月22日。

印度洋—太平洋地区的注意事项：美国总统特朗普和印度总理莫迪在“四方安全对话”上重申两国国防关系

Alyssa Ayres *

原文标题： Notes on the Indo - Pacific：Trump and Modi Reaffirm Defense Ties，“Quad” Meets

文章框架： 特朗普政府如何努力将“四方安全对话”的潜力充分挖掘出来，这将是一个值得关注的战略问题；希望特朗普政府抓住这一机遇，认识到支持印度经济增长的战略潜力。

观点摘要：

1. 特朗普政府如何努力将“四方安全对话”（Quad）的潜力充分挖掘出来，以及在一个更大的区域建立“印度洋—太平洋”愿景（包括印度和印度洋），这将是一个值得关注的战略问题。笔者最近写了一篇文章，对美国经济方法与战略框架不一致表示担忧。文章中提到，亚太经济合作组织（APEC）等经济组织没有将印度纳入其中。

2. 希望特朗普政府抓住这一机遇。通过帮助印度发展经济，实现印度在整个亚太地区扩展更大的经济关系网络并认识到支持印度经济增长的战略潜力。特朗普总统明智地“押注”于印度，但印度战略的成功与否将取决于能否实现战略和经济愿景。

---

* Alyssa Ayres，美国外交关系学会研究印度、巴基斯坦和南亚问题的高级研究员。来源：美国外交关系学会（美国智库），2017 年 11 月 13 日。

菲律宾和日本签署新的防务协定

Renato Cruz De Castro *

原文标题： The Philippines and Japan Sign New Defense Agreement

文章框架： 菲律宾国防部部长加斯明与日本驻菲大使石川和秀于 2 月 29 日签署了一项新的防务协定，日本将向菲律宾转让防御设备和技术；防务协定谈判只花了三个月的时间，这反映出菲日双方签署防务协定的紧迫感，该协定为日本向菲律宾赠送二手军事装备、转让军事技术以及为菲律宾武装部队（AFP）提供培训铺平了道路。

观点摘要：

1. 菲律宾国防部部长加斯明与日本驻菲大使石川和秀于 2 月 29 日签署了一项新的防务协定，日本将向菲律宾转让防御设备和技术。这为菲律宾和日本提供了联合研发，甚至联合生产国防设备和技术的契机。该协定规定成立菲律宾—日本联合委员会，负责国防设备和技术的转让和使用方式的说明。双方预计，该协定不仅会加强它们不断发展的安全伙伴关系，还将帮助日本进一步提升其不断壮大的国防工业的生产力水平并巩固其技术基础。日本与美国和澳大利亚也签署过类似的防务协定，但与东南亚国家签署防务协定是前所未有的。2015 年 11 月 17 日，菲律宾总统阿基诺三世和日本首相安倍晋三在马尼拉举行的亚洲太平洋经济合作组织（APEC，以下简称亚太经合组织）领导人非正式会议期

---

* Renato Cruz De Castro，马尼拉大学国际研究系教授，主要研究领域包括菲律宾和美国安全关系、菲律宾国防和外交政策、美国在东亚的国防和外交政策以及东亚国际政治。来源：美国战略与国际问题研究中心（美国智库），2016 年 3 月 15 日。

间，首次向公众披露该谈判已达成协定。双方一致同意，协定中不包括提供安全援助类型的具体细节。

2. 防务协定谈判只花了三个月的时间，这反映出菲日双方签署防务协定的紧迫感。该协定的签署为日本向菲律宾赠送二手军事装备、转让军事技术以及为菲律宾武装部队（AFP）提供培训铺平了道路。在2015 年 11 月举行的亚太经合组织领导人会议上，日本首相安倍晋三宣布，日本正在考虑加入美国在中国附近海域开展的联合巡逻中，尽管国内反对派似乎已经迫使他放弃了这一立场。此后，日本宣布在亚丁湾执行反海盗任务的部队将在经过中国附近海域时进行监视巡逻。与此同时，日本政府将继续探索扩大与其他亚洲国家在安全方面合作的途径，以代替采取更为直接的行动。

习近平主席提出的“一带一路”倡议

Christopher K. Johnson *

原文标题： President Xi Jinping's “Belt and Road”① Initiative

文章框架： 中国国家主席习近平在2013年提出了共建“丝绸之路经济带”和“21世纪海上丝绸之路”的倡议（以下简称“一带一路”倡议）；习近平主席在中央外事工作会议讲话中强调中国在地区外交上应该更具针对性。

观点摘要：

1. 中国国家主席习近平在2013年提出了共建“丝绸之路经济带”和“21世纪海上丝绸之路”的倡议（以下简称“一带一路”倡议）。中国在官方声明中指出，“一带一路”倡议代表了复兴中国“古丝绸之路”的构想，中国政府秉持的和平合作、开放包容、互学互鉴、互利共赢的理念产生了深远的战略意义和全球影响力。中国官方消息还强调，如果“一带一路”倡议得以实现，就将创造出一条极具前途的经济走廊，可以直接惠及44亿人（占全球人口总数的63%），并创造出

---

* Christopher K. Johnson，美国战略与国际问题研究中心中国项目研究高级顾问。来源：美国战略与国际问题研究中心（美国智库），2016年3月。

① 国家发改委会同外交部、商务部等部门对“一带一路”英文译法进行了规范。在对外公文中，统一将“丝绸之路经济带和21世纪海上丝绸之路”的英文全称译为“the Silk Road Economic Belt and the 21st－Century Maritime Silk Road”，“一带一路”简称译为“the Belt and Road”，英文缩写用“B&R”。考虑到“一带一路”倡议一词出现频率较高，在非正式场合，除首次出现时使用英文全称译文外，其简称译法可视情况灵活处理，除可使用“the Belt and Road Initiative”外，也可视情况使用“the land and maritime Silk Road initiative”。其他译法不建议使用。本书出现的“Belt and Road”等均为相关智库报告原有内容，为此，本书予以保留。

每年21万亿美元的经济价值（占全球经济总量的29%）。在经历了大约一年的间歇期后，2014年11月，习近平主席在北京召开的亚洲太平洋经济合作组织（APEC）会议上宣布，中国将出资400亿美元成立“丝路基金”，以为“一带一路”倡议提供资金支持。此外，中国银行也宣布在2015年对“一带一路”倡议的授信规模不低于200亿美元，未来三年力争达到1000亿美元。亚洲太平洋经济合作组织峰会后不久，习近平主席在一次高级别的外交工作会议上对中国共产党高层人员发表的重要外交政策报告中强调，要为“一带一路”倡议未来几年的发展制定时间表和路线图，并将重点放在重大项目上，尽快推进“一带一路”倡议建设。

2. 习近平主席在中央外事工作会议讲话中强调，中国的地区外交应该更具针对性。习近平主席一再提到，中国政府在对待邻国外交时必须采取“双赢”战略。习近平主席还建议中国的外交内容和方式应注入一些新元素，其中具体提到应系统地发展中国软实力。习近平主席呼吁改善地区外交的主张与2013年10月他主持的周边外交工作座谈会的主题是一致的，并且在更正式的中央外事工作会议背景下重申这一“呼吁”，无疑增强了这一信息的权威性，即向中国各行政机构发出了信号。如上所述，习近平主席认为强劲的经济外交是他总体外交构想的一个关键因素，在2014年11月召开的亚洲太平洋经济合作组织工商领导人峰会及相关会议上，他突出强调了经济外交的优先性。例如，在亚洲太平洋经济合作组织会议期间，当习近平主席宣称将亚太自由贸易区（FTAAP）作为美国主导的跨太平洋伙伴关系协定（TPP）的一个替代方案时，这显示出中国试图表明自己对亚洲经济安全这一概念的理解。

《环境产品协定》

Christine McDaniel *

原文标题： Environmental Goods Agreement

文章框架：《环境产品协定》（EGA）由世界贸易组织中的 17 个成员提出，旨在取消诸多与保护和改善环境相关商品的关税；虽然《环境产品协定》中的最终产品清单仍在谈判中，但可能包括的产品将被广泛应用于环境保护和减缓气候变化领域。

观点摘要：

1. 《环境产品协定》由世界贸易组织中的 17 个成员提出，旨在取消诸多与保护和改善环境相关商品的关税。其产品贸易额共占全球环境产品贸易额的 90%。《环境产品协定》将取消谈判清单上的产品关税，将其作为“环境产品”，并且该协定将由世界贸易组织的一部分成员签署。贸易从业人员称这类协定为多边协定，即由许多国家签署，与一个部门相关。

2. 虽然《环境产品协定》中的最终产品清单仍在谈判中，但可能包括的产品将被广泛应用于环境保护和减缓气候变化领域。主要技术项目有：可再生能源和清洁能源发电，如太阳能电池板和风力涡轮机；空气污染控制，如煤烟清除器和二氧化碳洗涤器；废水处理，如脱盐设备和紫外线消毒设备；固体和危险废物处理，如回收设备和堆肥系统；环境监测和分析，如恒温器等设备。在《环境产品协定》中列出了约 300 种环境产品，该产品清单建立在亚洲太平洋经济合作组织（APEC）列出的 54 种产品的基础之上。2012 年，亚洲太平洋经济合作组织成员领导人同意到 2015 年将这些项目中的产品关税降至 5% 或更少。

---

* Christine McDaniel，乔治梅森大学莫卡特斯中心高级研究员，曾任白宫经济顾问委员会高级经济学家。来源：美国战略与国际问题研究中心（美国智库），2016 年 12 月 7 日。

这份贸易协定可以削减你每月的电费开支

Andrea Durkin *

原文标题： This Trade Agreement Could Cut Your Monthly Utility Bill

文章框架：《环境产品协定》清单中所谓的“绿色产品”主要包括大规模应用于工业领域的零部件、机器或技术；当我们测算一项贸易协定带来的影响时，通常使用能够分析出该贸易协定对经济的影响范围或其对“具有代表性”家庭的整体有效影响的经济模型；谈判人员希望本周在日内瓦可以达成《环境产品协定》。

观点摘要：

1.《环境产品协定》清单中所谓的“绿色产品”主要包括大规模应用于工业领域的零部件、机器或技术。清单的300多个条目并不公开，以亚洲太平洋经济合作组织（APEC）编制的清单中的绿色产品为例，其中包括风力涡轮机叶片和轮毂，净水设备，销毁有害废弃物的技术，太阳能电池以及测量、记录和分析环境样本的仪器。全球环境技术贸易额预计将从2012年的1.1万亿美元增加到2022年的2.5万亿美元。这对像通用电气这样制造风力涡轮机的公司以及世界各地将环保技术应用于其设备上的公司来说都有好处。除此之外，《环境产品协定》还包括人们购买的日常用品，如自动恒温器、煤气和电表、LED灯泡，甚至自行车，这些东西能让你感受到“即刻的”节能。

2. 当我们测算一项贸易协定带来的影响时，通常使用能够分析出

---

* Andrea Durkin，地面战争研究中心高级研究员，就“查谟和克什米尔地区认知管理”问题进行重点研究。来源：美国战略与国际问题研究中心（美国智库），2016年12月7日。

该贸易协定对经济的影响范围或其对“具有代表性”家庭的整体有效影响的经济模型。通过这些经济模型分析产生的庞大数字令人印象深刻，同时这些数字也是客观的，因而人们很难发现这样的协定对自己是有利的。无可厚非，不同收入的家庭，无论是房东还是租客，无论是在东北还是西南，无论是在城市还是农村，在购买方式和支出上表现各异。正如经济学家克里斯汀·麦克丹尼尔（Christine McDaniel）研究表明的那样，贸易不仅是为了获得以更低的成本购买商品的机会，贸易也会让人有机会去买那些实用的便宜的东西。此外，我们可以运用其他数据，了解个别家庭如何受到贸易协定的影响。这甚至是一种与我们购买更多的商品或更频繁购买衣服、食物更具关联性的方法，可以帮助我们更好地理解贸易协定对个人利益的影响。

3. 谈判人员希望本周在日内瓦可以达成《环境产品协定》，但经过18 轮谈判后，中国提出了其希望列入清单的新条目，现在谈判人员需要更多时间来分析中国的要求。尽管《环境产品协定》可能无法达成，但显而易见的是，如果没有该协定，美国家庭将失去为其房子购买有折扣的节能产品和削减家庭能源支出的机会。

中国发挥优势

Robert G. Sutter；Chin – Hao Huang [*]

原文标题： Beijing Presses Its Advantages

文章框架： 菲律宾与中国进行接触的显著转变，以及其他与中国存在争端的国家的明显克制，都使中国能够寻求更大的地区影响力；东盟十国和其他与会领导人都支持中国和东盟在一些问题上取得的“积极进展”；李克强总理和东盟国家领导人就建立信任措施达成协定；中国国家主席习近平大力支持区域全面经济伙伴关系协定，并希望相关国家就亚太自由贸易区（FTA-AP）达成更广泛的协定；习近平主席表示，杜特尔特10月对中国的访问“掀开了中菲关系的新篇章”，为地区和平注入了“正能量”；中国和马来西亚在中国的“一带一路”倡议下建立了密切的关系；中越两国领导人重申了双边密切关系。

观点摘要：

1. 菲律宾与中国进行接触的显著转变，以及其他与中国存在争端

---

* Robert G. Sutter，哈佛大学历史和东亚语言学博士，乔治·华盛顿大学艾略特国际事务学院教授；2001 ~2011 年，在乔治城大学担任亚洲研究教授；其出版了21 本书，发表了200 多篇文章，撰写了数百份政府报告，涉及当代东亚和太平洋国家以及这些国家与美国的关系。Chin – Hao Huang，乔治城大学荣誉学士、南加州大学政治学博士，耶鲁—新加坡国立大学政治学助理教授；此前，曾担任美国和欧洲基金会、政府和公司在亚洲战略和政策方面的顾问，而且还曾在瑞典斯德哥尔摩国际和平研究所（SIPRI）和美国战略与国际问题研究中心（CSIS）担任研究员；专门研究国际政治问题，特别是中国和亚太地区国际政治问题；此外，其还研究了中国在多边安全机构中的合规行为；其著作发表于《中国季刊》《中国日报》《国际维和》等。来源：美国战略与国际问题研究中心（美国智库），2017 年1 月。

的国家的明显克制，都使中国能够寻求更大的地区影响力。在2016年的最后几个月，随着菲律宾总统和马来西亚总理访问中国、李克强总理9月参加东盟和东亚峰会以及习近平主席参加11月的亚太经合组织领导人会议，中国政府在外交上取得了重大进展。由于美国未能实施重要举措，尤其是在有关跨太平洋伙伴关系协定（TPP）的谈判方面，中国在该地区发挥了更大的作用。中国乐观前景的主要不确定性在于美国当选总统唐纳德·特朗普，他曾多次批评中国，这预示着美国在对待与中国的分歧时将变得不可预测。

2. 2016年9月，李克强总理代表中国在老挝万象出席第19次中国—东盟（10+1）领导人会议暨中国—东盟建立对话关系25周年纪念峰会。有评论称，这次会议的“主要成果”是中国和东盟“近年来第一次”成功地避免了在一些问题上的严重分歧；双方将在安全、经济和政治关系方面加强合作。在东亚峰会上，中国外交部副部长刘振民向媒体表示，东盟十国和其他与会领导人都支持中国和东盟在一些问题上取得的“积极进展”。

3. 李克强总理和东盟国家领导人就建立信任措施达成协定，其中包括处理海上争端方面。尽管最近中国与东盟的贸易额在下滑，但随着李克强总理出席在万象举行的会议，以及张高丽出席在中国南宁举行的中国—东盟博览会，中国与东盟的经济关系仍被看好。相关人士预测，到2020年，双方贸易额将从2015年的4720亿美元增长到1万亿美元。2016年累计双向投资价值达到1600亿美元。李克强希望到2025年，将学生交流规模从目前的18万人提高到30多万人。

4. 在万象，李克强总理推进了中国支持的区域全面经济伙伴关系协定（RCEP），包括中国、东盟所有成员和其他五个亚太国家，但不包括美国。该协定的重要性随着美国对跨太平洋伙伴关系协定（TPP）支持的减少而增加，TPP不包括中国。中国曾敦促区域全面经济伙伴关系协定成员在2016年达成协定。美国共和党人唐纳德·特朗普（Donald Trump）的当选（跨太平洋伙伴关系协定的强烈反对者）使区域全面经济伙伴关系协定对中国更为重要。在此背景下，习近平主席在一年一度的亚太经合组织领导人会议上将其描绘为自由贸易的主要倡导者，其提倡在一个被视为经济保护主义的国际环境中进行更自由的贸易。他表示大力支持区域全面经济伙伴关系协定，并就亚太自由贸易区（FTAAP）达成更广泛的协定，该协定涉及亚太经合组织的所有成员。

5. 在上任不到6个月的时间里，菲律宾总统罗德里戈·杜特尔特采用了一种非常规的外交风格，推翻前任政府的一些政策，并提出了一些强硬政策。其改善了与中国的关系，并威胁要大幅减少美国与菲律宾的军事交流。中国的有关评论起初对杜特尔特总统的意图持谨慎态度，但在10月18～21日杜特尔特访问中国期间，通过多次交换意见，中国领导人强烈支持双边关系的突破。2016年11月在秘鲁举行的亚太经合组织领导人会议上，习近平主席表示，杜特尔特10月对中国的访问“掀开了中菲关系的新篇章”，为地区和平注入了“正能量”。外交部部长王毅指出，中菲关系的巨大转变不仅消除了中国和菲律宾多年来的隔阂，同时也消除了中国和东盟国家之间深化合作的障碍。2016年8月，杜特尔特总统委任拉莫斯（Fidel Ramos）为特使与中国展开对话，其在中国香港与中国政府官员举行了非正式磋商，这促使了代表团在9月对中国的访问。

6. 杜特尔特总统离开中国一周后，马来西亚总理纳吉布·拉扎克（Najib Razak）抵达中国进行为期一周的访问，这是他自2009年上任以来对中国进行的第三次正式访问。此次访问中，其与中国签署了28项协定，涉及包括基础设施和融资在内的几个领域。中国也成为马来西亚最大的外国投资者，尤其是购买马来西亚备受争议的国有“一马发展”基金（1MDB）的资产。据报道，中国已准备好承建价值166亿美元的吉隆坡—新加坡高铁项目。中国和马来西亚在中国的“一带一路”倡议下建立了密切关系，中国企业正在马六甲海峡重建马来西亚的海港。由于跨太平洋伙伴关系协定的失败以及美国政府对纳吉布政府有争议的国有“一马发展”基金的反对行动，马来西亚倾向于中国，而远离美国。

7. 此外，越南与中国保持了高层接触，这是越南平衡行动的关键因素，以应对中国崛起带来的机遇和危险。2016年9月，越南总理阮春福（Nguyen Xuan Phuc）对中国进行了为期6天的访问，这是越南最近当选的最高领导人首次访问中国。越南共产党高级代表团在北京会见了习近平和其他中国共产党高级领导人。而且在秘鲁举行的亚太经合组织会议上，习近平主席会见了越南国家主席陈大光，重申了中越的密切关系。

白宫的东南亚政策：美国与东盟的关系，在建交40周年之际制订下一步计划

Shannon Hayden*

原文标题： Southeast Asia from Scott Circle：U. S. – ASEAN Relations：Charting Next Steps during the 40th Anniversary

文章框架： 2017年是东盟发展历程中的一个里程碑；美国的亚洲政策一直是两党的共识之处；美国战略与国际问题研究中心强烈建议特朗普政府保持“露面”的做法，让东盟盟友和合作伙伴放心。

观点摘要：

1. 2017年是东南亚国家联盟（以下简称东盟）发展历程中的一个里程碑。在这个组织成立50周年之际，东盟代表着一个繁荣和平的地区，并成功“限制”了自己的独断专制，容纳了不同的政治、经济和文化体系。但是，东盟也受到了对其“达成共识”这种方法持续不断的批评，因为这种方法可能导致业务进展缓慢，并影响该组织在重大区域挑战中采取果断行动。在东盟成立50周年之际，美国和东盟之间的关系也在改变。下周，美国战略与国际问题研究中心和美国驻菲律宾大使馆将召开会议，探讨美国与东盟之间的关键问题以纪念美国与东盟建交40周年。

2. 美国的亚洲政策一直是两党的共识之处。奥巴马政府“转向亚洲”战略的特点是在一些方面采取行动，包括在亚洲部署更多军事资产，以及追求达成跨太平洋伙伴关系协定。然而，美国政府也通过一种

---

* Shannon Hayden，美国战略与国际问题研究中心东南亚项目副主任。来源：美国战略与国际问题研究中心（美国智库），2017年2月24日。

最简单的方式——“露面”，来维持其在亚洲地区的战略对话。制定参加亚太区域架构会议的日程非常艰巨，但奥巴马政府优先派遣美国官员参加这些会议。奥巴马总统本人八年来九次访问东南亚，到访过所有东盟国家（除了文莱之外），参加过亚洲太平洋经济合作组织（APEC，以下简称亚太经合组织）峰会和东亚峰会（EAS）等双边和多边会议。

3. 美国战略与国际问题研究中心强烈建议特朗普政府也保持这种“露面”的做法，让东盟盟友和合作伙伴放心。虽然特朗普总统是否会以其前任的方式参加多边会议还有待观察，但他参与东亚峰会和亚太经合组织会议向亚太地区表明美国将继续履行承诺。

《全球经济月度报告》：美国—日本经济关系将何去何从？

Matthew P. Goodman *

原文标题： Global Economics Monthly：What's Next for U. S. –Japan Economic Relations？

文章框架： 美国总统特朗普认为日本正在“利用”美国在安全和经济方面的优势；美日双方可以在制定规则方面寻找其他合作渠道。

观点摘要：

1. 美国总统特朗普认为日本正在“利用”美国在安全和经济方面的优势。特朗普当选总统后的首要议程就是退出了过去五年将美国与日本经济相联系的组织，即跨太平洋伙伴关系协定（TPP）。在与日本首相安倍晋三举行的联合新闻发布会上，特朗普总统甚至谨慎地发表声明提醒日本，他预计中日双边关系将是“自由、公平和互惠的”。如果日本希望赢得美国新任总统的信任，并让两国经济关系重新走上富有成效的道路，那么日本仍有许多工作要做。

2. 相反，美日双方可以在制定规则方面寻找其他合作渠道。两国可以在亚洲太平洋经济合作组织（APEC）上通过共同倡导数据跨境自由流动和非强制性数据本地化的原则，在现有的良好基础上继续推动数字经济发展。美国可以鼓励日本在区域全面经济伙伴关系协定（RCEP）中继续推行高标准规则。美日双方可以在与其他亚太地区国家进行双边接触时，通过努力来获得这些国家对它们所制定规则的认可。

---

* Matthew P. Goodman，美国战略与国际问题研究中心威廉·西蒙政治经济研究中心主任、亚洲经济高级顾问。来源：美国战略与国际问题研究中心（美国智库），2017 年 2 月 27 日。

美国—东盟关系：规划未来 40 年

Amy Searight *

原文标题： U. S. – ASEAN Relations：Charting the Next 40 Years

文章框架： 一些与会者对美国的政治事态发展以及唐纳德·特朗普政府对东南亚的忽略表示担忧。

观点摘要：

一些与会者对美国的政治事态发展以及唐纳德·特朗普政府对东南亚的忽略表示担忧。一些人谈到美国在该地区所面临的信任危机，另一些人则对特朗普政府领导下的中美之间的紧张关系表示担心，还有一些人对美国显著加剧的对“伊斯兰国”等恐怖组织的恐惧表示关切。特朗普应出席于 2017 年 11 月在越南举办的亚洲太平洋经济合作组织（APEC，以下简称亚太经合组织）峰会和 2017 年 11 月在菲律宾举行的东亚峰会，以表明美国对亚太地区的兴趣和美国对亚太地区事务的参与度。美国必须确保其不会仅仅通过中国的视角来看待东盟。美国想与东盟保持密切的关系，需要与东盟建立一种基于共同利益的全面战略伙伴关系。特朗普退出了跨太平洋伙伴关系协定，该协定的核心内容是为新一代的商业互动机制制定规则，建立秩序，这严重影响了美国在亚太地区的信誉度。特朗普对跨太平洋伙伴关系协定的废除让东盟的四个成员，即文莱、马来西亚、新加坡和越南尤其感到沮丧，因为在该协定被废除之前，这四大成员已经同意进行艰难的经济体制改革。区域全面经济伙伴关系协定的 16 个成员原则上承诺将于 2017 年完成所有谈判。但经过 17 轮的谈判，各成员在许多问题上仍存在严重的分歧。区域全面

---

* Amy Searight，美国战略与国际问题研究中心东南亚项目高级顾问。来源：美国战略与国际问题研究中心（美国智库），2017 年 3 月 24 日。

经济伙伴关系协定的各成员为了尽快完成之前的承诺，不得不像跨太平洋伙伴关系协定的成员那样定期举行领导人会晤。美国方面应该在没有跨太平洋伙伴关系协定推动亚太地区实现贸易自由化的前提下努力提升亚太经合组织在数字商业领域和非关税贸易壁垒领域解决贸易问题的能力。一些人建议，美国应该把重点放在协助东盟参与区域全面经济伙伴关系协定上，以帮助消除亚太地区仍然存在的阻碍区域内贸易发展的非关税壁垒，并加大知识产权保护力度。

避免脱离：特朗普政府在东南亚地区的地缘经济战略

Patrick M. Cronin；Anthony Cho *

原文标题： Averting Disengagement a Geoeconomic Strategy for the Trump Administration in Southeast Asia

文章框架： 填补美国退出跨太平洋伙伴关系协定时留下的经济政策和规则制定的真空将在很大程度上有助于安抚亚洲地区，同时美国可以找到新的方式来维护自己的利益；特朗普政府在决定退出跨太平洋伙伴关系协定时绝不允许美国与东南亚出现权力真空。

观点摘要：

1. 填补美国退出跨太平洋伙伴关系协定（TPP）时留下的经济政策和规则制定的真空将在很大程度上有助于安抚亚洲地区，同时美国可以找到新的方式来维护自己的利益。显然，亚洲形势仍处于不断变化中，而美国的不作为是一种“减分”政策，因此，美国需要做的不是阻止贸易发展，而是积极主动采取行动，与亚洲地区盟友及合作伙伴共同努力。尽管一些学者可以找出阻碍亚洲经济持续增长的诸多障碍，但现实情况是，该地区仍然充满了机遇。研究亚洲问题的分析人士没有考虑到亚洲地区的长期优势。日益增长的经济、成熟的体系和增加的人口已经改变了地缘政治的复杂性，东南亚地区的重要性日益提升。2017年瑞士达沃斯世界经济论坛突出强调了东南亚国家联盟（ASEAN）这

---

* Patrick M. Cronin，新美国安全中心亚太安全计划高级顾问和资深总监。Anthony Cho，新美国安全中心亚洲事务专家。来源：美国战略与国际问题研究中心（美国智库），2017 年 4 月 20 日。

个逐渐经历工业化、城市化以及推进技术引进和教育改善的拥有 6.3 亿人口的经济体。美国的新伙伴越南 2017 年担任亚洲太平洋经济合作组织（APEC）轮值“主席”，美国的盟友菲律宾将在东南亚国家联盟成立 50 周年之际担任轮值“主席”。特朗普总统在 11 月参加这两个会议的同时必须将美国的优先发展事项与该地区的发展机会结合起来。

2. 特朗普政府在决定退出跨太平洋伙伴关系协定时绝不允许在美国与东南亚的关系中出现权力真空，因此，美国政府需要制定一项全面的地缘经济战略，以避免失去与该地区的联系或失去在该地区的发展机会。为了继续充分参与东南亚地区的事务，美国应在实际投资能力的支持下，以双边谈判为重点，支持东南亚国家联盟，并通过关注东南亚所有高级别的活动，如东南亚国家联盟峰会和亚洲太平洋经济合作组织峰会以维持美国在东南亚地区的影响力。

工业 4.0：物联网的贸易规则

Ed Gerwin *

原文标题： Industry 4.0：Trade Rules for the Internet of Things

文章框架： 商业、政府和学术专家在应对智能物联网的实际障碍方面和在制定通用技术标准的过程中都取得了重大进展；与此同时，美国正在利用亚洲太平洋经济合作组织（APEC）和经济合作与发展组织（OECD）等国际论坛，采取灵活的国际性方式以促进全球信息流动和数字贸易的发展。

观点摘要：

1. 商业、政府和学术专家在应对智能物联网的实际障碍方面和在制定通用技术标准的过程中都取得了重大进展。对于政策制定者来说，消除限制物联网在全球范围内发展的贸易壁垒也同样重要。

2. 美国的政策制定者正试图在新的服务和科技产品贸易协定中增加约束性的义务来推动消除物联网贸易壁垒的进程。这些协定旨在确保跨境数据流动，禁止进口地设立贸易壁垒，防止对数字产品和服务的歧视，取消对现代数字产品（包括新的互联网产品）的关税。把它们纳入双边和区域贸易协定，将减少与美国主要贸易伙伴在数字贸易方面的分歧，同时为更广泛的地区和全球贸易规则设置一致性的标准。

3. 与此同时，美国正在利用亚洲太平洋经济合作组织（APEC）和经济合作与发展组织（OECD）等国际论坛，采取灵活的国际性方式以促进全球信息流动和数字贸易的发展，同时尊重国家在隐私等问题上的分歧。这些举措有助于达成对透明度和相互协作等问题的共同理解，从而促进物联网在全球范围内的发展，同时确保对隐私等领域的限制是有针对性的和成比例的。

---

* Ed Gerwin，美国公共政策智库贸易政策分析师。来源：美国战略与国际问题研究中心（美国智库），2017 年 6 月 22 日。

特朗普的“美国优先”政策会导致美国经济在亚洲处于落后状态吗？

Murray Hiebert *

原文标题： Will Trump's “America First” Result in U. S. Economy Being Left behind in Asia?

文章框架： 唐纳德·特朗普（Donald Trump）总统宣布美国退出跨太平洋伙伴关系协定（TPP）。

观点摘要：

1. 在唐纳德·特朗普（Donald Trump）总统宣布美国退出跨太平洋伙伴关系协定（TPP）的7个月后，许多美国人认为这一贸易协定几乎已经不复存在。但这种想法并不是非常准确的，至少美国之外的国家不是这样认为的。

2. 跨太平洋伙伴关系协定的11个成员（在美国退出后）在最近的几个月里已经举行了数次会议，讨论它们是否能在没有美国参与的情况下重新达成协定。日本的目标是在11月越南举行的亚太经合组织（APEC）峰会上达成一项新的跨太平洋伙伴关系协定（TPP－11），特朗普也将参加此次峰会。特朗普总统表示将参加于11月举行的亚太经合组织峰会，这是件好事。但除了呼吁其约一半的经济体成员减少与美国的贸易差额外，他还将给会议带来什么呢？其他参会领导人，包括中国国家主席习近平和日本首相安倍晋三，将在亚太经合组织工商领导人峰会期间，为宣传各自的市场开放协定和谈判做好准备。

3. 特朗普早些时候曾承诺将推出一系列“漂亮”的贸易协定，以

---

* Murray Hiebert，东南亚项目非常驻高级助理。来源：美国战略与国际问题研究中心（美国智库），2017年8月24日。

取代跨太平洋伙伴关系协定。但在上任7个月后，特朗普政府几乎没有公布任何关于如何与世界上最具经济活力的地区展开合作的详细战略计划，因此，观察家们可能会怀疑“美国优先”政策是否会导致美国落在其他国家后面。

美国战略与国际问题研究中心新闻简报：特朗普总统的亚洲之行*

原文标题： CSIS Press Briefing：President Trump's Trip to Asia

文章框架： 特朗普总统将在一次非常长的旅程结束时到访越南和菲律宾，希莱特认为这确实表明了特朗普政府重视与越南建立伙伴关系，正如奥巴马政府所做的那样；越南已经制定了一个标准的亚太经合组织贸易和投资自由化议程；1989 年，举行亚太经济合作组织首届部长级会议，标志着亚太经济合作组织的成立；古德曼认为，特朗普显然不会支持跨太平洋伙伴关系协定；如果印度洋—太平洋概念被纳入特朗普总统在岘港亚太经合组织峰会的演讲上，那将是非常令人安心的。

观点摘要：

1. 美国战略与国际问题研究中心"费和中国研究项目"主管及高级顾问克里斯托佛尔·约翰逊（Christopher K. Johnson）表示："在我最近的访问中，有一件事让我印象深刻：这是我多年来第一次听到中国人说他们实际上对亚太经合组织抱有期望。他们的观点是，亚太经合组织是一个多边贸易组织。有的国家不喜欢多边贸易，所以我们将在那里谈论区域全面经济伙伴关系协定（RCEP）等。同样，我认为特朗普总统缺席东亚峰会是不符合事实的，但我相信我的同事可能会有不同的看法。"美国战略与国际问题研究中心东南亚项目主任希莱特（Amy Searight）认为，特朗普总统将在一次非常长的旅程结束后到访越南和菲律宾。在越南，他将首先前往岘港参加亚太经合组织领导人非正式会议。然后，他将前往河内与越南领导人举行双边会谈，对越南进行国事访问，因此，

* 来源：美国战略与国际问题研究中心（美国智库），2017 年 11 月 1 日。

他将与越南总理阮春福、主席陈大光和共产党总书记阮富仲举行一次特殊的宴会。这将是特朗普总统自其5月在白宫招待阮春福总理以来第二次与阮春福总理会面。希莱特认为这确实表明了特朗普政府重视与越南建立伙伴关系，正如奥巴马政府所做的那样。他们确实认为越南是重要的。他们可能会在经济问题上进行很多讨论，特别因为越南是跨太平洋伙伴关系协定的成员。美国退出该协定对越南产生了严重影响。希莱特认为，特朗普并没有期望在亚太经合组织峰会或者东亚峰会期间举行其他双边会议，也不希望与其他东南亚国家领导人共赴晚宴，但正如人们意识到的那样，他最近几个月在白宫与几位领导人举行了会晤。

2. 美国战略与国际问题研究中心专家马修·古德曼（Matthew P. Goodman）表示，特朗普总统将于11月10日和11日出席在越南岘港举行的亚太经合组织领导人非正式会议。一些标准的流程（一次晚宴、一些实质性会议、商业交往）将包含在亚太经合组织会谈中，然后可能会有一个或两个双边会谈，如希莱特所说，特朗普在这次亚洲之行中会见了大多数领导人，所以他可能不会像以往那样看重在亚太经合组织领导人会议期间举行的双边会议。越南已经制定了一个标准的亚太经合组织贸易和投资自由化议程，该议程强调包容性和创新性增长，古德曼认为这将是总结此次亚太经合组织领导人非正式会议最好的方法。并且，在某种意义上，当人们看到美国国务院（其领导美国对亚太经合组织工作）的简报时，人们会觉得美国在推进数字贸易、结构改革等重点内容时，对此次会议采取了一种非常传统的方法，美国重点关注的事项包括：数字贸易、结构改革、贸易便利化、服务贸易竞争力以及女性在经济中的参与性问题。所以，从某种意义上说，如果所有这些议程得到讨论的话，这就将是一个相当典型的会议。

3. 1989年，举行亚太经济合作组织首届部长级会议，标志着亚太经济合作组织的成立，1993年美国加入该组织，由于其试图利用经济（特别是贸易和投资）作为一种参与亚太地区的方式（一种该地区需要并有意义的方式），这将使美国成为亚太地区对话的一个合法参与者，因为美国不是亚洲国家，但其是太平洋强国，美国需要通过在贸易和投资等领域来证明自己。亚太经合组织是至关重要的，它是美国参与该地区的一大亮点。1993

年，亚太经合组织会议被克林顿总统提升为领导人峰会。从那时起，美国总统参加了大部分会议，由于不可避免的原因，克林顿错过了一两次会议。从2010年起，美国加入了东亚峰会，但古德曼认为重要的是，从某种程度上来说，这是每一位美国总统出访亚太地区的重要依据。

4. 古德曼认为，特朗普显然不会支持跨太平洋伙伴关系协定。他可能不会赞同任何在该地区的更广泛的区域协定。并且该区域还有其他协定，如区域全面经济伙伴关系协定或亚太经合组织倡导的建立亚太自由贸易区的愿景。但他是否会在亚太经合组织领导人非正式会议的演讲中（并且他将在越南发表演讲）展现出更广阔的视野仍有待观察。美国战略与国际问题研究中心迈克尔·格林（Michael J. Green）认为，特朗普此次亚洲之行的一个主要目的是对朝鲜施压。但正如人们所了解的那样，所有成员的领导人都出席了亚太经合组织领导人非正式会议，如古德曼所说，很少有人错过此次会议，并且每位领导人出席会议的原因都是可以理解的，因此，特朗普出席此次领导人峰会更多的是为了实现美国在亚洲更广泛的利益，远远超出了只关注朝鲜金正恩政权的范畴。

5. 古德曼认为，唯一的问题是，美国对“一带一路”倡议有兴趣。美国不可能在这个问题或其他问题上来反击中国在经济领域的努力，这也不是亚洲地区所希望的。如果美国确实有这样的打算，那必定会面临重重阻力。希莱特表示，“我只想就自由和开放的印度洋—太平洋概念进行补充，我们目前所接收到的来自政府的信号，包括从国务卿蒂勒森和白宫官员的简报中得到的信息，也包括很多提到基于法治、开放和自由的区域和经济问题架构的信息，如果印度洋—太平洋概念被纳入特朗普总统在岘港亚太经合组织峰会的演讲上，那将是非常令人安心的，因为我认为，尤其让东南亚感到不安的是美国拒绝多边主义，举例来讲，美国不仅退出跨太平洋伙伴关系协定，也从《巴黎气候变化协定》中撤出（这发生在香格里拉对话前夜），这让该地区非常担忧，尽管国务卿蒂勒森进行了精彩的演讲，试图通过保证美国仍然会参与该地区事务以让该地区消除疑虑，但东南亚更倾向于多边主义和使用多边框架来吸引强国和邻国，所以我认为如果这些信号出现在特朗普总统的演讲中，那将是非常令人安心的”。

特朗普统治下的美越关系

Huong Le Thu *

原文标题： US – Vietnam Relations under President Trump

文章框架： 美国总统唐纳德·特朗普（Donald Trump）宣布美国退出跨太平洋伙伴关系协定；尽管最初人们对特朗普不愿与东南亚国家打交道感到焦虑，但也有迹象表明，这种关系可能会继续蓬勃发展。

观点摘要：

1. 在奥巴马政府的领导下，美越关系显著改善，特别是在安全合作方面。跨太平洋伙伴关系协定（TPP）提供了一个脱离中国经济轨道的路径。但就在来之不易的安全和解开始获得动力之际，新当选的美国总统唐纳德·特朗普（Donald Trump）宣布美国退出跨太平洋伙伴关系协定。不久之后，“再平衡”战略正式宣告失败。这对越南来说不是好消息。

2. 然而，尽管最初人们对特朗普不愿与东南亚国家打交道感到焦虑，但也有迹象表明，美国与东南亚国家的关系可能会继续蓬勃发展。包括越南总理阮春福（Nguyen Xuan Phuc）和国防部部长吴春历（Ngo Xuan Lich）在内的高级别官员于 2017 年访问美国，这让越南政府感到安心，因为特朗普政府对深化美越两国关系保持着持久兴趣。特朗普总统于 2017 年 11 月出席了在越南岘港举行的亚太经合组织（APEC）峰会，并前往河内，这表明美越关系取得了一些新进展，或者至少表明，特朗普针对越南和亚洲的政策更加明确。

---

* Huong Le Thu，澳大利亚战略政策研究所高级分析师。来源：美国战略与国际问题研究中心（美国智库），2017 年 11 月。

3. 特朗普总统上任后的第一个举动就是宣布美国退出跨太平洋伙伴关系协定。这一举动在经济和政治上对越南都有很重要的影响。特朗普总统于 2017 年 11 月访问越南并参加亚太经合组织峰会，这对越南与美国建立良好的外交关系具有重大意义并将为未来几年两国的关系发展定下基调。

4. 特朗普总统决定退出跨太平洋伙伴关系协定。越南对于这一结果极度失望。越南与其他贸易伙伴在没有美国参与的情况下一道积极商议达成该协定。同时越南方面也希望与美国达成双边贸易协定。

东盟智库、政策变革和经济合作：从亚洲金融危机到全球金融危机

Erin Zimmerman *

原文标题：ASEAN Think Tanks，Policy Change and Economic Cooperation：From the Asian Financial Crisis to the Global Financial Crisis

文章框架：1997 年 7 月，泰国央行决定不再维持泰铢在外汇市场的价值后，泰铢的价值开始浮动；东盟各国政府被亚洲金融危机打得措手不及，而危机过后立即展开的应对方案，在很大程度上呼应了新自由主义的“西方”经济原则；从某种意义上说，东盟对亚洲金融危机关键时刻的反应“奠定”了应对政策的框架；后来日益突出的“后全球金融危机”将亚洲地区和全球联系起来。

观点摘要：

1. 1997 年 7 月，泰国央行决定不再维持泰铢在外汇市场的价值后，泰铢的价值开始浮动。这引发了一场金融危机，导致了泰国、印尼和菲律宾经济的动荡，这场动荡随后蔓延至新加坡和韩国。金融不稳定导致粮食和燃料短缺，以及大规模的政治动荡，这些动荡削弱了早先安全的政治体制。东南亚地区的反应，或者说其缺乏应对措施，以及随后强烈依赖国际货币基金组织（IMF）的经济战略，凸显出亚洲欠发达的和明显效率低下的金融治理机制。在危机发生时，在地区层面上运作的智库数量有限，大多数智库在三个占主导地位的网络中工作：（1）太平洋

---

* Erin Zimmerman，美国威斯康星大学麦迪逊分校政治学系、德国汉堡全球与区域研究院亚洲研究所研究员。来源：美国战略与国际问题研究中心（美国智库），2017 年 12 月 12 日。

经济合作理事会（PECC），这是一个与亚洲最重要的经济网络即亚太经合组织（APEC）建立了密切关系的非政府组织；（2）东盟战略和国际问题研究所（ASEAN - ISIS）；（3）与东盟地区论坛（ASEAN Regional Forum）合作的亚太安全合作理事会（CSCAP）。在这三个网络中，只有东盟战略和国际问题研究所符合传统智库网络的资格。太平洋经济合作理事会更准确地说是一个原始网络，因为它没有一个有凝聚力的网络结构，而是将自己定义为一个"拥有来自商界、工业界、政府、学术界和其他知识界的高级人士的独特的三方伙伴关系机制"。同样，亚太安全合作理事会也不是一个"纯粹的"智库网络，因为尽管它的成员来自智囊团，但它积极参与学术、商业和政府机构的活动。尽管这三个网络的结构不同，且只有太平洋经济合作理事会与一个专注于经济政策的区域组织有联系，但它们都在东盟的经济政策制定和维持与政府的某种关系方面投入了大量资金。在其他两个网络中，东盟战略和国际问题研究所与东盟保持着官方合作，亚太安全合作理事会与东盟地区论坛也保持着官方合作。两者都更加重视安全政策，并倾向于通过以安全为中心的视角来看待经济的不稳定。

2. 东盟各国政府被亚洲金融危机打得措手不及，在危机过后立即展开的应对方案在很大程度上呼应了新自由主义的"西方"经济原则，强调市场要对自由贸易和不断加强的区域化"开放"以解决危机。就这点来看，东盟智囊团并没有参与任何大规模的经济政策协调对话，因此，东盟的政策制定者转而采纳了以西方为中心的对话进程的经济理念，这些经济理念在20世纪90年代末和21世纪初的亚欧会议上取得了重大进展。最初的政策计划，如太平洋经济合作理事会组织的竞争原则项目，促进了实现自由和更好的市场运作的新自由主义经济政策的发展，这也符合国际货币基金组织提出的建议。这些原则后来被亚太经合组织所采用（有一些被修改过），以加强竞争和进行法规改革。

3. 通过发表协调性讲话和改变政策情景，区域智库网络能够在内部进行辩论并表明严格遵守东盟治理方式如何限制了该地区行事的能力。例如，在危机发生后设立的经济监督机制受到东盟某些成员不愿公布经济数据的严重限制，因为这些数据被视为具有战略性，而非公共利益。总的来说，东盟和亚太经合组织对危机的反应都非常有限，而且“缺乏形式化的体制结构意味着东南亚不得不严重依赖双边关系和问题解决机制”。智库网络能够形成旨在增强区域能力的新话语权，它们可以通过东盟“复制欧盟的体制实践”或通过其他方式增强东盟、亚太经合组织和东盟与中日韩（10+3）（包括中国、日本和韩国）的关系，以“确保金融部门具有更大的财务稳定性”来实现这一目标。

4. 从某种意义上说，东盟对亚洲金融危机关键时刻的反应“奠定”了应对政策的框架，这一框架促使亚洲在十年后相对成功地经受住了全球金融危机的考验。有人可能会说，东盟与中日韩（10+3）在20世纪90年代亚洲金融危机之后出台的应对措施，是2008年之后所制定政策框架的基础。回顾过去，很明显，亚洲金融危机最持久的意识形态之一是“华盛顿共识”。智库网络利用这种思想转变来推动形成经济区域主义的新思路，如缓慢体制化的东盟经济共同体（ASEAN Economic Community），以及后来由中国主导、以东盟为中心的区域全面经济伙伴关系协定（RCEP），反对以美国为首的、面向亚太地区的跨太平洋伙伴关系协定（TPP）。

5. 后来日益突出的“后全球金融危机”将亚洲地区和全球联系起来。亚太安全合作理事会的一个创始成员，即美国战略与国际问题研究中心在关于亚太经合组织的报告中提到了“价值链上的政策差距”。东盟经济研究所（ERIA）和亚洲开发银行研究所（ADBI）的政策研究间接渗透到其他多边论坛：在2014年亚太经合组织峰会召开前夕，金砖国家领导人在土耳其举行的二十国集团领导人峰会期间进行会晤。东盟国家中只有印尼在二十国集团中，日本、韩国、印度和中国都是亚洲的重要成员。而二十国集团代表了亚洲政策参与者参与这个过程的非正式途径，因为与该集团成员的独占地位相比，这一途径更容易获得，例如，在澳大利亚担任二十国集团轮值“主席”期间，二十国集团会议在新加坡举行，而不是在二十国集团的成员举行。

拉丁美洲为什么以及应该如何思考未来？

Sergio Bitar *

原文标题： Why and How Latin America Should Think about the Future?

文章框架： 由美国和欧盟主导的“举措”应该以达成教育、能源和环境方面的协定，贸易和投资协定以及在高等教育、科学和技术领域的合作伙伴协定为目标。

观点摘要：

由美国和欧盟主导的“举措”应该以达成教育、能源和环境方面的协定，贸易和投资协定以及在高等教育、科学和技术领域的合作伙伴协定为目标。美国和欧盟缔结跨大西洋贸易与投资伙伴协定的决定将对全球产生影响，特别是如果双方在排放法规、农业补贴、知识产权、金融服务和通信等领域达成协定。拉丁美洲应该考虑并为参与这些领域的合作做准备。太平洋地区在新的全球力量版图上拥有特权地位。这将为拉丁美洲带来更大的机遇。太平洋联盟（于 2012 年由墨西哥、哥伦比亚、秘鲁和智利建立）与南方共同市场间的“多元化趋同”战略融合是一项很有前途的议程。亚洲太平洋经济合作组织（APEC）领导人非正式会议和跨太平洋伙伴关系协定（TPP）是重要的且极具前瞻性的步骤，拉丁美洲必须平衡二者间的关系以维护其与中国的战略利益。太平洋联盟成员必须是类似区域全面经济伙伴关系协定（RCEP），中国、韩国和日本间缔结的协定，东盟“10 + 6”等其他亚太地区新协定的成

---

* Sergio Bitar，美洲国家对话组织非常驻高级研究员，智利基金会民主协会负责人；于 1974 ~ 1976 年担任哈佛大学国际发展研究所客座研究员，于 1982 ~ 1983 年担任史密森学会拉丁美洲项目访问学者，于 2016 年获得智利工程师协会授予的“年度工程师”国家荣誉称号。来源：美洲国家对话组织（美国智库），2016 年 9 月 15 日。

员或观察员。在很大程度上，亚洲通过跨国公司创造的价值链（通过供应链和生产网络推动区域一体化）实现了事实上的一体化。这些协定将在亚洲的经济和安全领域建立新的区域秩序。这些协定间的相互作用，特别是美国与亚太地区和欧洲地区的两大协定之间的相互作用，将产生一种新的国际规则，它将记录世界贸易组织未来的发展进程。

加拿大在拉丁美洲的境况

Bruno Binetti [*]

原文标题： Canada's Time in Latin America

文章框架： 在唐纳德·特朗普当选美国总统后，自由贸易和多元化的自由主义价值观可能会在美国削弱，但自由主义价值观在加拿大依然盛行；然而，在经历了10年的保守党当政之后，特鲁多政府对加拿大外交政策的某些方面进行了改革。

观点摘要：

1. 在唐纳德·特朗普当选美国总统后，自由贸易和多元化的自由主义价值观可能会在美国削弱，但它们在加拿大依然盛行。加拿大总理贾斯廷·特鲁多于2016年11月15日访问了古巴和阿根廷，随后出席了在秘鲁利马举行的亚洲太平洋经济合作组织（APEC，以下简称亚太经合组织）峰会。亚太经合组织峰会不仅为提升加拿大在拉丁美洲的地位提供了机会，同时也为贾斯廷·特鲁多促进作为世界第十大经济体的加拿大实现其在西半球的利益提供了机会。加拿大总理贾斯廷·特鲁多外交政策中的许多核心问题——经济一体化、可再生能源以及多边合作，在拉丁美洲也同样至关重要，尤其是在拉丁美洲地区多国政府实行了改革并建立了务实政府之后。然而，到目前为止，该地区在特鲁多总理的国际议程中扮演着相对次要的角色，但墨西哥除外。贾斯廷·特鲁多首次访问的拉丁美洲国家是古巴和阿根廷，这绝非巧合。之所以首访这两个国家，是因为这两个国家都进行了经济改革，并为加拿大有重要影响力的公司提供了扩张的机会。从历史上看，加拿大与拉丁美洲的接

---

* Bruno Binetti，美洲国家对话组织非常驻研究员，曾担任阿根廷国会立法助理。来源：美洲国家对话组织（美国智库），2016年11月11日。

触基于两大主要原因：半球一体化和自由贸易。加拿大于1990年加入了美洲国家组织（由美国和拉丁美洲国家组成的区域性国际组织，缩写为OAS），并成为该组织经济预算的主要贡献者之一（预算额占预算总额的10%，仅次于美国，远远超过墨西哥和巴西对其的贡献）。此外，加拿大资助了大量拉丁美洲以及加勒比地区的医疗卫生、基础教育发展项目，并在该地区有多年的强大影响力。在经济方面，在过去10年里，加拿大除了与墨西哥和美国签署了北美自由贸易协定、与智利于1997年签署了自由贸易协定外，还与哥伦比亚、哥斯达黎加、秘鲁、洪都拉斯和巴拿马签署了自由贸易协定。促进自由贸易是加拿大的一项长期政策，也是特鲁多政府及其保守派前任总理斯蒂芬·哈珀的共同政策。事实上，贾斯廷·特鲁多作为反对党领导人，支持加拿大参与跨太平洋伙伴关系协定，并与欧盟达成了一项全面的经济贸易协定，即欧盟全面经济贸易协定。该协定主要由斯蒂芬·哈珀政府谈判，并于10月30日由贾斯廷·特鲁多签署，该协定将免除加拿大对欧盟98%的贸易关税，这是过去几年来关于全球贸易的一个难得的好消息。

2. 然而，在经历了10年的保守党执政之后，特鲁多政府对加拿大外交政策的某些方面也进行了改革。加拿大总理从打击“伊斯兰国”（ISIS）的行动中撤出了本国的战斗机，并签署了应对气候变化的国际公约，与此同时，也强化了加拿大作为世界多元化主义的“盟友”的身份。在贾斯廷·特鲁多的领导下，墨西哥与加拿大的关系得到了显著改善。与当选美国新一届总统的特朗普相比，加拿大于2015年6月取消了对墨西哥游客的签证要求。作为交换，墨西哥政府取消了对加拿大进口牛肉的限制。在墨西哥总统恩里克·培尼亚·涅托对加拿大进行国事访问期间，双方宣布了这一消息。贾斯廷·特鲁多的父亲皮埃尔·特鲁多（加拿大前任总理），于1976年在哈瓦那受到古巴革命领袖菲德尔·卡斯特罗的热烈欢迎。他们的关系非常亲密，并且菲德尔·卡斯特罗于2000年飞往渥太华参加了皮埃尔·特鲁多的葬礼。贾斯廷·特鲁多对古巴的做法其实效仿了他的父亲，但除此之外，现任加拿大总理的贾斯廷·特鲁多还将寻求提高加拿大在古巴的经济地位。加拿大与墨西哥一道成为在革命后仍没有中断与古巴关系的两个位于西半球的国家，并保持着在古巴重要的经济地位。事实上，加拿大是到古巴旅游的游客人数最多的国家，游客人数占古巴游客总人数的35%以上，加拿大也是古巴外国投资的重要来源。此外，加拿大公司还涉足古巴能源和矿业领域，2015年双边贸易总额超过10亿美元。与此同时，在阿根廷，贾斯廷·特鲁多加强了与另一位具有改革意识的领导人毛里西奥·马克里的关系。多年来，加拿大以自然资源和农业为基础的经济多样化发展模式一直受到阿根廷的密切关注。在与阿根廷总统马克里举行会晤后，贾斯廷·特鲁多随即前往秘鲁参加由秘鲁总统佩德罗·巴勃罗·库琴斯基主办的亚太经合组织领导人峰会。当然，加拿大外交政策面临的最大问题是，该国与唐纳德·特朗普之间的关系到底如何。如果这位新任美国总统兑现了他的竞选承诺，即重新谈判北美自由贸易协定，那么加拿大的经济利益可能会受到影响。毕竟，加拿大75%的出口产品都流向美国。

特朗普时代世界上出现了最大的贸易交易

Ian Bremmer [*]

原文标题： World's Biggest Trade Deals Have Fared in the Trump Era Time

文章框架： 跨太平洋伙伴关系协定这一由美国前布什政府和前奥巴马政府协商达成的协定，旨在通过向亚洲国家提供一个由美国主导的贸易框架，来应对中国的经济增长；在上周的亚太经合组织（APEC）峰会上，剩余的 11 名成员愿意推动全面与进步跨太平洋伙伴关系协定继续向前发展。

观点摘要：

1. 跨太平洋伙伴关系协定（TPP）这一由美国前布什政府和前奥巴马政府协商达成的协定，旨在通过向亚洲国家提供一个由美国主导的贸易框架来应对中国在亚洲的经济发展。在 2016 年美国总统大选上，特朗普将退出跨太平洋伙伴关系协定作为其竞选活动的焦点，他认为多边贸易协定使美国处于明显劣势。民主党人伯尼·桑德斯（Bernie Sanders）也提出了同样的观点。这迫使希拉里不得不效仿特朗普提出同样的观点。

2. 在上周的亚太经合组织（APEC）峰会上，剩余的 11 名成员表示愿意推动它们重新命名的全面与进步跨太平洋伙伴关系协定继续向前发展。它的规模可能会变得更小（成员经济规模占世界经济总量的 15%），但全面与进步跨太平洋伙伴关系协定随时欢迎美国重新加入。从目前的情况来看，在特朗普的领导下，美国重新加入这一协定是不可能实现的，但在他的继任者的领导下也许有重新加入的可能。此外，美

---

* Ian Bremmer，欧亚集团总裁兼创始人。来源：欧亚集团（美国智库），2017 年 11 月 17 日。

国将签署一份并不是由美国自己起草的更糟糕的协定。这就意味着美国在庞大的多边贸易协定的“驾驶员”的位置上需要制定一系列议程和条款。这是特朗普的“美国优先论”的一个微小失误。

世界中心国家发展的希望和困境：巴布亚新几内亚

William Savedoff *

原文标题： Development's Hopes and Dilemmas in the Country at the Center of the World：Papua New Guinea

文章框架： 众所周知，巴布亚新几内亚是世界的“中心”，它实际上比瑞典、伊拉克或德国还要大；在全球最具挑战性的危机之一——气候变化中，巴布亚新几内亚也发挥了核心作用；然而，巴布亚新几内亚是一个历经重重困难的发展中国家，面临面积小、出口集中、收入高度不平等和政治分裂等常见问题；对“资源诅咒”的一个回应是使出口多样化，但这产生的最大好处可能在于促进劳动力流动；尽管巴布亚新几内亚比你想象的更“中心”，但它仍然是一个国民健康状况不佳的中低收入国家；在800多种语言和文化之间推广协调性政治体系的复杂程度不容低估，但它似乎仍着眼于短期的战术成果，而牺牲长期目标。

观点摘要：

1. 众所周知，巴布亚新几内亚是世界的“中心”，它实际上比瑞典、伊拉克或德国还要大。该国人口约800万人，与以色列、瑞士和保加利亚相当，到2030年将增长到1000万人。巴布亚新几内亚是亚太贸易路线沿线国家，拥有中国、日本、马来西亚、菲律宾和韩国等经济大国所需的宝贵的矿产和石油资源。巴布亚新几内亚的中心位置也在一定

---

* William Savedoff，波士顿大学硕士和博士、哈佛大学学士，是经济发展、制度分析、卫生体制、腐败、评价等方面的专家。来源：全球发展中心（美国智库），2017年6月14日。

程度上推动了莫尔兹比港的建设热潮，因为该国准备在 2018 年主办亚洲太平洋经济合作组织会议。此外，巴布亚新几内亚也从漫长的海岸线中受益（位于内陆往往对发展不利）。巴布亚新几内亚还与印尼接壤，而印尼是亚洲最大的经济体之一，拥有 2.6 亿人口。

2. 在全球最具挑战性的危机之一——气候变化中，巴布亚新几内亚也发挥了核心作用。2005 年，巴布亚新几内亚政府与哥斯达黎加一起，率领热带雨林国家联盟开发减少森林砍伐和森林退化导致的温室气体排放系统（REDD +），以寻求对它们保护热带雨林的补偿。这些提议最终产生了亚马孙基金等数十亿美元的项目。在 2030 年前实现全球减缓气候变化的目标，就需要大幅减少对热带森林的砍伐，因为森林砍伐会释放大量的温室气体，破坏成熟的森林会减少碳封存，而且保护热带森林的政策是解决全球变暖的最具成本效益的方法之一。

3. 然而，巴布亚新几内亚是一个历经重重困难的发展中国家，面临面积小、出口集中、收入高度不平等和政治分裂等常见问题。该国人口分散，85% 的人生活在农村地区。由于山地地形和地质气候等原因，该国道路维修费用昂贵，因此国内实现一体化困难重重。1960 ~ 2000 年，巴布亚新几内亚的人均收入几乎没有变化（直到 2011 年，从 1200 美元上升到大约 1900 美元），但由于该国经历了“资源热潮”，2017 年人均收入增长了 60%，达 3000 美元。预计到 2030 年，人均收入将达 3900 美元。巴布亚新几内亚的主要出口来自矿产（黄金和铜）和农业（棕榈油和咖啡）。埃克森美孚（Exxon Mobil）在开采天然气方面的大量投资促成了投资热潮，但该项目在 2014 年才开始投产，此时正值全球燃料价格下降之际。经济预计将在开采自然资源和开发农业的基础上以平稳的速度恢复，然而，很少人期望这些领域的经济利益能得到广泛共享。一些人认为，巴布亚新几内亚将面临“自然资源诅咒”，因为有证据表明资源出口正在提高汇率和降低当地产业盈利能力。当前的政策使货币被高估，对进口消费品的依赖可能是国家（领导层）不会让外汇调整更快的动机之一。

4. 对“资源诅咒”的一个回应是使出口多样化，但最具潜力的对策可能是从劳动力流动中获得好处。相对于澳大利亚，巴布亚新几内亚位于“经济悬崖”的一边。澳大利亚的托雷斯海峡群岛距离巴布亚新几内亚只有4公里。有人告诉笔者可以在巴布亚新几内亚和澳大利亚大陆之间旅行，“半天就能轻松游完”。“虽然这种接近对控制非法贸易和传染病的传播有影响，但通过适当鼓励规范的临时移民，它也为提高两国的收入提供了一个难以置信的机会。”巴布亚新几内亚的平均工资约为每月580美元（包括正规部门），而澳大利亚的工资则接近每月5600美元，这是一个10比1的溢价。没有反贫困计划来帮助巴布亚新几内亚人提高他们的收入，如果有适当的劳动力流动协定、临时工作计划或技能伙伴关系，那么提高他们的收入是有可能实现的。

5. 尽管巴布亚新几内亚比你想象的更“中心”，但它仍然是一个国民健康状况不佳的中低收入国家。该国国民的平均寿命只有60岁左右。在过去20年里，该国国民健康状况有所改善，但是对这个国家来说，实现千年发展目标的步伐太慢了。婴儿死亡率和产妇死亡率仍然很高，每1000个新生儿中的死亡人数高达45人，每10万例活产婴儿的孕产妇死亡人数高达215人。虽然麻疹、痢疾和呼吸道疾病是导致该国国民过早死亡的十大风险疾病中的三种，但越来越多的巴布亚新几内亚人早死于非传染性疾病。这种缓慢改善的原因是多方面和复杂的，但是公共卫生政策并不是特别有用。几位巴布亚新几内亚人告诉笔者，他们了解到社区工作人员年轻时候一直在做人口和健康记录，但据报道，这些职能在今天很少执行。几年前，一项研究将2002～2012年称为“迷失的十年”，因为初级卫生保健的供应在这段时期停滞或下降。该研究记录了一线医院的药物供应、咨询和医生的数量下降，并将这些变化归因于管理不善和公共资金减少。事实上，公共财政管理和推动它的政治因素是塑造或破坏巴布亚新几内亚未来发展的因素。巴布亚新几内亚已经独立了40多年，在建立国家政治秩序和可靠的执政联盟的过程中，已经进行了两次主要的分权浪潮。为了向当地社区推广资源和福利，总理彼得·奥尼尔（Peter O’Neill）创建了一个区级服务改善计划（DSIP），该计划每年给每个国会议员300万美元，让他们在自己管理的地区不受限制地消费。尽管批评人士称这些钱为“赃款”，并嘲笑这将使腐败制度化，但奥尼尔及其拥护者辩称，它比达到地方层面的政策和战略目标更有效。在财政和人力资源管理方面，花费这些资金似乎遇到了同样的困难，这些困难与国家和省级的服务系统和政治偏好相关。具有讽刺意味的是，权力下放也可以通过向国会议员赋权实现。

6. 在800多种语言和文化之间推广协调性政治体系的复杂程度不容低估，但它似乎仍着眼于短期的战术成果，而牺牲长期目标。在这方面，巴布亚新几内亚当然不是唯一的。这是大多数国家的共同特点。然而，由于不断增加的外国投资和国际参与带来了资源利益以及“资源诅咒”，巴布亚新几内亚在未来十年将面临重大的转变。看到在发展领域学到的东西时，笔者在想可以为下一届政府提供什么建议？审慎的财政和货币政策带来的好处、法治、为采掘业利益进行艰难的谈判、劳动力流动协定，以及促进集约化农业而不破坏森林等建议都很适宜，但所有这些都依赖于建立一个旨在服务促进国家整体繁荣而不一定是服务特定利益的政治联盟。在教育、卫生和基础设施方面的投资所带来的好处较为普遍，不一定能帮助在任者赢得连任。建立一个为人民服务的、高效的国家机构是一项艰巨的挑战。这个国家应该得到国际体系所能提供的最好资源，包括研究人员、政策制定者和资助者，以帮助他们应对这些挑战并充分利用其机会。一些国家在政治中面临的“问题”需要自己解决，如巴布亚新几内亚这样的国家那样。世界上的其他国家无法回答这个难题，但它们应该得到帮助。

海洋环境问题*

原文标题： Marine Environmental Issues

文章框架："蓝色经济"实际上并没有统一的定义，不同国家都强调与"蓝色经济"相关的各种术语，包括"蓝色增长"、"蓝绿色增长"和"海洋经济"。

观点摘要：

"蓝色经济"实际上并没有统一的定义，不同国家都强调与"蓝色经济"相关的各种术语，包括"蓝色增长"、"蓝绿色增长"和"海洋经济"。然而，人们对海洋及沿海资源、生态系统对国民经济及全球国内生产总值的重要性达成了共识。美国—东盟海洋环境问题会议参会者强调了发展"蓝色经济"的重要性，即平衡海洋及沿海资源的使用和这些资源的可持续利用与保护之间的关系。与会者还承认，海洋和沿海生态系统不仅在可利用性方面有很大价值，而且还可以提供诸如粮食安全、当地生计、文化服务、旅游和休闲、水过滤、碳封存和碳储存等生态系统服务。一些人强调了亚洲太平洋经济合作组织（APEC）海洋和渔业工作组关于"蓝色经济"的定义，该工作组将"海洋经济"定义为"一种推进海洋及沿海资源和生态系统的可持续管理和保护，以促进经济增长的方法"。这体现了关于"蓝色经济"的共同理念，因为它"融合"了海洋及沿海资源的使用、保护以及可持续发展。"蓝色经济"的定义也强调了科学技术在"蓝色经济"中的作用。许多人提及了海洋科学、测绘、传感和数据收集方面的新进展如何刺激经济增长并改善对海洋的可持续利用和保护。

---

* 来源：史汀生中心（美国智库），2016年9月15日。

闯进瓷器店的公牛

Alan D. Romberg*

原文标题： The Bull in the China Shop

文章框架： 蔡英文在继续努力推行其雄心勃勃的改革进程中失去了公信力；2016 年 11 月底，宋楚瑜以蔡英文特使的身份出席了在秘鲁利马举行的亚洲太平洋经济合作组织（APEC）领导人会议，并与习近平主席进行了短暂会晤。

观点摘要：

1. 蔡英文在继续努力推进其雄心勃勃的改革进程中失去了公信力。与此同时，中国大陆方面也一直向中国台湾方面施压，要求其接受“九二共识”和“一个中国”原则。蔡英文致电唐纳德·特朗普使一切变得更加复杂，特朗普随后所发表的推特内容和媒体声明都表明美国所奉行的“一个中国”原则开始动摇。正如我们所指出的，蔡英文正在努力寻求治理措施，而公众则对此失去了耐心。一项民意调查结果显示，连续三个月蔡英文的支持率停滞在 30% 以下。到 2016 年初，蔡英文的改革治理措施也陷入了被动局面。蔡英文当局制订了未来四年内的雄心勃勃的经济发展计划，而且它们可能会发挥作用。对蔡英文当局经济所表现出的不满情绪正在迅速增长（甚至在民进党内部），关于即将到来的重大危机的可怕警告也浮出水面。蔡英文深知长期改革与短期公众急躁的困境，并于夏末召集高层领导人讨论下一步的工作内容。在促使各级高层领导人加倍实施改革和立法举措之后，蔡英文要求官员“让公众知道你们正在做什么，你们的议程进展以及何时完成。总之，

---

* Alan D. Romberg，史汀生中心东亚项目主任。来源：史汀生中心（美国智库），2016 年 12 月 3 日。

必须尽全力与社会各界沟通，争取人民的理解，赢得人民的信任”。某杂志概括了蔡英文的问题：未能为高级职位选择合适的人选；较差的执行能力；未能确定其政策实施的优先顺序；摇摆不定。在这样的背景下，在未来几个月内，能否成功掌控复杂而有争议的养老金改革事务，将被视为对蔡英文表现的“试金石”。尽管从长远来看，强大的两党制对于中国台湾的民主来说至关重要，但从短期的政治视角来看，蔡英文是幸运的，虽然国民党给蔡英文及其所在的民进党带来了一些问题，但仍无法造成大的混乱。蔡英文知道，替代大陆市场是不可行的，传达一种走向分离的看法是不明智的，甚至是危险的。中国大陆认为，中国台湾采取的每一个措施都是为其未来的独立奠定基础，或是中国台湾正在努力建立事实上的和平分离，甚至可能是法理上的独立，因此，虽然工作层面的两岸往来仍在继续，但大陆仍坚持不允许其他部门与台湾进行任何高级别或正式交易。中国大陆政府也在敦促其他国家不要与中国台湾进行任何正式或者非正式的往来，并且阻止中国台湾扩大其国际参与度，除非其坚持“一个中国”原则。

2. 2016 年 9 月中旬，由中国台湾部分“地方政府官员”组成的代表团来到北京，这一代表团受到大陆方面的热情接待，11 月中国大陆农业采购团对该代表团进行回访。2016 年 11 月底，宋楚瑜以蔡英文特使的身份出席了在秘鲁利马举行的亚洲太平洋经济合作组织（APEC）领导人会议，并与习近平主席进行了短暂会晤。此外，尽管大陆方面对台湾的“新南向政策”表示批评并对其动机表示怀疑，但在该政策的支持下，中国台湾地区与某些国家之间的关系取得了一定进展。最明显的是，蔡英文即将于 1 月成功访问四个中美洲国家（洪都拉斯、尼加拉瓜、危地马拉和萨尔瓦多），其间会在美国休斯敦和旧金山过境停留。

利用科学技术创新促进亚洲和太平洋地区的包容性和可持续发展

Shamshad Akhtar；Hongjoo Hahm；Susan F. Stone*

原文标题： Harnessing Science，Technology and Innovation for Inclusive and Sustainable Development in Asia and the Pacific

文章框架： 亚太经合组织科技创新政策伙伴关系机制的愿景是，亚太经合组织成员通过该机制努力于2025年实现创新性经济增长；为了帮助该地区各国实现其抱负和承诺，联合国亚洲及太平洋经济社会委员会可以通过以下方式支持成员之间的合作。

观点摘要：

1. 亚太经合组织科技创新政策伙伴关系机制的愿景是，亚太经合组织成员通过该机制努力于2025年实现创新性经济增长。科技创新政策伙伴关系机制的使命是通过政府、学术界、私营部门以及亚太经合组织其他机构间的协作，支持亚太经合组织在科学技术方面的合作以及提出可行的有关科技创新的政策建议。科技创新政策伙伴关系机制是亚太经合组织经济技术合作高官指导委员会下属的工作组之一，于2012年8月由产业科技工作组更名成立，这扩大了产业科技工作组的职责范围，即涵盖了制定创新政策，并且加强了与政府、企业和学术界之间的合作。科技创新政策伙伴关系机制涉及的形式有讨论会、研讨会、政策对话、开展实质性的项目合作与联合研究项目以及发展建立有利于科技

---

* Shamshad Akhtar，联合国副秘书长兼联合国亚洲及太平洋经济社会委员会执行秘书。Hongjoo Hahm，联合国亚洲及太平洋经济社会委员会副执行秘书。Susan F. Stone，联合国亚洲及太平洋经济社会委员会贸易与投资事业部主任。来源：世界资源研究所（美国智库），2016年3月15日。

创新合作的网络。

2. 为了充分利用亚太地区充满活力的科学技术创新生态系统以及为了帮助该地区各国实现其抱负和承诺，联合国亚洲及太平洋经济社会委员会（ESCAP，以下简称亚太经社会）可以通过以下方式支持成员之间的合作：作为许多次区域组织，如东盟（ASEAN）、亚太经合组织、南亚区域合作联盟（SAARC）在科学技术创新方面的桥梁，亚太经社会应确保整个区域内的成员都充分了解科学技术创新的发展情况以及所面临的挑战和机遇；协调区域间在科学技术创新方面的跨政府网络，以支持联合国可持续发展目标提倡的知识共享；主办一个在线平台，作为获取区域有关科学技术创新需求、解决办法以及政策制定信息的门户；举办年度“科学技术创新促进可持续发展目标多利益攸关方论坛”；确保将本区域的需要和知识纳入全球科学技术创新举措，例如，联合国技术促进机制和技术库。

新亚太贸易协定缺乏对世界六分之一森林的保护

Bo Li *

原文标题： New Asia – Pacific Trade Agreement Lacks Protections for One – Sixth of World's Forests

文章框架： 在反全球化思潮和保护主义情绪升温的时代，亚太地区国家已将目光投向了中国支持的区域全面经济伙伴关系协定；消除贸易壁垒却不采取相应措施来对与森林产品相关的贸易负责，往往会加速不可持续的、非法的采伐和相关交易；中国不仅是区域全面经济伙伴关系协定的主要支持者，也是世界上最大的森林产品加工国和贸易国。

观点摘要：

1. 在反全球化思潮和保护主义情绪升温的时代，亚太地区国家已将目光投向了中国支持的区域全面经济伙伴关系协定。该区域自由贸易协定旨在消除 10 个东南亚国家及其 6 个自由贸易协定合作伙伴之间的贸易和投资壁垒，这 6 个国家为澳大利亚、中国、印度、日本、韩国和新西兰。这 16 个国家加起来的人口数约占全球人口数的一半，经济总量占世界经济总量的 30% 左右。如果区域全面经济伙伴关系协定生效，那么它可能成为世界上最大的自由贸易协定。但是现在，区域全面经济伙伴关系协定中缺少对森林保护的重要条款，在区域全面经济伙伴关系协定中，森林在生态和经济领域都扮演着重要角色。如果协定中没有包括森林保护措施，就可能会加剧大面积的森林砍伐和非法采伐。为保护

---

* Bo Li，世界资源研究所森林项目研究分析员，对全球木材贸易和投资进行定性和定量研究，重点关注中国和非洲。来源：世界资源研究所（美国智库），2017 年 5 月 2 日。

该地区的森林，区域全面经济伙伴关系协定应该包含现有的国际框架，并建立森林治理的合作机制。林业是区域全面经济伙伴关系协定经济体的巨大“驱动力”。在东南亚，多达7000万人依靠森林维持生计。区域全面经济伙伴关系协定中包括一些主要的木材生产、加工和消费国，如印度尼西亚、中国、越南和日本。事实上，联合国粮食及农业组织（以下简称“粮农组织”）的数据显示，2015年，区域全面经济伙伴关系协定成员的森林面积占世界森林面积的六分之一，森林产品贸易价值占全球森林产品贸易价值的四分之一。根据粮农组织的全球森林资源评估，7个区域全面经济伙伴关系协定成员的森林面积超过50%。然而，由于非法采伐和相关交易，近年来，许多区域全面经济伙伴关系协定成员的森林砍伐和森林退化现象迅速增加。东南亚是世界上森林砍伐率最高的地区之一，每年有1.2%的森林消失。森林砍伐和森林退化给生物多样性和相关生态系统带来损失，温室气体排放的增加加剧了气候的变化。

2. 打击非法采伐和相关交易。消除贸易壁垒却不采取相应措施来对与森林产品相关的贸易负责，往往会加速不可持续的、非法的采伐和相关交易。非法采伐不仅对环境有害，还剥夺了当地居民依赖森林维持生计的机会，也使政府失去了无证林业企业的税收收入。非法进入市场的木材，通过降低市场上木材的价格破坏了合法企业的竞争力。为避免这些影响，区域全面经济伙伴关系协定应确保促进和保护森林产品的合法贸易。区域全面经济伙伴关系协定成员已经通过现有的框架来打击非法采伐行为。例如，2011年成立的亚太经合组织非法采伐及相关贸易专家组（EGILAT）旨在加强亚太经合组织成员之间的合作和协调，亚太经合组织非法采伐及相关贸易专家组由16个区域全面经济伙伴关系协定成员中的12个成员组成。区域全面经济伙伴关系协定应纳入这些现有承诺，并建立打击非法采伐和相关贸易的新机制。短期内，区域全面经济伙伴关系协定应该加强现有的协定，例如，《濒危野生动植物种国际贸易公约》（CITES），该公约旨在规范濒危木材物种的贸易，尤其是红木。一些区域全面经济伙伴关系协定成员也对不同的木材产品实行伐木和出口禁令，区域全面经济伙伴关系协定应该强化这些政策。各成员应通过信息交流和执法合作提高其森林治理能力，例如，通过区域全面经济伙伴关系协定建立执法网络。

3. 中国会保护森林吗？中国不仅是区域全面经济伙伴关系协定的主要支持者，也是世界上最大的森林产品加工国和贸易国。这意味着中国在促进可持续森林管理及贸易方面发挥着巨大作用。近年来，中国已在全国展示了其对可持续森林管理和合法林产品的承诺——通过禁止在其天然林中进行商业性采伐以及成功实施《濒危野生动植物种国际贸易公约》等行动，区域全面经济伙伴关系协定是中国在全球森林治理中承担更多责任的绝佳机会，通过推动区域全面经济伙伴关系协定谈判中的森林合法性和可持续森林管理的要求来保护该地区的森林。区域全面经济伙伴关系协定成员计划在 2017 年底前完成谈判。这意味着，成员要在不到一年的时间内纠正当前草案中存在的问题。在最终文件中未能包含森林保护的条款将是一项重大“疏忽”。

日本在亚洲的地位岌岌可危

Felix K. Chang*

原文标题： Japan's Precarious Position in the Asia

文章框架： 在过去几年中，日本的外交政策保持了近几十年来罕见的连贯性；日本也采取了更直接的措施来加强防御；最重要的是，唐纳德·特朗普赢得了美国总统大选。

观点摘要：

1. 在过去几年中，日本的外交政策保持了近几十年来罕见的连贯性。毫无疑问，来自日本在亚洲的竞争对手——崛起的中国和顽固的俄罗斯的压力，使日本政策制定者集中了注意力。当然那些日本首相安倍晋三的亲信似乎坚信，日本需要改善其安全状况。到 2016 年初，日本似乎已经做到了这一点。尽管美国总统奥巴马的“重返亚太”战略令人失望，但日本政策制定者认为，奥巴马对“基于规则的国际秩序”的支持是有价值的。实际上，这意味着日本至少可以指望美国继续参与亚洲事务并巩固其安全。2016 年的大部分时间，这似乎还会继续。毕竟，奥巴马选择的继任者希拉里·克林顿在美国总统选举中更胜一筹。尽管希拉里放弃了其早前对跨太平洋伙伴关系协定的支持，但日本希望这将成为亚洲未来经济架构的基础。大多数观察家预计，如果她成为总统，那么她将再次改变立场。安倍晋三完全有理由相信，他改善日本安全的努力将建立在一个相当稳固的基础之上。他不知疲倦地在亚洲各地访问、结交新朋友，特别是与东南亚国家。他鼓励日本公司在东南亚国

---

* Felix K. Chang，外交政策研究所高级研究员，国家安全和医疗行业预测分析公司 DecisionQ 的首席战略官。来源：外交政策研究所（美国智库），2017 年 1 月 11 日。

家投资，与东南亚国家建立了安全关系；他甚至还派遣了一些日本建造的巡逻舰来监管东南亚国家的海上边界。当美国处于困境时，安倍晋三也介入其中。在美国与其长期盟友泰国和菲律宾关系恶化后，安倍晋三迅速采取行动，加强了日本与两国的双边关系。

2. 日本也采取了更直接的措施来加强防御。它适度增加了国防预算，还为琉球群岛的新军事设施建设奠定了基础，以监视其东海的主权主张，但日本最大的举措可能是对其自卫法的新解读。新的指导方针允许日本自卫队援助遭受攻击的盟国。尽管在大多数国家，这似乎是完全没有争议的，但对奉行“和平主义”的日本来说并非如此。一些人担心，日本极有可能轻易卷入未来的冲突当中。但新的指导方针也将使日本能够建立更强大的安全联盟，以防止此类冲突的发生。2016 年 7 月，关于日本在安全方面的好消息达到了顶峰。然而，在此之后，日本面临的局势发生了巨大变化。杜特尔特当选菲律宾总统，突然结束了在一些人看来东南亚国家对国际秩序日益“增长”的支持。杜特尔特对奥巴马有个人敌意以及对美国的干涉有普遍的怀疑，他稳步地将菲律宾从美国的视线中转移，更倾向于中国，就连安倍晋三与杜特尔特在东京的会晤都未能阻止这种倾向。不久之后，马来西亚总理纳吉布·拉扎克也开始更加倾向于中国。他甚至同意为马来西亚海军购买中国舰艇。另外，日本错过了与澳大利亚巩固安全关系的黄金机会，当时日本财团未能成功赢得投标以建造澳大利亚的下一代潜艇。

3. 最重要的是，唐纳德·特朗普赢得了美国总统大选。在整个竞选过程中，他不仅抨击了跨太平洋伙伴关系协定，还抨击了日本没有积极支持美国在亚洲的安全存在。毫无疑问，安倍晋三急忙前往纽约，使特朗普意识到日本和美国之间建立强大联盟的重要性。但安倍晋三尚未得到美国新政府的任何公开承诺。安倍晋三从特朗普那里收到的最好的消息可能是一个月后，特朗普将宣布扩大美国海军的目标。如果充分认识到这一点，则至少会使美国对亚洲（如日本）的承诺更具实质意义。中国迅速利用了日本的“败退”。鉴于跨太平洋伙伴关系协定可能会终止，2016 年 11 月，中国在亚太经合组织峰会上加大了对中国主导的自由贸易协定，即区域全面经济伙伴关系协定的推动力度。许多人认为，如果这个协定成功签署，就将使亚洲经济体更靠近中国。俄罗斯也意识到了日本的弱势地位。当俄罗斯总统弗拉基米尔·普京（Vladimir Putin）一个月后与安倍晋三会晤时，他向安倍晋三提出了一个新问题，他们讨论了如何解决南千岛群岛的领土争端。普京只是重申了俄罗斯的立场，并坚称在这些岛屿上的任何联合经济发展都必须在俄罗斯的规则下进行，这是对俄罗斯拥有该群岛主权的含蓄表态。

与美国国务卿约翰·福布斯·克里的谈话*

原文标题： A Conversation with U. S. Secretary of State John F. Kerry

文章框架： 当其他国家将自己的命运与美国的命运联系起来的时候，美国逐渐认识到，作为一个国家，各国的福祉相互关联；美国必须领导其他国家推行像跨太平洋伙伴关系协定这样高标准、具有创新性的协定；美国与亚洲太平洋经济合作组织（APEC）和东南亚国家联盟（ASEAN）保持密切磋商。

观点摘要：

1. 关于贸易的长期争论反映了一个更大的问题，也是美国自始至终一直拷问自己的问题：美国应该利用自己的诸多优势帮助领导世界，还是置若罔闻，装作仅靠自己就可以实现发展？无论某一特定时刻的答案将是什么，美国都不能回避这样一个事实：美国从一开始就一直是一个海洋国家、一个制造业国家，同时也是一个农业国家。多年来，美国一直在寻求海外合作，将其产品销往海外，并建立起美国作为“创新和机遇之地”的声誉。当其他国家将自己的命运与美国的命运联系起来的时候，美国逐渐认识到，作为一个国家，各国的福祉相互关联。

2. 美国必须领导其他国家推行像跨太平洋伙伴关系协定（TPP）这样高标准、具有创新性的协定，这不仅为了促进国内经济的发展，深化在主要市场的商业联系，还是为了维护国家安全以及提高在亚洲乃至世界各地的战略领导地位。

3. 国际友谊建立在目标、行动一致性的基础之上，一个多世纪以来，这种一致性正是亚洲领导人对美国的期待，不论是民主党执政时还是共和党执政时，这可以通过以下几点来解释。首先，在地理位置上，

---

* 来源：伍德罗·威尔逊国际学者中心（美国智库），2016 年 9 月 28 日。

美国是为数不多横跨东半球和西半球分界线的国家之一，美国在该地区已经建立了强大的经济纽带，其10大贸易伙伴中有5个在亚洲；其次，美国与日本、韩国、澳大利亚、新西兰和菲律宾之间长数十年的安全同盟和防务合作历史有重大意义；最后，美国与亚洲太平洋经济合作组织（APEC）和东南亚国家联盟（ASEAN）保持密切磋商，其共同的外交议程包括：反恐、防核武器扩散、气候变化、网络安全、海洋环境保护、渔业可持续发展、海上安全、人口贩卖等。

各国执法机构应如何访问境外数据

Alan Mcquinn；Daniel Castro *

原文标题： How Law Enforcement Should Access Data across Borders

文章框架： 尽管美国制定了全球最多的司法互助协定，但在每个大洲内没有与美国政府签订司法互助协定的国家仍有许多；美国政府应与欧盟、美洲国家组织和亚太经合组织等主要经济组织合作，建立并采用司法互助协定对话模式，即“司法互助协定 2.0 体系”。

观点摘要：

1. 自 1977 年以来，美国政府与外国政府就 65 项司法互助协定（MLAT）进行了谈判，其中包括与欧盟各成员签署的《欧美数据保护伞协定》以及与美洲国家组织成员签署的《美洲刑事事项互助公约》。此外，美国政府还与 20 个国家签署了执行没收裁决的双边协定。但是，这些司法互助协定的组成部分和标准各不相同。此外，尽管美国制定了全球最多的司法互助协定，但在每个大洲内没有与美国政府签订司法互助协定的国家仍有许多。世界上其他许多国家之间也没有签署全面的司法互助协定，例如，法国政府只与澳大利亚、加拿大、印度和美国等签署了此类协定。

2. 为了鼓励更多的国家相互签订司法互助协定，美国政府必须带头规范这些协定。美国政府应与欧盟、美洲国家组织和亚洲太平洋经济

---

* Alan Mcquinn，信息技术与创新基金会研究分析师，研究领域包括与新兴技术和互联网政策有关的各种问题，如网络安全、隐私、虚拟货币、电子政务和商业无人机。Daniel Castro，信息技术与创新基金会副总裁，研究兴趣包括健康信息技术、数据隐私、电子商务、电子政务、电子投票、信息安全和可访问性。来源：信息技术与创新基金会（美国智库），2017 年 7 月。

合作组织（简称亚太经合组织，APEC）等主要经济组织合作，建立并采用司法互助协定对话模式，即“司法互助协定 2.0 体系”（MLAT 2.0）。“司法互助协定 2.0 体系”应该建立在一个共同的程序上，以使各国政府不必彼此协商一致，多个国家可以直接按照国际标准来签署协定。“司法互助协定 2.0 体系”的目标有四个。第一，“司法互助协定 2.0 体系”应该为一国何时以及如何利用国内授权来访问境外数据创建一个通用框架。第二，“司法互助协定 2.0 体系”应该帮助各国实现响应外国数据请求方式的现代化。第三，各国应承诺及时回应相关方对数据的合法请求，除非这些请求违反了双方商定的条款，例如国家安全。第四，各国应报告它们收到的请求数量、回应请求的数量、反应时间以及现代化进程。

亚洲基金会主办亚太经合组织应用挑战赛，帮助亚太地区的小型企业发展*

原文标题： Asia Foundation Hosts APEC App Challenge to Help the Asia – Pacific Region's Small Businesses Expand

文章框架： 亚洲基金会以及亚太经济合作组织（APEC）、越南工业和贸易部（MOIT）及谷歌将于5月18～19日举办“亚太经合组织应用挑战赛”；亚太经合组织应用挑战赛对亚太地区尤为重要；开发人员将尝试建立新的移动或网络解决方案，以帮助该地区的微型、中小型企业扩展到新的出口市场；亚太经合组织应用挑战赛的目标是强调促进亚太经济体包容性、创新和可持续增长，并制定政策，推动更多创新，以解决贸易问题。

观点摘要：

1. 亚洲基金会以及亚太经济合作组织（APEC）、越南工业和贸易部（MOIT）及谷歌将于5月18～19日举办“亚太经合组织应用挑战赛”。来自亚太经合组织成员的11个软件开发团队将抵达河内参加24小时马拉松编码会议。这一应用挑战赛将在5月19日亚太经合组织贸易和创新研讨会的间隙进行。此外，参加比赛的团队还将考虑争夺亚太经合组织数字繁荣奖（APEC Digital Prosperity Award）。该奖项是一项承认新数字产品的特别奖项，旨在促进亚太地区各经济体的包容性增长。

2. 亚洲基金会数字媒体和技术项目高级主管约翰·卡尔（John Karr）表示：“亚太经合组织应用挑战赛对亚太地区尤为重要。在亚太地区，微型、中小型企业（MSMEs）占了所有企业的98%，并雇用了

---

* 来源：亚洲基金会（美国智库），2017年5月16日。

该地区三分之二的劳动力。例如，尽管印度尼西亚的中小企业贡献了近60%的国内生产总值，但它们在出口总额中所占的份额仅为16%。”

3. 开发人员将尝试建立新的移动或网络解决方案，以帮助该地区的微型、中小型企业扩展到新的出口市场。参加者被鼓励进行创造性思考，并解决本地微型、中小型企业在以下几个方面所面临的挑战：（1）遵守标准和法规；（2）获取金融服务；（3）物流和供应链管理；（4）建立合作伙伴网络并获取市场情报。越南工业和贸易部电子商务和信息技术局副局长赖越英（ Lai Viet Anh）解释称：“尽管互联网大大降低了中小企业的出口成本，特别是在发达国家，但该地区的企业面临许多挑战，而国际贸易带来的好处仍然难以捉摸。”谷歌亚太区贸易和经济事务负责人安德鲁·尤尔（Andrew Ure）说：“举办‘亚太经合组织应用挑战赛’是一项独特的‘努力’，旨在通过构建帮助小企业克服现有障碍的潜在解决方案，在亚太经合组织中学习并分享新想法。”所有入围者都被鼓励继续完善他们的产品，并最终将其推向市场。获胜的团队将得到亚洲基金会和亚太经合组织的直接支持，以支付与其产品相关的两年托管和维护费用。

4. 亚太经合组织秘书处行政主任博拉德博士（Dr. Alan Bollard）补充说：“最终，亚太经合组织应用挑战赛的目标是强调促进亚太经济体包容性、创新和可持续增长，并制定政策，推动更多创新，以解决贸易问题。”亚洲基金会是一个致力于改善亚洲发展的非营利国际发展组织。通过60年的经验积累和深厚的当地专业知识，其项目解决了21世纪影响亚洲的关键问题：治理和法律、经济发展、妇女赋权、环境和区域合作。

在贸易会议上亚洲太平洋经济合作组织最具才华的应用开发团队参加了商业挑战赛

Benjamin Lokshin；Katherine Loh *

原文标题： APEC's Most Talented App Developers Tackle Business Challenges at Trade Meeting

文章框架： 上周亚洲太平洋经济合作组织最具才华的应用开发团队参加了首届亚太经合组织应用挑战赛；该应用挑战赛可以帮助中小企业进行全球出口企业认证，提升出口商声誉并使其符合与出口相关的标准和法规。

观点摘要：

1. 上周当贸易部部长们聚集起来为召开亚洲太平洋经济合作组织（APEC，简称亚太经合组织）贸易会议做准备时，该组织最具才华的开发人员参加了首届亚太经合组织应用挑战赛。来自 9 个亚太经合组织经济体的 11 个开发团队面对挑战，开发出了具有创新性的应用程序和在线平台，以帮助中小企业利用互联网进入国外市场、出口商品和扩大业务，以便更好地为当地经济做出贡献。

2. 来自澳大利亚应用开发团队的 Chris Gough 和 David Elliot 开发的应用软件"亚太经合组织连接"（APEC Connect）夺得了此次比赛的冠军。该应用采用区块链技术——一种内置加密验证的分布式数据库技术——帮助中小企业进行全球出口企业认证，提升出口商声誉并使其符合与出口相关的标准和法规。亚洲基金会、亚太经合组织秘书处、越南工业和贸易部以及谷歌公司都认为这次应用挑战赛凸显了中小企业在亚太经济中的重要性，以及移动互联网在支持其发展方面所起的作用。

---

* Benjamin Lokshin，亚洲基金会技术项目专员。Katherine Loh，曾任亚洲基金会项目顾问。来源：亚洲基金会（美国智库），2017 年 3 月 24 日。

美国向前敌人越南伸出援手

James Borton; Sandra Erwin *

原文标题： US Extends Arms to Former Enemy Vietnam

文章框架： 自 2009 年以来，美越两国间的军事合作使两国间的安全联系不断增强。

观点摘要：

自 2009 年以来，美越两国间的军事合作使两国间的安全联系得到不断加强。来自澳大利亚国防军事学院的教授卡尔·泰尔（Carl Thayer）声称："这是一个公开的秘密——越南希望拥有海岸雷达和海上巡逻机（如洛克希德 P-3 海上巡逻机）。随着美国、日本、澳大利亚和其他国家的洛克希德 P-3 海上巡逻机退役并开始使用'海神'反潜巡逻机，洛克希德 P-3 海上巡逻机处于买方市场。日本可能成为洛克希德 P-3 海上巡逻机的供应商之一。"为了确保特朗普前往越南参加于 2017 年 11 月举办的亚洲太平洋经济合作组织（APEC）峰会，由超过 100 名外交官和商界领袖组成的越南代表团到达了美国。总部位于华盛顿的美国东盟商务理事会举办了一场正式的晚宴，发出了美国和越南两国扩大商业利益的信号。越南工业和贸易部部长陈俊英说："如果美国和越南签署一份由最近在越南开展业务的美国公司提出的自由贸易互惠协定，那么这样的协定将反映我国的经济增长趋势和巨大的经济增长潜力，并有助于为美国和越南人民创造更多的就业机会。"虽然当特朗普

---

* James Borton，耶鲁大学人文学科奖学金获得者。Sandra Erwin，弗吉尼亚州阿灵顿国防和国家安全记者。来源：地缘政治监控中心（加拿大智库），2017 年 6 月 2 日。

政府执行退出跨太平洋伙伴关系协定（TPP）的行政命令时，越南倍感失望，但越南急切地想知道美国新一届政府将在“美国优先”的口号下采取怎样的经济政策。

技术支持下的加拿大小型企业贸易：来自易趣市场的新证据

Usman Ahmed；Hanne Melin *

原文标题： Technology – Enabled Small Business Trade in Canada：New Evidence from eBay Marketplaces

文章框架： 截至目前，贸易体系的主要参与者和受益者一般都是大型跨国公司；但随着新模式的出现，技术正在改变全球贸易的面貌；提高海关进口关税豁免门槛的政策有助于促进技术支持型中小企业的跨境出口；技术支持型中小企业贸易的增长应该促使加拿大在接下来的贸易谈判中增加与之相关的规定。

观点摘要：

1. 贸易和全球化增加了世界各地的就业机会和财富，然而直到现在，贸易体系的主要参与者和受益者一般都是大型跨国公司。有参与全球经济意愿的小型企业常常被降级为更大跨国供应链的一部分，负责提供中间产品。鉴于传统的国际贸易前期需要巨额的投入和资源用以开发市场、运输货物以及提供高效的跨境服务，所以自然而然形成了大型跨国公司和小型企业在市场中所处地位的差异。

2. 但随着新模式的出现，技术正在改变全球贸易的面貌。支持在线交易的关键因素是日益增加的信息流量、物品流通和人际间的

---

* Usman Ahmed，马里兰大学学士、乔治城大学外交学院硕士、密歇根大学法学博士；易趣公司政策顾问，美国乔治敦大学法学院兼职教授。Hanne Melin，瑞典隆德大学法学硕士、英国伦敦国王学院国际商法学硕士；易趣公司政策顾问，隆德大学法学院客座讲师，欧盟委员会数字创业战略政策论坛成员。来源：公共政策研究所（加拿大智库），2016 年 7 月 26 日。

信任。在线市场允许各种规模的企业都能直接与世界各地的消费者进行联系并进行贸易往来。新技术的出现使各种规模的企业都能享受贸易带来的好处，而且一些政策在支持加拿大中小规模企业方面发挥着特别重要的作用。技术支持型中小企业面临独特的问题，在当代贸易讨论中我们更好地对这些问题加以考虑，使这些新趋势的潜力得以充分发挥。

3. 提高海关进口关税豁免门槛的政策有助于促进技术支持型中小企业的跨境出口，此项政策不仅适用于加拿大的贸易情况，而且在全世界范围内皆如此，一部分国家已经在朝这个方向迈进。任何国际贸易都会受到进口关税的影响，但许多国家放弃了对低于一定价值的小型货物的征税，这被称为低附加值门槛（LVT）。

4. 各国在低附加值门槛数额的设置上存在较大差异。澳大利亚采纳相当高的低附加值门槛，高达1000澳元。2016年，作为加拿大技术支持型企业主要市场的美国将其低附加值门槛从之前的200美元大幅提高到800美元，在此基础上，除了收取5.5美元的手续费外，还可适当收取对应的进口税。而且加拿大的低附加值门槛数额也很低，只有20加元，且自1985年以来一直保持不变。任何价值超过20加元的货物均需缴纳进口关税及由加拿大邮政收取的9.95加元的处理费。其他包括欧盟在内的司法管辖区也采用相对较低的低附加值门槛。这一门槛在低附加值产品的交易中十分重要，对于加拿大和其他国家来说皆如此，因为税收和手续费可能占最终交付成本的很大部分，从而阻止低附加值产品的国际贸易。此外，征收小批货物关税的行政成本也很高——这可能会使海关当局在执法过程中将大量执法力量耗费在对众多小额交易的管理上，无法集中于对大额关税的征收。2013年，当美国的最低附加值门槛是200美元时，参议院委员会出具了一份报告，建议分析提高加拿大低附加值货物门槛所产生的成本和收益，结果表明，此举可能会缩小加拿大和美国之间某些商品的价格差异。有分析人士同样建议，加拿大放弃对低附加值货物的关税。事实上，亚太经合组织（APEC）已经发现，提高低附加值门槛，可以减少跨境货物运输的时间、成本和不确定性。最新的模型估测表明，提高加拿大的最低附加值门槛对加拿大的消费者和企业是有益的，特别是中小企业，而且基本上对加拿大政府的财政没有造成什么损失。我们注意到，加拿大的自由贸易协定一般不包括与最低限额有关的内容，但技术支持型中小企业贸易的增长应该促使加拿大在接下来的贸易谈判中增加与之相关的规定。

贾斯廷·特鲁多政府在亚太经合组织（APEC）峰会上采取的五个方面行动以及这些行动对加拿大人来说的意义

Carlo Dade [*]

原文标题： Five Take - aways from the Trudeau Government's Actions at APEC and What They Mean for Canadians

文章框架： 2017 年 11 月 10 日在越南举行的亚太经合组织（APEC）领导人会议上，一个令人困惑的问题引发了热议；开拓亚洲市场将对加拿大造成长期损害。

观点摘要：

1. 2017 年 11 月 10 日在越南举行的亚太经合组织（APEC）首脑会议上，一个令人困惑的问题引发了热议。加拿大总理贾斯廷·特鲁多（Justin Trudeau）主张向前推进跨太平洋伙伴关系协定，这是否破坏了加拿大复兴的进程，抑或是已经使加拿大“再次复苏”了呢？随着加拿大在亚洲贸易声誉受损程度的逐渐提高以及加拿大西部以出口为基础的经济所面临的潜在损失的出现，这场无硝烟的战争才刚开始。尽管经济模型仅仅是将一些常识量化，但加拿大西部基金会所做的这个经济模型清晰地表明，加拿大在由 11 国达成的全面与进步跨太平洋伙伴关系协定这一多边贸易协定中的贸易表现比在美国没有退出前的跨太平洋伙伴关系协定中更好。随着全面与进步跨太平洋伙伴关系协定的优势显现，亚洲进口商将商品进口的方向转向价格更便宜的加拿大商品，美国出口

---

* Carlo Dade，加拿大西部基金会贸易与投资中心主任，渥太华大学国际发展与全球研究学院高级研究员。来源：公共政策研究所（加拿大智库），2017 年 12 月 4 日。

商也可能将原本在本地加工生产的产品转移到加拿大加工生产，并在日本、越南和其他市场获得关税和其他优势。这些优势都将产生贸易转移效应。

2. 加拿大总理特鲁多在亚太经合组织峰会上对日本首相安倍晋三的“打压”将“损害”未来其在亚洲的谈判。在与东南亚国家联盟（ASEAN）的谈判中，特鲁多总理似乎正在把他的希望寄托在与亚洲进行更多的交易上。然而，据报道，由于马来西亚和越南希望减少劳工和环境方面的规定，特鲁多总理在最后一刻放弃了继续参加日本领导的全面与进步跨太平洋伙伴关系协定的 11 国领导人会晤。当然，马来西亚和越南都是亚太经合组织成员，也可以被认为是亚太经合组织的代表。这次亚太经合组织会议似乎不会成为尝试推动“进步”贸易议程的最佳会议，但它可能会迎合自由党政府的要求，即要求政府寻求一种可以标榜为“新”动力的举措而不是跨太平洋伙伴关系协定，而跨太平洋伙伴关系协定则是由上一届政府在受到胁迫的情况下发起的。加拿大总理特鲁多在亚太经合组织峰会上的行动清楚地表明，在加拿大首都渥太华，加拿大政府从西方商人、农民和大宗商品出口商口袋里拿到的钱并不会产生政治成本。

对未来的选择：跨太平洋伙伴关系协定和加拿大

John M. Weekes *

原文标题： Choices for the Future：The Trans – Pacific Partnership and Canada

文章框架： 本报告探讨了跨太平洋伙伴关系协定（TPP）对加拿大的意义；尽管在美国大选中出现了贸易保护主义言论，但世界仍将继续开展跨国业务；跨太平洋伙伴关系协定的成员身份将给加拿大带来更多更有效地参与该区域其他谈判的机会；加拿大也应该更多地关注亚太经合组织领导人关于亚太地区自由贸易区谈判的呼吁。

观点摘要：

1. 本报告探讨了跨太平洋伙伴关系协定（TPP）对加拿大的意义。在该协定处于一个全球贸易呈现下降趋势且日益变化的背景下，本报告考虑到跨太平洋伙伴关系协定在美国和加拿大被批准的前景，探究该协定的性质，并讨论该协定对加拿大特别是对不断发展的亚太地区的影响。

2. 尽管在美国大选中出现了贸易保护主义言论，但世界仍将继续开展跨国业务。技术变革将继续推动全球化发展。各国政府将继续谈判各种协定以管理全球各种趋势带来的影响，并确保其生活在其他国家的公民得到同等或更好的机会。

---

* John M. Weekes，加拿大顶尖律师事务所——班尼特·琼斯律师事务所高级业务顾问，曾作为加拿大北美自由贸易协定的首席谈判代表和驻世贸组织的大使，担任当时外交和国际贸易部高级助理部长。来源：国防与外交事务学院（加拿大智库），2016 年 8 月 17 日。

3. 跨太平洋伙伴关系协定的成员身份将给加拿大带来更多更有效地参与该区域其他谈判的机会，包括亚太自由贸易区（FTAAP），该协定曾多次得到亚太经济合作组织领导人的支持。当然，任何改善跨太平洋伙伴关系协定的努力都将留给各成员。如果加拿大只是坐在一旁观望，那么它将因此出局。

4. 加拿大也应该更多地关注亚太经合组织领导人关于亚太地区自由贸易区谈判的呼吁。即使美国下届政府似乎对此不感兴趣，但在美国重返贸易谈判舞台之前，这也只是时间问题。如果不参与贸易协定，那么全球化带来的压力将更加难以管理。加拿大与其他国家之间的坚持不懈的工作和创造性的参与将使其在行动重新开始时处于有利地位。

关于加拿大了解德国汉堡举行的二十国集团峰会的入门读本

Colin Robertson*

原文标题： A Canadian Primer to the G20 Summit in Hamburg, Germany, July 7－8, 2017

文章框架： 本周四与周五，主要经济体的领导人、财政部部长和央行行长在德国北部港口城市汉堡会面；加拿大总理贾斯廷·特鲁多与墨西哥总统恩里克·培尼亚·涅托（Enrique Peña Nieto）是承办亚洲太平洋经济合作组织（APEC，简称亚太经合组织）领导人峰会的竞争对手；特鲁多希望退出综合性经济贸易协定（CETA），但由于对加拿大奶酪进口和品牌药分配的解释存在争议，原定于7月1日的日程安排被推迟。

观点摘要：

1. 本周四与周五，主要经济体的领导人、财政部部长和央行行长在德国北部港口城市汉堡会面，举办此次会晤的东道主是德国总理安格拉·默克尔。这是他们就全球经济和金融问题进行讨论的第12次峰会。这次峰会不能忽略地缘政治因素。叙利亚、伊拉克、阿富汗、也门和中非的冲突仍在继续。饥荒再次肆虐“非洲之角”。俄罗斯仍然“占据”着乌克兰的部分地区。朝鲜领导人金正恩正在“升级”他的核武器。来自非洲和中东的难民继续涌入欧洲。然而，在经济方面，国际货币基金组织（IMF）发布的《世界经济展望》报告（2017年4月）预计，

---

* Colin Robertson，加拿大前外交官，加拿大全球事务研究所副主席兼研究员。来源：国防与外交事务学院（加拿大智库），2017年7月7日。

在投资、制造业和贸易领域，全球经济活动将出现周期性复苏。但在欧洲，英国脱欧和持续的失业问题，尤其是南欧的年轻人失业问题，具有极大的不确定性。美国总统唐纳德·特朗普（Donald Trump）的贸易保护主义言论继续威胁着世界，他也使美国退出了全球气候协定——《巴黎气候变化协定》。

2. 从加拿大的角度来看，这是加拿大总理贾斯廷·特鲁多（Justin Trudeau）第三次出席二十国集团（G20）峰会。他与墨西哥总统恩里克·培尼亚·涅托（Enrique Peña Nieto）是承办亚洲太平洋经济合作组织（APEC，简称亚太经合组织）领导人峰会的竞争对手。特鲁多现在被认为是一位经验丰富的领导人、一位具有建设性的国际主义者，并且能够很好地处理自己与特朗普的关系。

3. 根据二十国集团发布的全球事务报告，贾斯廷·特鲁多将“促进包容性经济增长、国际贸易增长、性别平等以及气候变化行动”，并重申加拿大将致力于与合作伙伴共同努力，在维护人权的同时，采取协调行动应对全球恐怖主义。特鲁多希望退出综合性经济贸易协定（CETA），但由于对加拿大奶酪进口和品牌药分配的解释存在争议，原定于7月1日的日程安排被推迟。美国将与亚洲和拉丁美洲伙伴讨论跨太平洋伙伴关系协定（TPP），特朗普和恩里克·培尼亚·涅托会就北美自由贸易协定（NAFTA）重新进行谈判。

在特鲁多缺席峰会后，日本提出了在没有加拿大参与的情况下达成跨太平洋伙伴关系协定的可能性

Marie - Danielle Smith *

原文标题： In Wake of Trudeau's Summit No - Show, Japan Raises Possibility of a Trans - Pacific Partnership without Canada

文章框架： 日本官员在东京接受《国家邮报》的采访时详细介绍了特鲁多缺席了在亚洲太平洋经济合作组织（APEC）领导人峰会期间就达成跨太平洋伙伴关系协定的会晤，这导致人们指责特鲁多“破坏”了跨太平洋伙伴关系协定。

观点摘要：

日本官员在东京接受日本《国家邮报》的采访时详细介绍了在亚洲太平洋经济合作组织（APEC）峰会期间，特鲁多缺席了成员领导人关于达成跨太平洋伙伴关系协定会晤的情况，这导致人们指责特鲁多“破坏”了跨太平洋伙伴关系协定。日本官员称，11 月 10 日下午 1 点 15 分，日本首相安倍晋三与加拿大总理特鲁多举行了双边会晤，安倍晋三期待两国能够就推进跨太平洋伙伴关系协定达成一致，此前，在美国退出该协定后，两国就重启该协定进行了数月的谈判。然而，一名官员告诉《国家邮报》：“整个上午，加拿大方面都没有给出回应。”这位加拿大总理告诉日本首相安倍晋三，他还没有做好准备。这位官员说，“这是意外的”和“不同寻常的”。

---

* Marie - Danielle Smith，日本外国新闻研究中心研究员。来源：国防与外交事务学院（加拿大智库），2017 年 12 月 18 日。

态度积极的外交官：越南向美国总统特朗普示好

Huong Le Thu *

原文标题： A Proactive Diplomat：Vietnam's Wooing of Trump's America

文章框架： 特朗普在总统选举中的胜出在越南引起了一些不安；越南领导人担心，两国关系的发展势头将消失；美越两国将有机会在11月于越南举行的亚太经合组织会议上进一步扩大合作。

观点摘要：

1. 过去几年，越南与美国的关系一直在显著升温，与此同时，中国在周边海域的自信心日益增强，奥巴马政府转向太平洋地区。然而，去年特朗普在总统大选的胜出引起了越南政府的一些不安。越南领导人担心，两国关系的友好发展势头将消失，因此，越南总理兼国家交通安全委员会主任阮春福对美国的访问，可以被视为越南渴望在与美国的关系上保持积极主动以及与美国有持久广泛的联系。通过寻求美国对地区事务的持续承诺，阮春福试图说服特朗普政府与越南政府进行双边合作，也说明了合作可以带来的巨大好处，这对越南来说意义重大。从2017年1月起，美国与越南双边贸易总额达到160亿美元，较2016年同期增长9.9%，美国对越南的出口额增长了22%。

2. 此外，越南也对两国防务合作非常感兴趣，尤其是继续与美国政府在海上安全倡议方面合作。考虑到东南亚地区的格局变化以及越南

* Huong Le Thu，澳大利亚战略政策研究所高级分析师。来源：皇家联合军种国防研究所（英国智库），2017年6月1日。

对东盟的依赖程度不高，越南的战略地位日益重要但也非常脆弱。阮春福希望越南通过在全球舞台上扮演积极角色，来推进“特朗普总统让美国再次变得强大”。两国将有机会在11月于越南举行的亚太经合组织会议上进一步扩大合作，而特朗普表示将出席此次会议。

唐纳德·特朗普的亚洲之行是个谜题*

原文标题： Donald Trump's Agenda in Asia is a Mystery

文章框架： 中国似乎正试图修复与韩国的关系，几个月来，中国因韩国同意美国在其国内部署美国新型导弹防御系统“萨德”而对韩国进行制裁，以维护自己的正当权益；事实上，特朗普与习近平主席是可以融洽相处的，部分原因是在美国处理与中国的关系问题上，特朗普的做法并没有过于“鹰派”。

观点摘要：

1. 中国似乎正试图修复与韩国的关系。几个月来，中国因韩国同意美国在其国内部署美国新型导弹防御系统“萨德”（末段高空区域防御系统，THAAD）而对韩国进行制裁，以维护自己的正当权益。中国认为，部署“萨德”反导系统并不是出于应对朝鲜威胁的自卫防御目的，其主要原因是针对中国，因此，中国对韩国采取制裁措施，包括抵制韩国产品并禁止中国旅游团赴韩旅游。但目前的情况是，习近平主席当选了中国共产党第十九届中央委员会总书记，他开始恢复与韩国的友好睦邻关系。习近平主席将于11月10~11日参加在越南举行的亚洲太平洋经济合作组织（APEC）峰会，其间将与韩国总统文在寅会面，特朗普也会出席此次会议。文在寅承诺，韩国政府不会考虑追加部署“萨德”系统，也不会加入任何针对中国的安全倡议。

2. 事实上，特朗普与习近平主席是可以融洽相处的，部分原因是在美国处理与中国的关系问题上，特朗普的做法并没有太“鹰派”（用以形容主张采取强势外交手段或积极军事扩张的人士、团体或势力）。至于贸易方面，驻华的美国企业对特朗普此次精心制定的议程感到非常

---

* 来源：经济学人（英国智库），2017年11月4日。

满意。预计中国将宣布在得克萨斯州和美属维尔京群岛进行一些能源投资，并与美国签署价值数十亿美元的石化投资协定。除此之外，美国要求中国政府停止对中国出口企业提供“不公平优势”（美国认为中国存在通过对出口商进行补贴以降低其生产成本的行为），但美国并没有列出具体商品清单。在特朗普的授意下，美国官员正在对中国的“掠夺性”贸易行为展开正式调查。

案例研究：现在通往未来的大门*

原文标题： Case Study：The Current and Future Gateway

文章框架： 中国计划改善亚洲内部和其他地区的联通性，这有可能对经济和企业产生变革性影响；在许多方面，一体化趋势为香港的公司提供了大量机会；香港的公司在基础设施和融资等领域发挥着积极作用。

观点摘要：

1. 在商业领域，几乎没有什么东西比联通性更重要，中国计划改善亚洲内部和其他地区的联通性，这有可能对经济和企业产生变革性影响。但这种变革何时会发生以及如何对香港造成影响尚不明确。

2. 在许多方面，一体化趋势为香港的公司提供了大量机会。香港的公司应该利用广东自由贸易区提供的特殊优势，开辟更多服务领域的投资，以促进跨境人民币融资和结算业务的发展，进行基于法律和仲裁机制的实验研究。此外，由于拥有丰富的经验和专业知识，香港的公司可能在基础设施和融资等领域发挥着越来越积极的作用。这涉及中亚等尚未被开发的市场，它们都被纳入了区域经济网络。

3. 但贸易专家指出这些机会必须得到正确的对待。香港亚太经合组织贸易政策研究会执行董事杜大卫（David Dodwell）认为，“一带一路”可能会在短期内带来经济利益的增长。

---

* 来源：经济学人信息社（英国智库），2016 年 2 月 14 日。

特朗普关于东亚的混杂言论

James Hannah *

原文标题： Trump's Mixed Messages on East Asia

文章框架：“转向亚洲”战略后来被重新命名为“再平衡”战略，这是奥巴马政府在两届任期内采取的主要外交政策之一。

观点摘要：

“转向亚洲”战略后来被重新命名为“再平衡”战略，这是奥巴马政府在两届任期内采取的主要外交政策之一。该外交政策转变的核心目标是推动跨太平洋伙伴关系协定（TPP）的发展，该协定是美国主导下的与日本及其他10个太平洋地区的国家（不包括中国）所签署的自由贸易协定。跨太平洋伙伴关系协定被认为是美国规则主导下的对太平洋地区实施的结构性经济调整。奥巴马与东南亚地区各国领导人进行了多次会晤，与此同时，其将与东盟各国领导人的年度峰会提升为国家的制度化议程，并于2016年在加州桑尼兰兹举办了一次美国—东盟国家领导人会议。从美国参加东亚峰会及亚洲太平洋经济合作组织（APEC，简称亚太经合组织）领导人非正式会议这两大外交活动中可以看出，“参与到亚太地区事务当中”的原则一直是美国在亚太地区实现“再平衡”战略目标的核心。美国与东盟各国的频繁外交联系使其对澳大利亚、日本和韩国的传统联盟承诺得以加强（日韩两国是美国军队的战略部署基地，与此同时，日韩两国都依赖美国的“核保护伞”来保障其和平与安全）。

---

* James Hannah，英国查塔姆研究所亚太地区项目负责人。来源：英国查塔姆研究所（英国智库），2016年12月9日。

澳大利亚正努力在美国和中国之间开辟一条道路

James Hannah*

原文标题： Australia Struggles to Chart a Course between the US and China

文章框架： 在最近的亚太经合组织（APEC）会议上，有迹象表明，特朗普总统发表了一篇与澳大利亚外交政策白皮书相吻合的演讲；与此同时，根据中国国家主席习近平在10月的讲话，中国承诺"向国际舞台中心靠拢"。

观点摘要：

1. 澳大利亚外交政策白皮书对澳大利亚与美国的关系进行了双重讨论，认为这两个国家是最重要的合作伙伴。这个承诺很明确，但承诺的重复频率太高，听起来就像是一个警钟。在最近的亚太经合组织（APEC）会议上，有迹象表明，特朗普总统发表了一篇与澳大利亚外交政策白皮书相吻合的演讲，倡导"自由开放的印度洋—太平洋"战略。与此同时，特朗普利用这次演讲的机会谴责了亚太地区领导人的贸易方式（该区域包括所有主要经济体）。在双边基础上，"美国优先"的理念看起来不太像白皮书所倡导的建立包含所有主要经济体的全区域自由贸易区的长期愿景。在唐纳德·特朗普（Donald Trump）就任总统之前，美国的影响力正在减弱。但是，美国总统特朗普的做法与其承诺形成鲜明反差。

2. 相反，根据中国国家主席习近平在10月的讲话，中国承诺"向国际舞台中心靠拢"，并表示将按照自己的方式行事，且中国的许多愿

---

* James Hannah，英国查塔姆研究所亚太地区项目负责人。来源：英国查塔姆研究所（英国智库），2017年12月5日。

景都与“一带一路”倡议相关。澳大利亚外交政策白皮书中强调，如果以前贸易和投资被视为改善冲突的良方，那么它们现在则可能是会使冲突更加恶化的恶性催化剂。

亚洲太平洋经济合作组织林业部长级会议：打击非法采伐，创造就业机会

Julie Kim Jackson *

原文标题：Forestry Ministers Highlight Measures for Illegal Logging, Job Creation at APEC Forum

文章框架：在本周一至周三举行的第四届亚洲太平洋经济合作组织林业部长级会议上，亚太地区各国部长齐聚首尔，讨论与林业管理有关的各种社会、经济和环境问题；亚太经合组织成立于1989年，是亚太地区级别最高、影响力最大的区域性经济组织。

观点摘要：

1. 在本周一至周三举行的第四届亚洲太平洋经济合作组织（APEC，简称亚太经合组织）林业部长级会议上，亚太地区各国部长齐聚首尔，讨论与林业管理有关的各种社会、经济和环境问题。今年论坛主要的焦点之一是强调在打击非法采伐和相关贸易限制方面进行的区域合作。本次部长级会议着重强调了打击木材非法采伐和相关贸易，推动合法林产品贸易以及加强各国际及区域组织间的林业合作。根据韩国林业局的一份声明，韩国政府在今年的亚太经合组织林业部长级会议上讨论的相关议题将有助于提出政策建议，进一步限制非法采伐和相关交易。

2. 亚太经合组织成立于1989年，是亚太地区级别最高、影响力最大的区域性经济组织。亚太经合组织共有21个成员，旨在保持经济的

---

* Julie Kim Jackson，《韩国先驱报》记者。来源：英国国际战略研究所（英国智库），2017年11月8日。

增长；促进成员间经济的相互依存；建立开放的多边贸易体制；减少区域贸易和投资壁垒，维护本地区人民的共同利益。在此基础上，2011年亚太经合组织成员建立了非法采伐及相关贸易专家组，以处理非法采伐森林产品的问题，并实施适当措施以禁止林产品贸易。韩国林业局表示，美国、欧盟、澳大利亚、印度尼西亚和日本都采取并实施了相关制度，这将对全球环境保护和资源的可持续利用产生积极影响。

法国智库观点摘要

巴布亚新几内亚：继续蒙混过关

Jenny Hayward - Jones *

原文标题： Papua New Guinea：Continuing to Muddle Through

文章框架： 巴布亚新几内亚将于2018年主办亚太经合组织（APEC）领导人峰会，巴布亚新几内亚政府届时将大幅削减在环境卫生和教育方面的支出，以增加政府的计划收入；医院、农村诊所的各种医疗经费和教育经费的减少影响了巴布亚新几内亚大多数人生活质量和就业水平的提高。

观点摘要：

1. 经历了10年的经济增长之后，巴布亚新几内亚的经济增长率在2014年达到了13.3%。此后经济增速放缓，政府入不敷出，面临严重的预算危机。巴布亚新几内亚将于2018年主办亚太经合组织（APEC）领导人峰会，巴布亚新几内亚政府届时将大幅削减在环境卫生和教育方面的支出，以增加政府的计划收入。巴布亚新几内亚缺乏运用一些财政政策以及货币政策促进政府收入增长的能力，比如允许货币贬值或降低可能刺激增长的选区发展基金的成本。

2. 医院、农村诊所的各种医疗经费和教育经费的减少影响了巴布亚新几内亚大多数人生活质量和就业水平的提高。政府提供免费教育和医疗服务的政策并没有成功地提高教育质量或提供更多的卫生保健服务。管理不善（包括腐败和公共服务能力缺乏）进一步限制社会发展。

---

* Jenny Hayward - Jones，洛伊国际政策研究所非常驻研究员，曾任洛伊国际政策研究所马来西亚项目主任。来源：法国国际关系研究所（法国智库），2018年1月24日。

对亚洲海洋自由和海上竞争的挑战*

原文标题： Challenges to Freedom of the Seas and Maritime Rivalry in Asia

文章框架： 2013 年 9 月，习近平主席在访问哈萨克斯坦期间，首次正式宣布建设“丝绸之路经济带”；中国于 2014 年 10 月决定成立亚洲基础设施投资银行，并于 11 月宣布出资成立“丝路基金”，以支持亚洲的互联互通和发展规划；正如中国政府所宣传的那样，“一带一路”倡议旨在加强亚洲、欧洲和非洲大陆之间的联系；从“一带一路”倡议被提出以来，北美学者就其可能产生的潜在影响做出了解释；记者温德尔·明尼克也认为，虽然“一带一路”倡议没有直接的军事影响，但它可以帮助中国让美国远离亚洲，同时让美国的盟友远离美国。

观点摘要：

1. 2013 年 9 月，习近平主席在访问哈萨克斯坦期间，首次正式宣布建设“丝绸之路经济带”，这是一个从太平洋向东欧延伸的跨欧亚项目。人们认为，这个可能涉及 30 亿人的经济带会创造出世界上最大的贸易市场。2013 年 10 月，中国国家主席习近平出席了在印尼举行的第 21 届亚太经合组织（APEC）峰会，并在印尼议会发表讲话。正是在这次讲话中，他首次提出创建“21 世纪海上丝绸之路”，以促进中国与东盟国家的海上合作，实现共同发展和繁荣。2015 年 3 月 28 日，中国发布了《推动共建丝绸之路经济带和 21 世纪海上丝绸之路的愿景与行动》，这表明“一带一路”倡议已正式成为中国的国家构想之一。根据中国有关部门的说法，“一带”指的是“丝绸之路经济带”，而“一

---

* 来源：法国战略研究基金会（法国智库），2017 年 3 月 14 日。

路”指的是“21 世纪海上丝绸之路”。

2. 中国于 2014 年 10 月决定成立亚洲基础设施投资银行，并于 11 月宣布出资成立“丝路基金”，以支持亚洲的互联互通和发展规划。它们在一起运作，就像是帮助亚洲发展的“翅膀”。2015 年 3 月，中国发布了实施这一倡议的行动计划，并在欧亚大陆建立了 6 个主要经济合作走廊和几个关键的海上枢纽点：在陆地上，建设一座新亚欧大陆桥，开发中蒙俄经济走廊、中国—中亚—西亚经济走廊、中国—中南半岛经济走廊、中巴经济走廊、孟中印缅经济走廊；在海上，该倡议将集中于共同建设安全高效的运输路线，以连接“一带一路”倡议沿线的主要海港。中国选择在印度尼西亚宣布“21 世纪海上丝绸之路”显然是邀请印尼总统佐科·维多多（Joko Widodo）加入中国的“一带一路”倡议。在形式上，“一带一路”倡议强调 5 个重点合作领域，即政策沟通、设施联通、贸易畅通、资金融通、民心相通，但是，主要的项目涉及铁路、公路、港口、管道、能源和电信网络等基础设施的建设。为此，中国将为“丝路基金”出资 400 亿美元。

3. 正如中国政府所宣传的那样，“一带一路”倡议旨在加强亚洲、欧洲和非洲大陆之间的联系。其目的是促进贸易流动以及促进长期经济增长，使所有有关国家受益。“一带一路”倡议是一个非常重要的国家构想，预计将成为推动实现中国长期目标的关键因素，也是其“走出去”战略的关键支柱。这一总体构想体现在《推动共建丝绸之路经济带和 21 世纪海上丝绸之路的愿景与行动》中，其中阐述了中国主导的基础设施建设、降低关税和简化海关管理的愿景，将使贸易能够通过铁路和轮船在中国与“一带一路”倡议沿线国家之间无缝进行。根据该文件，“一带一路”倡议符合《联合国宪章》的宗旨和原则。它坚持和平共处五项原则，即相互尊重主权、互不侵犯、互不干涉内政、平等互利、和平共处。该倡议遵循市场运作，因此，“一带一路”倡议是一个和谐与繁荣的愿景，而不是地缘政治和外交工具、地缘政治阴谋或旨在改变现有国际秩序的计划。

4. 从“一带一路”倡议被提出以来，北美学者就其可能产生的潜在影响做出了解释。斯科特·肯尼迪（Scott Kennedy）评论道：“撇开动机不谈，这一举措有力地证明了中国日益增长的综合国力（如经济实力），以及其将自己的部分项目部署到海外的意图。”该倡议的成功实施将有助于深化区域经济一体化，促进亚欧国家与世界其他地区的跨境贸易和金融流动。但是，鉴于美国在亚太地区的“再平衡”战略，更多的北美学者从竞争的角度来看待“一带一路”倡议，例如，太平洋论坛主席拉尔夫·科萨（Ralph Cossa）和执行董事布莱德·格罗斯曼（Brad Glosserman）指出，“一带一路”倡议可能会改变亚太地区和欧亚大陆的权力结构。在新一轮权力竞争中，美国似乎处于劣势，因为“中国越来越被视为一个自信的角色，回应该地区的各种需求，而美国则在防守，阻止新举措，似乎在努力跟上中国的步伐”。

5. 记者温德尔·明尼克（Wendell Minnick）也认为，虽然“一带一路”倡议没有直接的军事影响，但它可以帮助中国让美国远离亚洲，同时让美国的盟友远离美国。美国政府总体上采取了有选择性的回应。很少有美国官员提及或赞扬“一带一路”倡议。另外，在一些需要中国帮助的具体领域，如维护中亚地区的稳定和发展方面，美国表示了谨慎的欢迎态度，并表明了合作的立场，例如，2015 年 1 月 22 日，美国助理国务卿尼沙·德赛·比斯沃在伍德罗·威尔逊国际学者中心说：“有些人把我们的‘新丝绸之路’倡议描绘成与中国的‘一带一路’倡议相竞争，但实际上我们欢迎中国的建设性参与，并看到我们之间有很多潜在的互补性。”但与此同时，考虑到“一带一路”倡议是美国主导的跨太平洋伙伴关系协定（TPP）的竞争对手，而中国政府选择不加入该协定，因此美国对韩国和澳大利亚都公开施压，要求它们不要加入亚洲基础设施投资银行。对美国来说，另一个严重的问题是“丝绸之路”的复兴可能会使中俄伙伴关系更加密切。尽管中国声称“一带一路”倡议具有经济性质，但批评人士也提出了质疑。在中国，人们反复强调“一带一路”倡议也是一种地区安全机制。最重要的是，现在正在开发的两条经济走廊使中国能够直接进入印度洋。

发展中的市场、不断增加的收入：让农民得以利用贸易便利化

Andrea Durkin *

原文标题： Growing Markets，Growing Incomes：Leveraging Trade Facilitation for Farmers

文章框架： 对贸易便利化的投资可以成为全球中小型农业生产者发展和经济增长的关键驱动力；尽管世界上生产的大部分食品都用于当地消费，但过去 30 年来，全球农产品和食品贸易的增长速度明显加快；截至 2011 年，美国消费的大约六分之一受美国食品药品监督管理局（FDA）管理的食品来自国外；美国农业部和商务部通过与亚洲太平洋经济合作组织食品安全合作论坛合作来倡导、分享最佳实践，并且通过与食品安全和应用营养联合研究所合作以开展国际职业培训计划。

观点摘要：

1. 对贸易便利化的投资可以成为全球中小型农业生产者发展和经济增长的关键驱动力。将小农户从国内市场连接到更大的区域市场对于有效、成本低廉和安全的跨境转移粮食能力至关重要，从而创造了增加农业产量以满足国际市场需求的良性循环。国际边界效应的提高也为美国农民提供了支持，有可能推动美国农产品出口。

2. 尽管世界上生产的大部分食品都用于当地消费，但过去 30 年

---

* Andrea Durkin，地面战争研究中心高级研究员，就“查谟和克什米尔地区认知管理”问题进行重点研究。来源：艾格蒙特研究所（比利时智库），2017 年 3 月 13 日。

来，全球农产品和食品贸易的增长速度明显加快。1980 年，农业和食品贸易的价值估计达到 2300 亿美元。到 2015 年，全球农业贸易额已经增长到 1.77 万亿美元，全球食品贸易额增长到 1.49 万亿美元。易腐食品已成为全球贸易中特别重要的增长类别。它们对于改善营养状况至关重要，并为增加发展中国家小型农业生产者的收入提供了重要机会。但易腐食品最容易受到贸易运输延迟或国际边界清关处理不当的影响，这可能会影响易腐食品的安全和质量，导致食品浪费和收入损失。

3. 贸易便利化措施（旨在提高跨国界货物清关程序的效率和透明度）对应对这些风险和把握机遇至关重要。世界贸易组织《贸易便利化协定》（TFA）于 2017 年生效，并已经开始通过在能力建设援助方面进行大量投资以完善全球亟待改善的边境清关程序。然而，这种援助在很大程度上忽视了食品部门，而只专注于其他贸易部门。贸易便利化措施提高了国内食品安全水平。截至 2011 年，美国消费的大约六分之一受美国食品药品监督管理局（FDA）管理的食品来自国外。美国消费的 80% 的海鲜、约 50% 的新鲜水果，以及约 20% 的新鲜蔬菜都来自进口。

4. 美国食品药品监督管理局的任务是确保进口食品符合与国内食品相同的质量和安全标准。美国入境口岸的检查程序被广泛认为不足以确保该国进口食品的安全。美国食品药品监督管理局注重预防，越来越多地与全球同行、全球农业行业和国际组织进行接触，以在食品进口到美国之前提高食品的安全性和质量，例如，美国食品药品监督管理局正在与值得信赖的合作伙伴建立关系，以加大对高风险海外设施的监管力度并分享实验和检验信息。美国食品药品监督管理局一直致力于引进和改进检测工具，以快速识别会对公共健康构成较大威胁的食品，并充分利用科学、工程和信息技术的进步。通过美国食品药品监督管理局的措施，美国有机会提高对食品出口国家的监管能力，与全球监管机构建立合作网络，提高全球监控、预防和应对食品安全危机的能力。美国农业部和商务部通过与亚洲太平洋经济合作组织（APEC）食品安全合作论坛的合作来倡导分享最佳实践，并且通过与食品安全和应用营养联合研究所（JIFSAN）合作以开展国际职业培训计划。

东亚正在崛起的地缘经济和日本的战略

Saori N. Katada *

原文标题： East Asia's Rising Geoeconomics and the Strategy for Japan

文章框架： 21 世纪，世界大国之间的竞争不仅存在于国家安全和军事防务方面，而且更广泛地存在于诸如贸易和投资等经济方面；自中国提出建设亚太自由贸易区（FTAAP）并成为 2014 年亚太经合组织（APEC）峰会主办者以来，对日本来说，通过利用跨太平洋伙伴关系协定制定更高的标准以及更规范的贸易准则来为该地区开展贸易活动做出示范变得越来越重要。

观点摘要：

1. 21 世纪，世界大国之间的竞争不仅存在于国家安全和军事防务方面，而且更广泛存在于诸如贸易和投资等经济方面，因此，地缘经济已成为强权政治的一个重要组成部分。这与美国和苏联在冷战期间的竞争方式截然不同。在冷战时期，美国和苏联在政治和军事领域相互竞争，但没有将这种竞争扩大到经济领域。当今的亚洲，经济相互依存程度很高，这种相互依赖使中国的崛起成为可能。经济治国策略已成为大国外交政策的一个不错选择。

2. 在过去几十年里，日本通过强调制度和规则来治理区域经济秩序，通过利用世界贸易组织（WTO）等基于规则的机构来解决贸易争端问题。日本还利用双边投资条约等正帮助亚洲制定区域投资准则。即使美国退出跨太平洋伙伴关系协定（TPP），日本也坚持继续维护该协

---

* Saori N. Katada，南加利福尼亚大学副教授。来源：艾格蒙特研究所（比利时智库），2018 年 1 月 24 日。

定，并成为第一个批准该协定的国家。在 2017 年，日本继续领导不包括美国在内的跨太平洋伙伴关系协定的谈判。自中国提出建设亚太自由贸易区（FTAAP）并成为 2014 年亚太经合组织（APEC）峰会主办者以来，对日本来说，通过利用跨太平洋伙伴关系协定制定更高的标准以及更规范的贸易准则来为该地区开展贸易活动做出示范变得越来越重要。总的来说，这些规则和制度可以保护该地区不受两个地区超级大国之间权力斗争的影响，并提高贸易环境的开放水平，也可以增强日本作为地区公共产品提供国的公信力。

俄罗斯与东盟：寻求经济协同与政治共识

Anton Tsvetov *

原文标题： Russia and ASEAN：In Search of Economic Synergy and Political Consensus

文章框架： 过去30年见证了俄罗斯多次尝试将亚太地区纳入其外交政策框架；俄罗斯与东盟关系的深化始于弗拉基米尔·普京（Vladimir Putin）的第三个总统任期；俄罗斯领导人对2012年海参崴亚太经合组织首脑会议的重视，使人们期待俄罗斯与整个亚洲尤其是东南亚国家的关系实现飞跃；在2013年2月发布新版《俄罗斯联邦对外政策》后，俄罗斯对未能实现“五月政令”（2012年5月7日发布的第605号俄联邦总统《关于落实俄罗斯联邦外交方针措施的命令》）所提期望的感知进一步增强。

观点摘要：

1. 过去30年中，从米哈伊尔·戈尔巴乔夫（Mikhail Gorbachev）1986年在海参崴的演讲到2012年在海参崴举行的亚太经合组织峰会见证了俄罗斯多次尝试将亚太地区纳入其外交政策框架。然而，2016年的情况在许多方面发生了改变：俄罗斯正在寻求与其亚洲伙伴进行更广泛的互动，不是因为它积累了经济和政治潜力，而是为了寻求新的经济增长来源和实现对外战略的多样性。

---

* Anton Tsvetov，俄罗斯国际事务理事会东南亚问题专家。来源：俄罗斯国际事务理事会（俄罗斯智库），2016年6月10日。

2. 俄罗斯与东盟关系的深化始于弗拉基米尔·普京（Vladimir Putin）的第三个总统任期。他在2012年重返克里姆林宫使人们对出台积极而强有力的外交政策（包括对东部地区的外交政策）抱有极大希望。研究亚太地区的专家都受到了普京总统“五月政令”（2012年5月7日发布的第605号俄联邦总统《关于落实俄罗斯联邦外交方针措施的命令》）的启发，该政令将亚太地区列为继独立国家联合体（CIS）和欧盟之外的第三大外交政策优先事项，该政令的亚洲部分强调俄罗斯要参与区域一体化进程，包括与东盟成为对话伙伴和参与东亚峰会（EAS）。此处三个被重点提到的国家——中国、印度和越南是俄罗斯的战略合作伙伴。越南作为东南亚国家联盟的成员，在外交政策中被单独提到的事实被专家们视为一个里程碑，因为人们对俄罗斯与东盟关系的新进程和质的变化寄予很大希望。

3. 俄罗斯领导人对2012年海参崴亚太经合组织首脑会议的重视，使人们期待俄罗斯与整个亚洲尤其是东南亚国家的关系实现飞跃。人们期望这次峰会向亚洲民众展示俄罗斯远东地区（该地区迫切需要投资和广泛的国际合作）。俄罗斯对此次峰会所做的大量准备（无论是在内容方面还是技术方面）表示了极大的乐观态度。然而，峰会一结束，俄罗斯领导人的精力就减退了。在11月的东亚峰会上（俄罗斯第一次参加），除俄罗斯外，所有国家都由国家元首和政府首脑代表出席。

4. 在2013年2月发布新版《俄罗斯联邦对外政策》后，对未能实现“五月政令”所提期望的感知进一步增强。亚太地区在地区优先事项中被降至第四位（排在美国之后），并且在亚洲区域组织中，上海合作组织（SCO）被移至议程的首位。接下来是其他多边机构：亚太经济合作组织、俄罗斯—东盟对话、东盟地区论坛、亚欧会议、亚洲相互协作与信任措施会议以及东盟防长扩大会议。在东南亚国家中，文件只提到了越南，该国被置于中国、印度、日本，甚至蒙古和朝鲜之后。

幻灭并错失良机：2017 年俄美关系

Andrey Kortunov *

原文标题： Disillusionment and Missed Opportunities：Russia – U. S. Relations in 2017

文章框架： 新一轮制裁使俄罗斯当局重新调整了应对美国和欧洲问题的方法；今年 8 月至 9 月，美国、俄罗斯都对对方制定了新的外交制裁策略；2017 年也有一些积极的影响，当两国关系急剧恶化时，双方参与的多边外交活动发挥着越来越重要的作用。

观点摘要：

1. 2017 年初，俄罗斯政府非常赞同绕过面临重重危机的欧洲与美国直接达成双边协定的想法。然而同年 7 月底，俄罗斯开始努力争取欧洲的支持，以对抗美国的制裁。此外，新一轮制裁使俄罗斯当局重新调整了应对美国和欧洲问题的方法。7 月下旬，普京在芬兰回答有关美国对俄罗斯制裁的问题时，强调了俄罗斯的“治外法权”并表示制裁是美国企图利用其“在竞争中的地缘政治优势，以牺牲盟友为代价来确保美国的经济利益”。

2. 今年 8 月至 9 月，美国、俄罗斯都针对对方制定了新的外交制裁策略，这导致俄美双方外交关系紧张局势再一次加剧，使俄罗斯人办理签证前往美国变得更加复杂。与此同时，美国颁布了一条禁令，凡涉及俄罗斯文化以及俄罗斯教育的融资项目将被全面禁止，并且美国将俄罗斯（以及后来美国）的几家媒体视为“情报机构”。美国与俄罗斯之

---

* Andrey Kortunov，俄罗斯国际事务理事会总干事。来源：俄罗斯国际事务理事会（俄罗斯智库），2018 年 2 月 27 日。

间紧张僵化的外交关系是妨碍两国外交活动的一个鲜活例子。俄美两国最高领导人——美国总统特朗普、俄罗斯总统普京原计划出席在越南岘港举办的亚太经合组织（APEC）峰会扩大会议。但两国外交关系的不断僵化，很大程度上导致了这次扩大会议被取消。11 月 10 日，两位总统匆忙参加了一个简短的“常务峰会”。

3. 然而，2017 年也有一些积极的成果，尽管涉及范围不大。这一年表明，当两国关系急剧恶化时，双方参与的多边外交活动发挥着越来越重要的作用。除了电话交谈之外，普京和特朗普之间唯一的私下联系是今年 7 月在汉堡举行的二十国集团（G20）峰会以及去年 11 月在岘港举行的亚太经合组织峰会。2015 年“P5 +1 协定”（有关伊朗核问题的协定）在某种程度上缓和了俄罗斯和美国在一些问题上的实质性分歧。这种形式从解决问题的角度来说是有益的，因为它使人们更多地关注问题本身而不是对美国与俄罗斯外交关系的影响。此外，2017 年美国与俄罗斯在某些方面的合作也表明俄美关系处于相对稳定的状态。此外，在美国担任北极理事会轮值“主席”的两年时间里，两国都设法避开影响除双方关系以外的其他方面的消极因素，俄美双方在北极的合作非常成功。此外去年一年两国的双边贸易也有了一些积极的成果，2017 年前三个季度双边贸易额同比增长 17.5%，达到 166 亿美元。总的来说，那些合作成功的领域都是那些没有受到政治家注意以及没有涉及将双方相互制裁作为谈判筹码的方面。

转向亚洲、一体化和大型区域——平衡俄罗斯的亚太政策

Dmitry Suslov*

原文标题： A Pivot towards Asia，Integration and Mega - Regions：Balancing Russia's APR Policy

文章框架： 欧亚经济联盟不仅要在其权限范围内同第三个国家建立关系，而且还要与另一个一体化组织建立联系；建立欧亚经济联盟—东盟自由贸易区在扩大俄罗斯在亚太地区的经济参与和提高俄罗斯在该地区的地位方面极为重要。

观点摘要：

1. 欧亚经济联盟不仅要在其权限范围内同第三个国家建立关系，而且还要与另一个一体化组织建立联系。此外最重要的是，要与世界上最发达的区域一体化组织之一（即东盟）以先进的形式（全面自由贸易区）建立贸易和经济关系。通过达成自由贸易协定，欧亚经济联盟（EEU）和东盟将不仅使欧亚一体化在苏联解体后成为现实，而且也使欧亚一体化成为全球经济体系中不可或缺的一部分。显然，这种举措可以提升欧亚经济联盟对其他国家和组织（如南方共同市场，甚至是欧盟）的号召力。

2. 建立欧亚经济联盟—东盟自由贸易区在扩大俄罗斯在亚太地区的经济参与和提高俄罗斯在该地区的重要性方面也极为重要。最近，俄罗斯经常受到指责，称其没有充分致力于推动贸易自由化和与互联互通

---

* Dmitry Suslov，瓦尔代国际辩论俱乐部项目主任，世界经济与国际事务学院欧洲与国际综合研究中心主任。来源：瓦尔代国际辩论俱乐部（俄罗斯智库），2016年6月9日。

有关的区域进程，这两项进程都是亚太议程的核心。当谈到落实亚洲太平洋经济合作组织（APEC，简称亚太经合组织）框架内的战略目标，以创建一个更大的太平洋自由贸易区时，俄罗斯是被动的，其已远离新兴的大型区域集团。东盟—俄罗斯峰会的决议和建立欧亚经济联盟—东盟自由贸易区的努力，为改善局势以及使俄罗斯成为亚太经济发展进程不可或缺的一部分铺平了道路。在其他方面，这将增强俄罗斯在亚太经合组织内对其他太平洋强国的影响力，包括对美国和中国的影响力。此外，东盟—俄罗斯峰会是俄罗斯首次公开表示有意参与到亚太地区事务中，这是新兴区域经济秩序的基石。到目前为止，俄罗斯一直强烈反对由美国主导的跨太平洋伙伴关系协定（TPP），而对于跨太平洋伙伴关系协定的主要竞争对手——区域全面经济伙伴关系协定（RCEP，该协定即将由中国、印度、日本、韩国、澳大利亚和新西兰及东盟国家创建），俄罗斯也拒绝表明自身立场。

特朗普、普京与亚太经合组织峰会

Richard Weitz *

原文标题： Trump，Putin and the APEC Summit

文章框架： 预计特朗普此次亚洲之行将见证多项商业交易的达成，这一预期已经实现。

观点摘要：

1. 预计特朗普亚洲之行将见证多项商业交易的达成，这一预期已经实现。美国新签订了多项价值数十亿美元的武器合同，其中一些将有助于各国遏制朝鲜。特朗普甚至协调了其对双边协定的偏好以及亚洲对多边机制的兴趣。鉴于美国经济规模庞大，亚洲领导人不能放弃与美国总统达成双边贸易协定的机会。他们大概相信，在美国政府的领导下，美国对多边主义的热情将在不久的未来得以恢复。最令人失望的可能是，目前中美两国还没有做出任何改善中美经济关系不平衡（特朗普造成的）的努力，解决这个问题，美国需要促进其经济发展，并且中国需要调整其对外经济政策。在越南岘港举行的亚太经合组织峰会上，特朗普与普京的会晤也令人失望。与在 2017 年德国汉堡二十国集团（G20）峰会上的正式会晤不同，两国领导人只是在一次规模更大的多边会议间隙举行了会晤。普京指责日程安排不当，并表示相关责任人将受到惩罚，但特朗普面临巨大压力，其必须减少与普京的公开接触。俄罗斯总统普京于 2017 年 10 月 19 日在索契举行的瓦尔代国际辩论俱乐部年度会议上发表讲话时赞扬了特朗普的个性，但与此同时，也反对美国在武器控制、媒体限制和外国投资制裁等方面的政策。

---

* Richard Weitz，美国哈德逊研究所政治军事分析中心主任。来源：瓦尔代国际辩论俱乐部（俄罗斯智库），2017 年 11 月 13 日。

2. 在亚太经合组织峰会上，中国国家主席习近平再次强调了中国在俄罗斯—中国—美国三国关系中具有举足轻重的地位。与此同时，普京指出，俄罗斯与中国的贸易额是其与美国贸易额的三倍，随着俄罗斯与中国发展石油、天然气、核能及其他贸易，且继续开展联合航空项目，俄罗斯与中国的贸易额可能会在未来进一步增长。尽管没有提供任何细节，但普京还指出，中俄两国在整合欧亚一体化计划方面正在取得进展。有意思的是，当普京再次重申俄罗斯和中国在解决朝鲜问题上的联合举措时，他表示，俄罗斯已经收到了美国、日本和韩国政府对这一做法表示支持的暗示。

渔业外交和中国海域

Anthony Bergin *

原文标题： Fisheries Diplomacy and the South China Sea

文章框架： 中国的岛屿建设成为世界关注的焦点；所有涉及中国周边海域的相关问题都与亚太经合组织成员有关；民间社会团体应重视海洋环境破坏问题和渔业资源枯竭问题。

观点摘要：

1. 中国的岛屿建设成为世界关注的焦点。海浪之下所发生的一切理应受到世界各国的严格审视和国际监督。而澳大利亚在此次监督行动中发挥着尤为重要的作用。

2. 在本报告中，有专家建议举行一场适当的论坛，即东盟峰会（包括澳大利亚将于明年 3 月主办的东盟峰会特别会议），在论坛上讨论关于中国周边海域区域性渔业管理的问题。这个议题可能会在明年于莫尔兹比港举办的亚太经合组织（APEC）会议上提出。巴布亚新几内亚由于本身是一个群岛国家，热衷于在亚太经合组织会议上讨论涉及自身利益的海洋问题，其中包括海洋经济问题。此外，所有涉及中国周边海域的相关内容都与亚太经合组织成员有关。专家还在报告中呼吁民间社会团体重视中国周边海域的海洋环境破坏问题和渔业资源枯竭问题。

---

* Anthony Bergin，澳大利亚政策战略研究所高级分析师，澳大利亚国立大学国家安全学院高级研究员。来源：澳大利亚政策战略研究所（澳大利亚智库），2017 年 7 月 13 日。

“特朗普时代”对澳大利亚的影响

Ryan Hawkins *

原文标题： Limited “Trump Time” Has Implications for Australia

文章框架： 唐纳德·特朗普（Donald Trump）的上台带来了很多不确定因素；美国和澳大利亚领导人频繁出席亚太经合组织领导人峰会等多边会议。

观点摘要：

1. 尽管唐纳德·特朗普（Donald Trump）的上台带来了很多不确定因素，但有迹象表明，他与澳大利亚总理的会晤要比其前两任总统小布什（George W. Bush）和奥巴马（Barack Obama）少。

2. 奥巴马总统在任期间，两国首脑的个人接触频率呈上升趋势。如果不是因为领导人之间交流增加，那么一定是由于他们在多边会议上的出席率很高。除了出席联合国（UN）大会、亚太经合组织（APEC）峰会和北约（NATO）峰会等之外，自 2008 年以来，美国也参加了二十国集团（G20）峰会。此外，奥巴马也于 2011 年首次出席了东亚峰会，此后仅仅缺席了一场（只是因为他当时正在处理美国政府的停摆危机）。但不论特朗普是否会访问澳大利亚，他都会遵循前几任美国总统的惯例，在澳大利亚议会上发表讲话。这正是澳大利亚解析“特朗普时代”所暗含信息的好时机。

---

* Ryan Hawkins，悉尼大学美国研究中心外交政策研究、国防和战略计划实习生。
来源：澳大利亚政策战略研究所（澳大利亚智库），2017 年 8 月 24 日。

阿德恩政府会改变新西兰的外交和国防政策吗?

Robert Ayson *

原文标题: Will the Ardern Government Transform New Zealand's Foreign and Defence Policies?

文章框架: 2017 年新西兰大选虽然改变了国内政治格局，但没有对其外交及国防政策造成影响。

观点摘要:

2017 年新西兰大选虽然改变了国内政治格局，但没有对其外交及国防政策造成影响。新西兰新任总理杰辛达·阿德恩自上台以来的奋斗目标是保护所有新西兰人的经济安全。杰辛达·阿德恩的奋斗目标意味着新西兰将把其发展重点放在住房、卫生及教育方面，而非新西兰在国际上的地位方面。与此同时，在国际上，杰辛达·阿德恩希望新西兰能够成为促进全球气候变化问题向好发展的推动者，而不是一个安静的追随者。这将有助于塑造新西兰在南太平洋的良好形象。杰辛达·阿德恩的另一个奋斗目标是解决移民所带来的问题。为了解决这一问题，杰辛达·阿德恩采取了大量措施来解决民众住房难的问题。杰辛达·阿德恩还希望成为跨太平洋伙伴关系协定的长期拥护者。但在 2017 年 11 月举办的亚洲太平洋经济合作组织（APEC，简称亚太经合组织）领导人非正式会议上，杰辛达·阿德恩在跨太平洋伙伴关系协定框架下使海外投资者购买新西兰房产变得更加困难。

---

* Robert Ayson，维多利亚大学战略与研究学教授，澳大利亚国立大学战略与国防研究中心主任。来源：澳大利亚政策战略研究所（澳大利亚智库），2017 年 10 月 27 日。

2017 年的《外交政策白皮书》*

原文标题： The 2017 Foreign Policy White Paper

文章框架： 澳大利亚对印度洋—太平洋地区的愿景持乐观态度，而且具有雄心壮志；世界上没有比中美两国关系更重要的双边关系了；就特恩布尔个人而言，他对美国在印度洋—太平洋地区做出的关于建立基于规则的制度这一承诺非常有信心；《外交政策白皮书》的前提是，澳大利亚不能闭关自守，关上让人口、资本、进口或思想得以流动的大门。

观点摘要：

1. 澳大利亚对印度洋—太平洋地区的愿景持乐观态度，而且具有雄心壮志。澳大利亚为周边国家提供开放的市场，在这里，货物、贸易、资本和思想可以自由流动；在这里，自由不会受到挑战，小国的权力不会受到限制；在这里，澳大利亚人民共享自然资源，珍惜并保护土地、水和空气，通过商定的规则和建立的制度来解决分歧。《外交政策白皮书》指出，今天澳大利亚面临的挑战要求其为自己的繁荣和安全承担更多的责任。但这并不意味着澳大利亚在维护国际法方面以及与美国保持盟友关系方面不再积极，这意味着澳大利亚将像美国那样在中国寻求其自身的利益，并且是以自己的方式。美澳联盟反映了两国利益与价值观的紧密结合，这绝非澳大利亚制定政策时的“束缚”。与中国的友谊和伙伴关系使澳大利亚的经济和社会在发展的同时并不会妨碍中澳两国积极推进各自的利益。

2. 世界上没有比中美两国关系更重要的双边关系了。特恩布尔总理亲眼见证了特朗普总统和习近平主席对彼此的尊重和理解，无论是在

---

* 来源：澳大利亚政策战略研究所（澳大利亚智库），2017 年 11 月 24 日。

看法一致的问题上还是在两者有分歧的问题上。那些喜欢只关注分歧的人应该深思，在对朝鲜实施更严厉的经济制裁时，中国做出的贡献比许多人想象的或预测的要多。最近在马尼拉举行的东亚峰会上，各国领导人一致谴责了朝鲜的行为。中国、美国和澳大利亚以不同的方式向菲律宾武装力量提供了至关重要的支持，帮助其镇压南部由“穆特组织”及阿布沙耶夫武装发起的叛乱活动。当特恩布尔在马尼拉的阿吉纳尔多军营时，菲律宾武装部队总参谋长格雷罗（Leonardo Guerrero）将军将中国、美国和澳大利亚描述为“游戏规则改变者”，正是由于这些国家的援助菲律宾才迅速地夺回马拉维市。

3. 就特恩布尔个人而言，他对美国在印度洋—太平洋地区做出的关于建立基于规则的制度这一承诺非常有信心，并且特朗普总统在其东亚和东南亚之行中，即出席亚洲太平洋经济合作组织峰会、东南亚国家联盟峰会和东亚峰会更加凸显了这一点。但抛开一届政府或一届总统的所作所为不谈，美国的长期国家利益在今天、明天和未来一直都是如此。如果用澳大利亚前总理约翰·霍华德（John Howard）的话来说就是，“那些庆祝美国可能削减开支的人要十分当心他们的愿望落空”。

4.《外交政策白皮书》的前提是，澳大利亚不能闭关自守，关上让人口、资本、进口或思想得以流动的大门。如果澳大利亚要保持本地区的开放、活力和繁荣，就必须维护强有力的、透明的规则，公平和公开的竞争以及非歧视性规定。以这种方式塑造印度洋—太平洋地区，利用澳大利亚的国家资产、经济、人民以及机构，澳大利亚可以确保自身战略安全和经济利益保持一致。国家安全与繁荣相互依存，不可分离。这些都是围绕澳大利亚主权国家的核心价值观和制度而形成的。《外交政策白皮书》展示了澳大利亚将如何提升雄心、加强战略重点、加倍履行其承诺，以确保其继续受益于一个自由、开放和繁荣的印度洋—太平洋地区。

澳大利亚为南太平洋而战

Graeme Dobell *

原文标题： Australia Frets and Fights over the South Pacific

文章框架： “恐华症”引起了澳大利亚对其经常忽略的周边地区的适当关注；由于澳大利亚在亚太经合组织（APEC）的利益以及作为巴布亚新几内亚的友好邻国，澳大利亚正在为巴布亚新几内亚举办亚太经合组织峰会筹集资金。

观点摘要：

1. 如果是由于“恐华症”而引起了澳大利亚对其经常忽略的一些周边地区的适当关注，那么澳大利亚应该感谢中国带来的这些“恐慌”。中国目前的状态不得不让澳大利亚更加关心自己家门口的地缘政治。举个例子来说，当巴布亚新几内亚在 11 月主办亚太经合组织（APEC）峰会时，澳大利亚将为巴布亚新几内亚举办该峰会支付一笔巨额费用（光前期预估，澳大利亚政府就至少要支付所有费用的三分之一，而银行要支付的则更多）。

2. 基于澳大利亚在亚太经合组织的利益以及澳大利亚作为巴布亚新几内亚的友好邻国，澳大利亚正在为此次巴布亚新几内亚举办亚太经合组织会议筹集资金。因为巴布亚新几内亚首都莫尔兹比港（Port Moresby）资金太过紧张，而且澳大利亚又担心中国可能会介入并向巴布亚新几内亚提供资金，所以更多的责任就将落在澳大利亚政府身上。

---

* Graeme Dobell，澳大利亚政策战略研究所新闻工作者。来源：澳大利亚政策战略研究所（澳大利亚智库），2018 年 1 月 22 日。

澳大利亚外交政策：工党的做法

Tanya Plibersek *

原文标题： Australian Foreign Policy：The Labor Approach

文章框架： 澳大利亚前总理鲍勃·霍克和澳大利亚前外交部部长加雷斯·埃文斯发起了亚太经济合作组织，并进一步推动了环太平洋地区的经济合作；在亚太地区，澳大利亚将通过有意义的参与，以强有力的双边关系为基础，并坚守对多边进程和国际准则的承诺来成功实现与印度洋、太平洋国家的互动。

观点摘要：

1. 澳大利亚前总理鲍勃·霍克（Bob Hawke）和澳大利亚前外交部部长加雷斯·埃文斯（Gareth Evans）发起了亚太经济合作组织（APEC），并进一步推动了环太平洋地区的经济合作。澳大利亚前外交部部长埃文斯带头推进柬埔寨和平进程，使环太平洋地区更加稳定，使那些饱受种族灭绝和内战折磨的人民回归了正常生活。澳大利亚前总理保罗·基廷（Paul Keating）使亚太经济合作组织成为一个领导人论坛，并敦促澳大利亚通过参与亚洲议程来寻求安全。

2. 在亚太地区，澳大利亚将通过有意义的参与，以强有力的双边关系为基础，并坚守对多边进程和国际准则的承诺来成功实现与印度洋、太平洋国家的互动。缩短工党政府的任期将促进澳大利亚与主要区域合作伙伴的合作与互利关系。同时，澳大利亚将与包括东盟、东亚峰会和亚太经济合作组织在内的主要区域组织进行更密切的接触。

---

* Tanya Plibersek，澳大利亚反对党副领袖、影子内阁外交国际事务部部长。来源：国际事务澳大利亚研究所（澳大利亚智库），2016 年 6 月 3 日。

澳大利亚工党的外交政策框架*

原文标题： Labor’s Foreign Policy Framework

文章框架： 约翰·柯廷的战时领导和他的外交政策都转向了美国；战后，澳大利亚总理奇夫利和外交部部长伊瓦特深入参与到新的国际体系的构建当中；对亚洲重要性的深刻认识以及亚太经合组织（APEC）的形成和发展，促进澳大利亚与亚太地区其他国家发展更深层次的双边关系。

观点摘要：

1. 在外交政策方面，工党留下了有深远意义且令其自豪的遗产。在国家面临存亡危机的时刻，第 14 任澳大利亚总理约翰·柯廷的战时领导和他的外交政策都转向了美国。

2. 战后，第 16 任澳大利亚总理奇夫利和外交部部长伊瓦特深入参与到新的国际体系的构建当中。第 21 任澳大利亚总理惠特兰对澳大利亚在世界上的地位持有乐观、开放的看法。他赞赏中国打开了开放的大门而且积极响应国际条约和公约。第 23 任澳大利亚总理鲍勃·霍克和第 24 任澳大利亚总理保罗·基廷深刻认识到了亚洲的重要性并参与到构建亚太经合组织（APEC）当中，同时推动澳大利亚与亚太地区其他国家发展更深层次的双边关系。

3. 澳大利亚致力于支持中国和印度等国继续和平崛起，以维持本地区的安全与稳定。这需要和本地区国家建立强有力的双边关系，积极参与地区组织，例如与亚太经合组织（APEC）、东亚峰会、东盟、太平洋岛国论坛和环印度洋区域合作联盟等地区组织的接触。

---

* 来源：国际事务澳大利亚研究所（澳大利亚智库），2016 年 11 月 21 日。

4. 澳大利亚作为太平洋地区的主要大国对巴布亚新几内亚和太平洋岛国负有相应责任。这些国家都面临经济、安全和治理等方面的问题，那些受到气候变化影响较大的地区的风险防控形势尤为严峻。

释放澳大利亚的外交政策潜力

Mark Beeson *

原文标题： Realising Australia's Foreign Policy Potential

文章框架： 国家利益不是既定的，也不是一成不变的；在国民经济背景下，国家利益变得难以界定，国家利益的变革也变得更加明确；在影响外部环境方面，澳大利亚是一个能力有限的中等国家，但重要的是要认识到澳大利亚的长期利益怎样才能得到最好的维护；对澳大利亚这样的国家来说，建立以规则为基础的国际秩序可能是一件好事，也是一件至关重要的事情；澳大利亚可能切实希望在其邻近地区与志同道合的大国合作，以产生某种影响；澳大利亚可以做出贡献的一个重要目标是鼓励对现有体制结构进行合理化改革。

观点摘要：

1. 国家利益不是既定的，也不是一成不变的。将位于亚太边缘的澳大利亚这样的中等国家与美国和中国这样的大国相比，其对国家利益和追求国家利益的能力会有不同的理解。甚至其国家安全的设想也会发生变化——尽管澳大利亚与英国在第二次世界大战期间是主要的“伟大而有力的友国”，但澳大利亚政策关注点从英国到美国的突然转变就表明了这一点。唐纳德·特朗普的选举以及他对朋友和潜在敌人的更多交易性做法意味着，许多关于区域安全秩序、澳大利亚在其中的地位以及美国（作为区域安全关键角色）愿意继续扮演其传统角色的假设都

---

* Mark Beeson，国际事务澳大利亚研究所主席，西澳大利亚大学政治学和国际关系专业教授。来源：国际事务澳大利亚研究所（澳大利亚智库），2017 年 1 月 26 日。

值得怀疑。

2. 在国民经济背景下，国家利益变得难以界定，国家利益的变革也变得更加明确。许多知情观察人士认为，复杂的跨国生产结构的性质使国家贸易数字毫无意义。重要的是要认识到，更强大的经济参与者可以对国内经济产生重大影响，而外交政策不能与更广泛的地缘经济力量隔离开来，因此，地缘政治和地缘经济力量日益相互关联。外交政策需要认识到这一点，事实上，像澳大利亚这样的小型经济和战略行为体更容易受到这种力量的影响（正如澳大利亚对中国的经济依赖）。

3. 在影响外部环境方面，澳大利亚是一个能力有限的中等国家，但重要的是，要认识到澳大利亚的长期利益怎样才能得到最好的维护。像澳大利亚这样实力较弱的国家，原则上有兴趣参与和帮助发展有效的多边机构。多边机构的最大优势在于，它们有可能鼓励，甚至是强制大国以它们可能不会采取的方式行事。

4. 对澳大利亚这样的国家来说，以规则为基础的国际秩序可能是一件好事，也是一件至关重要的事情。如果没有这种制度化的约束，澳大利亚就有可能被“欺负”和“勒索”。联合国海洋法会议是旨在影响大国行为的一个重要例子。中国已经批准了相关协定，但美国还没有。澳大利亚应该做出重大的外交努力来鼓励它这样做。

5. 人们很容易对多边机构的价值和影响力产生深深的怀疑。然而，澳大利亚可能切实希望在其邻近地区与志同道合的大国合作，以产生某种影响。这并不是说澳大利亚不应该维持在联合国、二十国集团（G20）、世界贸易组织（WTO）和其他组织中的成员资格，但政策制定者需要敏锐地意识到稀缺的外交资源在哪里会产生最大的影响。重要的是，区域大国不必从头开始。亚太经济合作组织（APEC）和东南亚国家联盟（ASEAN）等现有组织，在处理区域问题方面起到良好的作用。关键的挑战是如何让它们更有效。这可能涉及管理东盟国家的敏感性，这些国家会警惕地捍卫它们应有的领导角色。但实际上，东盟已经无力应对某些重大挑战，这一点已经变得非常清楚。与其他区域性国家，如日本、韩国甚至日益国际化的印度尼西亚合作可能是振兴现有机构及激发其未被挖掘的潜力的一种方式。

6. 澳大利亚可以做出贡献的一个重要目标是鼓励对现有体制结构进行合理化改革。目前，太多的倡议和组织有着重叠或相互竞争的任务和目的。大幅度减少其数量将节省所有区域国家的外交资源，并有可能使剩余实体在此过程中更加有效、更具权威。澳大利亚通过其物质资产影响世界事务的能力有限。特朗普政府与盟友的交往方式可能会揭示当前政策的无效性。无论澳大利亚购买多少军事装备，都不能保证其影响力增强或受到来自强大朋友的优惠待遇。更重要的是，它也不会使澳大利亚更安全，因为关键决策和可能发生的冲突的驱动因素将发生在其国土之外。澳大利亚最重要且往往被忽视的资产是其潜在的能力，而这可以为减缓气候变化、打击国际恐怖主义等提供新的思维方式。

从性别角度看待外交政策

Yolanda Vega *

原文标题：Looking at Foreign Policy through a Gender Lens

文章框架：澳大利亚外交政策对发展女性平等权利有着强烈的兴趣；尽管澳大利亚制定了“两性平等和妇女赋权”战略，但国际社会普遍认为澳大利亚在性别平等方面还是比较落后的；在2017年及以后，将更多的妇女纳入外交政策不仅是公平的，而且在经济和政治上也是可行的；任命妇女担任外交职务，标志着一个国家的进步态度；如果澳大利亚第一位女外交部部长确认澳大利亚承诺将妇女权利纳入2017年外交政策白皮书，那么这将具有历史意义；以公平和效率为基础赋予妇女权利是一个重要的发展目标。

观点摘要：

1. 在刚刚过去的一年，澳大利亚外交贸易部通过了一项“两性平等和妇女赋权”的战略。然而，通过对各国情况进行比较发现，作为即将出台的外交政策白皮书的一部分，澳大利亚在扩大性别平等方面的空间仍然很大。澳大利亚外交政策对发展女性平等权利有着强烈的兴趣。自1902年以来，澳大利亚妇女被赋予合法权利以参加联邦议会，111年后，澳大利亚任命了第一位女外交部部长。表面上看，今天澳大利亚的外交政策焦点似乎是渐进演变的。澳大利亚外交事项中包括人权事项（其中包括性别平等和促进消除性别歧视），2011年，澳大利亚外

---

* Yolanda Vega，澳大利亚妇女商会首席执行官，曾代表澳大利亚参加第一届亚太经合组织（APEC）妇女与经济峰会。来源：国际事务澳大利亚研究所（澳大利亚智库），2017年3月7日。

交贸易部决定任命第一位妇女与女童事务大使。澳大利亚外交部部长负责“两性平等和妇女赋权”战略，该战略指出：我们将带头努力把性别平等尽可能地纳入联合国高层政策对话、经济政策论坛（如二十国集团）和区域组织的议程当中。

2. 尽管澳大利亚制定了“两性平等和妇女赋权”战略，但国际社会普遍认为澳大利亚在性别平等方面还是比较落后的。在世界经济论坛《全球性别差距报告》中的政治赋权指标显示，澳大利亚在145个经济体中排名第61。此外，自2006年以来，澳大利亚排名继续大幅下降，当年它在“性别差距缩小”能力评估中排名第32。这表明澳大利亚在全球两性平等和妇女赋权方面的排名大幅下降。

3. 在2017年及以后，将女性权利纳入外交政策不仅是公平的，而且在经济和政治上也是可行的，它有助于确保可持续发展并保护区域内当代和子孙后代的和平。研究人员证实，当今世界和平事业（包括性别平等事项在内的谈判）取得了长足发展，但1992年至2011年，只有4%的国际和平协定是由女性签署的。也许这就是为什么大多数女性（无论年龄大小）都将政治障碍视为性别平等的阻力，而只有少数男性（无论年龄大小）认同这一观点。全球范围内男性继续剥夺女性的安全感和贡献能力，因此，鼓励实施反歧视政策并让妇女参与外交事务对推动澳大利亚实现其所签署声明和公约的目标是极其重要的，这些声明和公约包括《消除对妇女一切形式歧视公约》（CEDAW）等。

4. 任命妇女担任外交职务标志着一个国家的进步态度。如果澳大利亚采取对女性友好的外交政策，那么希望那些与澳大利亚接触的国家可以反思并考虑改变其现状，以实现亚洲太平洋经济合作组织（APEC，以下简称亚太经合组织）、经济合作与发展组织（OECD，以下简称经合组织）、联合国和许多其他国际组织所倡导的消除性别歧视目标。前联合国秘书长潘基文在2016年的一份报告中指出，虽然国家和非国家行为者都对两性平等和妇女赋权（社会、经济和政治权利）的重要性有了一定认识，但是并没有出台实际的具体政策，当地情况也没有明显变化。几乎所有部门和地区都存在重大（有时不断扩大）的性别差距和对妇女及女童的歧视。此外，尽管各国外交部部长在国际论坛上声称优先考虑两性平等，并致力于促进妇女参政，但是外交政治权力仍掌握在男性手中。今天，联合国成员中现任外交部部长中只有13%是女性。虽然关于妇女赋权的事项只在政策文件中出现，但联合国报告指出，女性将继续为政治包容、性别公正、性别民主和争取参政权发起运动。这是因为就全球许多经济体而言，响应联合国的发展目标只是为了满足政权生存的基本要求，包括获得选票并获得所需资金。

5. 鉴于澳大利亚“两性平等和妇女赋权”战略适用于外交贸易部开展的所有工作，如果澳大利亚的第一位女外交部部长确认澳大利亚承诺将妇女权利纳入2017年外交政策白皮书，那么这将具有历史意义，甚至可能与瑞典外交大臣玛戈特·瓦尔斯特伦（世界上第一个“女权主义外交政策”负责人）最近发表的声明相呼应。瑞典外交大臣表示：“我们需要证明我们的内部行动与外部行动之间存在联系，并且我们在建立组织、组建谈判团队并为实现使命而派遣人员时总是从性别角度出发……重要的是，我们的成果越来越多，性别平等不是一个女性问题，而是一个不成则败的问题。”澳大利亚需要考虑类似的做法，因为澳大利亚在国家和国际性别议程方面还有很长的路要走，我们应确认平等不仅是一个词，而且需要采取具体的战略行动来说明我们正在并且将继续认真对待性别歧视问题。我们不应该像澳大利亚前总理约翰·霍华德那样发表评论，他说：“事实是，妇女在扮演社区关怀角色方面发挥了重要作用，这必然会对她们的其他能力造成一些限制。”不幸的是，并不是只有霍华德一个人有这种的想法，土耳其总统雷杰普·塔伊普·埃尔多安在伊斯坦布尔大学发表讲话时说，“拒绝生育和放弃家务的女性面临失去自由的威胁。无论她多么成功，她的人生都不完整”。此外，他还说：“男人和女人不能平等，这有违自然规则。”

6. 我们知道，妇女有提升能力、受教育和参加各级政治活动的权利。此外，考虑到有研究表明，通常男性当选官员支持对女性友善的法案的数量少于女性官员，因此澳大利亚外交政策白皮书将妇女赋权战略议程包括在内是至关重要的。了解到我们生活在一个经济主导着政治、国家和国际空间的世界，人们可以得出结论，让大多数人有权参与外交和贸易论坛对每个人都有好处，尤其是考虑到今天在全球各地开展业务的女性人群数量庞大。以公平和效率（这两点都有助于经济增长）为基础赋予妇女权利是一个重要的发展目标。亚太经合组织、联合国消除对妇女歧视委员会、二十国集团、经合组织、联合国妇女署和其他组织发布的大量报告表明，妇女权利的改善速度不尽如人意，每个经济体都处于不作为和倒退的境况。现在是采取行动的恰当时机，不是继续只对话而不产出实际结果的时候了。我们必须确保澳大利亚的外交政策将性别问题纳入其中。

杰夫·拉比谈中国

Richard Broinowski *

原文标题： Geoff Raby on China

文章框架： 2017 年 3 月 23 日，澳大利亚前驻华大使杰夫·拉比在格洛弗农庄发表讲话，详细说明了中国与澳大利亚关系的现状。

观点摘要：

2017 年 3 月 23 日，澳大利亚前驻华大使杰夫·拉比博士在格洛弗农庄发表讲话，详细说明了中国与澳大利亚的关系现状。杰夫·拉比说，中国的历史、地理、与邻国的关系以及对海外资源的依赖都会对中国的全球影响力造成影响。但我们并不希望看到，亚洲另一个新兴大国即印度超过中国。中国和印度的经济体系和价值观都截然不同。中国的经济增长速度惊人。自结束了澳大利亚驻华大使的任期以来，杰夫·拉比见证了中国的年人均收入增长了 60%。中国财政盈余越来越多地被用于军事基础设施建设。中国在太空探索方面已领先于其他国家。中国奉行和平发展的外交政策，中国的“一带一路”倡议以及亚洲基础设施投资银行（AIIB）表明中国希望改善美国在二战后所建立的世界金融体系。杰夫·拉比补充说道，我们应该坚信，中美之间的冲突是可以避免的。中国拥有高精尖的土木工程技术，并且正将此强大的技术运用于中国各大城市的公共交通基础设施建设。中国还会逐步将这一技术推广到越来越多的南亚、东南亚、中亚、中东和非洲国家，用于这些国家的公共交通基础设施建设。澳大利亚对中国应该持有怎样的态度？杰

---

* Richard Broinowski，哈佛大学肯尼迪政府学院公共管理硕士，国际事务澳大利亚研究所副所长。来源：国际事务澳大利亚研究所（澳大利亚智库），2017 年 3 月 24 日。

夫·拉比指出，澳大利亚极容易将中国视为一个强有力的竞争对手。但澳大利亚应该看到，中国欣赏澳大利亚为建立友好的地区外交关系所做出的贡献，包括创立亚洲太平洋经济合作组织（APEC，亚太地区最具影响力的经济合作官方组织）以及为推动柬埔寨等国和平所做出的努力。澳大利亚应该认识到，其未来的经济繁荣与昌盛取决于是否能与经济实力雄厚的中国紧密合作。杰夫·拉比指出，澳大利亚不应在中国邀请其参加由中国出资的区域合作项目时犹豫不决。极具乐观主义精神的杰夫·拉比认为澳大利亚并不必须在美国和中国之间做出选择。

澳大利亚外交部和贸易部的合并：戏剧性事件之后的三十年

Philip Flood Ao Faiia *

原文标题：DFAT Amalgamation：Thirty Years since the Drama

文章框架：澳大利亚许多外交政策的成功都可以追溯到30年前的这个星期——外交部和贸易部里程碑式的合并；外交部部长与总理认为澳大利亚的外交政策应该与澳大利亚的全球商业和经济利益的进步紧密地交织在一起，并且两个部门独立的存在并不是最理想的方式；在联合政府时期相当长的一段时间里，贸易部一直是一个非常强大的部门，并且在副总理约翰·麦克尤恩（John McEwen）以及道格·安东尼（Doug Anthony）的支持下继续发展；澳大利亚在处理诸如亚洲太平洋经济合作组织（APEC）和凯恩斯集团（Cairns Group）等倡议方面的成功，是历届政府从合并之后的澳大利亚外交贸易部获得的好处之一。

观点摘要：

1. 澳大利亚许多外交政策的成功都可以追溯到30年前的这个星期——外交部和贸易部里程碑式的合并。这是一项大胆的倡议，它需要特别的考虑以及无数的行动才能获得成功。这是澳大利亚有史以来最雄心勃勃的重组之一——1987年7月24日，霍克政府将部委数量由28个减少至18个，最成功的合并是外交部和贸易部重组建立的外交贸易部。

2. 霍克政府的外交部部长比尔·海登（Bill Hayden）已经说服了

---

* Philip Flood Ao Faiia，一位杰出的澳大利亚前外交官（前高级公务员）。来源：国际事务澳大利亚研究所（澳大利亚智库），2017年7月24日。

时任澳大利亚总理的鲍勃·霍克（Bob Hawke），认为澳大利亚的外交政策应该与澳大利亚的全球商业和经济利益的进步紧密地交织在一起，并且两个部门独立的存在并不是最理想的方式。霍克和海登意识到，随着冷战的强度逐渐减弱，全球范围内对经济的重视程度越来越高。他们还意识到，内政和外交政策之间的关系在持续加强。在霍克的内阁中，有些人认为贸易部过于注重保护主义，有些人错误地认为，在强有力的部长和总理的领导下，贸易部在30年后可能变得过于政治化。

3. 成功合并建立在三个关键因素之上：比尔·海登与新任命的贸易谈判部部长迈克尔·达菲（Michael Duffy）之间高度的合作；采纳新部门负责对外贸易政策整合的新秘书斯图尔特·哈里斯（Stuart Harris）所提出的一个连贯的概念框架，以便将外交和贸易政策结合起来；实施公平的人事安排，将任职人员从原来的三个部门（贸易、关税和外事部门）整合到新的部门。外交事务和贸易之间的关系长期以来是不“舒服”的，有时是可疑的，有时甚至是不友好的。在联合政府时期相当长的一段时间里，贸易部一直是一个非常强大的部门，并且在副总理约翰·麦克尤恩（John McEwen）以及道格·安东尼（Doug Anthony）的支持下继续发展。

4. 在很短的时间内，新部门站稳了脚跟并建立起自信。它还得到了强大的国内支持，这不仅是因为该部门在护照和领事援助方面为澳大利亚公民提供的服务，而且还因为它与商业和贸易部门之间的关系。澳大利亚在发展自由贸易协定、促进贸易多样化、管理主要贸易伙伴、处理与东盟（ASEAN）和欧盟（EU）关系以及在诸如亚洲太平洋经济合作组织（APEC）和凯恩斯集团（Cairns Group）等组织中取得的成功，是澳大利亚历届政府从合并之后的澳大利亚外交贸易部获得的一些好处之一。

亚洲太平洋经济合作组织领导人会议暴露了政策断层

Tony Makin *

原文标题： APEC Leaders' Meeting Exposes Policy Fault Line

文章框架： 在上周举行的 2017 年亚洲太平洋经济合作组织峰会上，越南以东道主的身份向世界各国领导人的到来表示了热烈欢迎；各国政府应继续扩大亚太经合组织在国际贸易范围外的职能，将宏观经济问题纳入亚太经合组织的议题之内。

观点摘要：

1. 在上周的 2017 年亚洲太平洋经济合作组织（APEC，简称亚太经合组织）峰会上，越南以东道主的身份向世界各国领导人的到来表示了热烈欢迎。美国总统特朗普、俄罗斯总统普京和中国国家主席习近平在此次会议上的讲话阐明了各国对贸易、多边主义和亚太经合组织未来发展道路的不同看法。本次在越南岘港举行的亚太经合组织领导人峰会的参与者比以往 25 年都要多。以往的亚太经合组织峰会都很“低调”，主要集中讨论一些传统的国际贸易问题。自特朗普当选美国总统以来，其对全球化利弊的看法导致了政策断层的出现，这使在越南岘港举行的亚太经合组织峰会与以往不同。在这次峰会上，我们听到了特朗普总统和习近平主席提出的有关全球化的观点。全球化一直是亚太经合组织的核心使命，毕竟亚太经合组织提倡“推动自由贸易，促进亚太地区繁荣”。影响亚太地区全球化进程的一个关键政策差异是亚太经合组织成员之间的国际贸易协定主要是以双边为基础还是以多边为基础。

* Tony Makin，澳大利亚格里菲斯大学经济学教授。来源：国际事务澳大利亚研究所（澳大利亚智库），2017 年 11 月 13 日。

习近平主席已成为经济全球化和多边主义的倡导者。自20世纪80年代以来，全球化和多边主义给中国经济带来了巨大的发展机遇，使中国成为亚洲最大的经济体，并使数亿名中国人摆脱了贫困。习近平主席认为，各国应该推动经济全球化朝着更加开放、包容、普惠、平衡、共赢的方向发展。

2. 那么，亚太经合组织的未来如何？作为亚太经合组织的“试金石”，1994年亚太经合组织《茂物宣言》提出到2020年在亚太地区实现自由和开放的贸易和投资目标。这是亚太经合组织的核心使命，但会遇到与跨太平洋伙伴关系协定（TPP）一样的困难，即使从理论上讲，《茂物宣言》的目标也可能无法实现。亚太经合组织各成员已经就2020年后该组织的目标和愿景进行了内部讨论。尽管促进国际贸易往往是亚太经合组织多年来的核心目标，但人们越来越认识到，贸易只是实现整个地区经济发展和提高人民生活水平的一种工具。亚太经合组织成员也意识到，经济增长需要更具包容性，包括确保改革具有包容性、人民获得更优质的教育、改善基础设施和更好地协调劳动力市场，因此，各国政府应继续扩大亚太经合组织在国际贸易范围外的职能，将宏观经济问题纳入亚太经合组织的议题之内，并重塑公众对其更广泛的包容性发展议程的看法。

为什么说特恩布尔的亚洲峰会之行是一次错失的机会

Mathew Davies *

原文标题： Why Turnbull's Asian Summit Trip Was a Missed Opportunity

文章框架： 在澳大利亚政府发布外交政策白皮书前夕，澳大利亚总理马尔科姆·特恩布尔在亚洲太平洋经济合作组织峰会和东亚峰会上所做的努力一定程度上实现了澳大利亚的外交政策目标；澳大利亚其中一个外交目标是寻求捍卫澳大利亚在亚太地区优先地位的新出路。

观点摘要：

1. 在澳大利亚政府发布外交政策白皮书前夕，澳大利亚总理马尔科姆·特恩布尔在亚洲太平洋经济合作组织（APEC）峰会和东亚峰会（EAS）上所做的努力一定程度上实现了澳大利亚的外交政策目标，但有些目标尚未实现。亚太经合组织峰会和东亚峰会都是反映亚太地区正在进行广泛变革的重要论坛。在这次亚洲之行中，澳大利亚政府的首要任务体现在以下方面，即在美国影响力逐渐减弱、中国日益崛起以及亚太地区较小国家对如何应对这一转变感到严重困惑和担忧的情况下，澳大利亚对亚太地区体制架构给予支持。

2. 澳大利亚的其中一个外交目标是寻求捍卫澳大利亚在亚太地区优先地位的新出路。面对中国和美国的竞争，作为两国在亚太经合组织和东亚峰会中的盟友，澳大利亚越来越需要找到新的出路。目前，在这一问题上出现了一些积极的迹象，在经历了美国退出跨太平洋伙伴关系

---

* Mathew Davies，澳大利亚国立大学亚太研究院研究员兼高级讲师。来源：国际事务澳大利亚研究所（澳大利亚智库），2017 年 11 月 16 日。

协定（TPP）以及加拿大一度可能拒绝签署跨太平洋伙伴关系协定的情况下，跨太平洋伙伴关系协定依旧幸存下来。现在，11 个成员将签署全面与进步跨太平洋伙伴关系协定。跨太平洋伙伴关系协定中包括一些亚太国家，但不包括中国。长期以来，跨太平洋伙伴关系协定一直是澳大利亚致力于实现与该地区国家友好合作愿景的重要协定。

俄罗斯和澳大利亚：长达75年的合作

Sergey Lavrov *

原文标题： Russia and Australia：75 Years of Cooperation

文章框架： 自1943年1月26日澳大利亚驻苏联大使馆开放以来，俄罗斯希望加强与澳大利亚的对话；俄罗斯与澳大利亚的交往历史悠久；俄罗斯愿意在相互尊重、拥护法治、互不干涉内政、尊重彼此利益的基础上与澳大利亚开展更广泛的合作；两国的文化和人道主义关系不断加强；俄罗斯和澳大利亚在国际层面上相互影响。

观点摘要：

1. 自1943年1月26日澳大利亚驻苏联大使馆开放以来，俄罗斯希望加强与澳大利亚的对话，建立以不结盟方式为基础的平等和不可分割的安全区域架构。去年是俄罗斯和澳大利亚建交75周年。在接下来的几十年里会发生大量事件，这些事件将促进维护国家的共同利益。

2. 俄罗斯与澳大利亚的交往历史悠久。在19世纪中叶，沙俄在澳大利亚的移民人数开始增加。1857年，沙俄在墨尔本和悉尼开设了两个领事馆，以保护其公民的利益。1942年10月10日，苏联和澳大利亚在伦敦签署了关于建立外交关系的协定。1943年1月2日，澳大利亚外交官前往苏联萨马拉，设立了大使馆。苏联驻澳大利亚大使馆于1943年在堪培拉建立。在冷战期间，苏联与澳大利亚两国之间仍然保持相互尊重。在最严重的国际安全问题，包括核裁军问题上，双方交换了信

---

* Sergey Lavrov，俄罗斯联邦外交部部长。来源：国际事务澳大利亚研究所（澳大利亚智库），2018年1月22日。

息。两国签署了一项贸易协定以及其他一些政府间文件。1975年，爱德华·高夫·惠特拉姆（Edward Gough Whitlam）成为第一位访问苏联的澳大利亚总理。10年后，两国贸易额达到顶峰，超过10亿美元。现在，两国保持着政治对话，包括最高层的政治对话。

3. 俄罗斯联邦总统弗拉基米尔·普京在安塔利亚（2015年11月）和杭州（2016年9月）的二十国集团（G20）峰会间隙以及在利马（2016年11月）举行的亚太经合组织（APEC）会议期间与澳大利亚总理马尔科姆·特恩布尔进行会晤。当然，两国的做法并不总是一致的，但俄罗斯愿意在相互尊重、拥护法治、互不干涉内政、尊重彼此利益的基础上与澳大利亚开展更广泛的合作。此外，两国关系的法律框架不断完善。两国签署了几项协定：《避免双重征税协定》（2000年）、《关于在探索和利用外层空间用于和平目的方面的合作协定》（2001年）以及《和平利用核能方面的合作协定》（2007年）。此外，两国注意到在贸易和投资方面建立合作关系的巨大潜力。近年来，两国在矿业领域合作不断深化。俄罗斯铝业联合公司（UC RUSAL）已经在澳大利亚市场成功运营。像必和必拓公司（BHP）、力拓矿业集团、沃利帕森斯（WorleyParsons）集团和澳瑞凯（Orica）有限公司这样的矿业公司正在与俄罗斯进行合作。澳大利亚煤炭资源开发企业Tigers Real Coal与其俄罗斯合作伙伴“北太平洋煤炭公司”正联合开发楚科塔自治区的Amaam炼焦煤田。

4. 另外，两国的文化和人道主义联系不断加强。在过去两年中，澳大利亚举办了著名的俄罗斯音乐家演出。俄罗斯方面每年为到俄罗斯大学学习的澳大利亚公民分配国家奖学金。俄罗斯国家的一些一流大学，如莫斯科国立大学、圣彼得堡矿业大学，正在与澳大利亚开展合作，如交换生项目。

5. 俄罗斯和澳大利亚在国际层面上相互影响，主要是在亚太地区，这一地区在世界政治和经济中的作用正在稳步上升。俄罗斯有兴趣加强与澳大利亚的对话，并积极参与区域层面的活动，目的是确保亚太地区经济的稳定增长，并建立一个以不结盟方式为基础的平等且不可分割的安全区域架构。两国愿意根据国际法的基本准则和原则以及联合国的中心协调作用，加强合作，以有效应对各种挑战和威胁，包括恐怖主义和极端主义。两国认为，为了维护区域和全球的稳定和安全，有必要将俄罗斯与澳大利亚关系提高到一个新水平，以造福两国人民。现在需要做的是把一切付诸实践。

中国为什么要加入跨太平洋伙伴关系协定？

Hanley Foster; Axel Doffey *

原文标题： Why China Should Join the Trans – Pacific Partnership

文章框架： 跨太平洋伙伴关系协定“死而复生”，在没有美国参与的情况下获得了新的“生命”；随着美国的衰落以及发生有利于中国崛起的地缘政治事件，2017 年恰巧标志着中国从一个全球追随者变成了一个全球领导者；通过与“全面与进步跨太平洋伙伴关系协定”的 11 个成员进行合作，中国将进一步踏入以前被认为是美国霸权的领域；去年对中国来说是非常成功的一年；如果达成最终协定，那么日本领导的“全面与进步跨太平洋伙伴关系协定”将影响中国的区域和全球贸易努力。

观点摘要：

1. 跨太平洋伙伴关系协定（TPP）“死而复生”，在没有美国参与的情况下获得了新的“生命”。现在比以往任何时候都更有理由相信，中国加入全面与进步跨太平洋伙伴关系协定会让中国所有人受益。在特朗普今年转向贸易保护主义之后，人们意识到一些贸易协定将“破裂”，这将给亚洲国家更多的空间来决定该地区经济一体化的条件。

2. 中国在替代方案区域全面经济伙伴关系协定（RCEP）上取得了实质性进展。随着美国的衰落以及发生有利于中国崛起的地缘政治事件，2017 年恰巧标志着一个转折点，即中国从一个全球追随者变成了

---

* Hanley Foster，莱顿大学国际关系和外交专业硕士。Axel Doffey，莱顿大学国际关系和外交专业硕士。来源：国际事务澳大利亚研究所（澳大利亚智库），2018 年 2 月 8 日。

一个全球领导者。然而，在日本的带领下，其余 11 个跨太平洋伙伴关系协定国家设法恢复了该协定的谈判，现在被称为“全面与进步跨太平洋伙伴关系协定”（CPTPP），并将于下个月在智利签署。

3. 随着美国的撤离，知识产权这类保护的最大呼声已经消失了。当时许多国家同意这一条款只是为了获得对美国市场更多的准入机会。此外，美国的退出使该贸易协定失去了一个巨大的市场，这促使剩下的成员寻找替代市场。这不仅为中国提供了加入的筹码，也为中国重塑现有规则提供了动力。

4. 迄今为止，中国一直在推动区域全面经济伙伴关系协定的谈判。中国在其中发挥了重要作用，而且该协定对拉美国家变得更具吸引力，然而，区域全面经济伙伴关系协定的竞争对手则缺乏这种吸引力。最近，西方国家意识到通过大量投资，中国逐渐崛起为全球大国。通过与“全面与进步跨太平洋伙伴关系协定”的 11 个成员进行合作，中国将进一步踏入以前被认为是美国霸权的领域。

5. 去年对中国来说是非常成功的一年。在《巴黎气候变化协定》中的联合领导地位以及在美国退出后与欧盟的团结一致标志着中国在国际舞台上的崛起。此外，中国还在吉布提建立了第一个海外军事基地，以扩大其在海外的影响力。这成功表明，中国现在有能力在重大问题上发挥领导作用，不仅在东亚，而且在全球。将这一点与中国国家主席习近平的五年任期以及他在最近召开的中国共产党第十九次全国代表大会上表明中国将担任领导职务的意图相结合，显示出中国不仅有能力，而且还将创造一种新的命运。

6. 如果达成最终协定，那么日本领导的“全面与进步跨太平洋伙伴关系协定”将影响中国的区域和全球贸易努力。而亚太经济合作组织（APEC）发起的亚太自由贸易区（FTAAP）旨在加强太平洋沿岸国家之间的合作，提供与拉丁美洲接触的机会，但是其复杂性加上如此多的参与者使其取得成效还有很长一段路要走。

经济外交简报：特朗普上任后的贸易、经济压力以及在亚洲和其他地区的无银行账户人群

Greg Earl *

原文标题： Economic Diplomacy Brief：Trade after Trump，Business Pressures，Unbanked in Asia and More

文章框架： 唐纳德·特朗普在大选中获胜，使地区贸易谈判陷入混乱；美国在亚太经合组织中首次提出了亚太自由贸易区，但后来放弃转而支持跨太平洋伙伴关系协定；在贸易问题得到解决之前，全球经济不会再次繁荣。

观点摘要：

1. 唐纳德·特朗普在大选中获胜，使地区贸易谈判陷入混乱，这令出席秘鲁亚太经合组织（APEC）峰会的美国官员陷入微妙的两难境地。他们可以袖手旁观，观察中国实现十年前由美国提出的“亚太自由贸易区”（FTAAP）的想法或者他们可以悄悄尝试通过谈判来挽回迟迟未实现该想法的面子。此时的美国就像是甲板上的椅子被掀翻一样，“人仰马翻”。很明显，在区域全面经济伙伴关系协定的谈判中，中国同日本和印度的双边市场准入谈判反映了贸易飞速增长的势头。区域全面经济伙伴关系协定的谈判一直是一场自下而上的谈判，旨在协调现有的双边贸易协定，并实现进一步自由化。这与美国制定的自上而下的跨太平洋伙伴关系协定形成了鲜明对比。

2. 这两个协定被视为能够实现亚太经合组织长期追求的推动贸易和投资框架自由化的目标，现在这一目标体现为建立亚太自由贸易区。

---

* Greg Earl，《澳大利亚金融评论报》副主编，国内事务编辑、亚太事务编辑。来源：洛伊国际政策研究所（澳大利亚智库），2016 年 11 月 17 日。

具有讽刺意味的是，美国在亚太经合组织会议中首次提出了亚太自由贸易区，但后来放弃转而支持跨太平洋伙伴关系协定，在没有中国参与的情况下，更多地参与到跨太平洋伙伴关系协定谈判中来。但将跨太平洋伙伴关系协定作为一项战略举措可能会被中国视为战略失误，因为它追求的是低质量协定框架下的自由贸易。在最近的第二轮澳大利亚—东盟对话中，我们之前曾报道过有关跨太平洋伙伴关系协定失败的战略预警。作为2014年亚太经合组织领导人峰会的举办者，中国在会议举办期间将停滞不前的亚太自由贸易区提上议程，并将在本周于秘鲁举行的亚太经合组织会议上与其他成员就亚太自由贸易区进行联合研究（尽管有迹象表明，中国和美国在一些方面存在分歧）。

3. 随着区域全面经济伙伴关系协定的发展势头不断增强，企业面临的压力是确保谈判能提供其倡导者所承诺的流畅的亚洲供应链。本月在雅加达举行的下一轮区域全面经济伙伴关系协定的谈判中，有关行业研讨会的计划应被亚洲地区的企业认真对待，尤其是如果区域全面经济伙伴关系协定在亚太经合组织领导人会议中成为主要项目。特朗普竞选团队的贸易顾问彼得·纳瓦罗（Peter Navarro）表示："在贸易问题得到解决之前，全球经济不会再次繁荣。"

继跨太平洋伙伴关系协定后，印度尼西亚考虑其贸易选择

Retno Maruti *

原文标题： Indonesia Considers Trade Options Post TPP

文章框架： 跨太平洋伙伴关系协定超越了贸易；如今，印度尼西亚与中国和美国都有良好的经济关系，特别是在出口和对外直接投资机会方面。

观点摘要：

1. 跨太平洋伙伴关系协定（TPP）超越了贸易。它还将对国有企业、知识产权和环境保护实行更高的标准。尽管它曾经的 12 个成员——美国、加拿大、澳大利亚、日本、新西兰、墨西哥、智利、秘鲁、马来西亚、新加坡、文莱和越南都在 2016 年 2 月 4 日签署了该协定，但该协定尚未得到各方的批准。专家们认为，倘若没有全球最大经济体的参与，那么跨太平洋伙伴关系协定的其他签署国将不愿意批准该协定。日本已宣布“没有美国参与的跨太平洋伙伴关系协定将是没有意义的”，而越南表示，尽管其仍支持跨太平洋伙伴关系协定，但鉴于美国的行为，它不会在这个时候批准跨太平洋伙伴关系协定。上周在秘鲁举行的亚洲太平洋经济合作组织（APEC）会议上，各国领导人重申了开放市场和抵制各种形式的保护主义的承诺。达成多边贸易协定仍然是反对日益高涨的贸易保护主义情绪的最有力举措。如果美国退出跨太平洋伙伴关系协定，那么它可能会给中国留下一个空白，让中国在亚太

---

* Retno Maruti，获得（国际）应用经济学硕士学位，印尼财政部高级政策分析师，主要关注国际经济问题。来源：洛伊国际政策研究所（澳大利亚智库），2016 年 11 月 30 日。

地区的贸易中占据主导地位。在这方面，中国可以提供强有力的领导，因为中国是世界上人口最多的发展中国家，其稳定的经济增长促进了区域和全球的经济增长。中国已经提出了两个协定，即亚太自由贸易区（FTAAP）和区域全面经济伙伴关系协定（RCEP）（该协定日益被视为跨太平洋伙伴关系协定的竞争对手）。亚太自由贸易区的谈判将以跨太平洋伙伴关系协定或区域全面经济伙伴关系协定为基础。

2. 如今，印度尼西亚与中国和美国都保持着良好的经济关系，特别是在出口和对外直接投资机会方面。根据印尼投资协调委员会（BK-PM）的数据，2016 年第一季度，中国在印尼 84 个外商直接投资国名单中排名第 4，其投资总额为 4. 6459 亿美元。美国排在第 21 位，投资总额为 1065 万美元。就印尼 2015 年的出口额而言，印尼对中国的出口额排在第 3 位，为 163 亿美元。美国是印尼第二大出口目的地，出口额为 150 亿美元。由于跨太平洋伙伴关系协定未来的不确定性，印度尼西亚正在寻找各种其他贸易选择。在上周的亚洲太平洋经济合作组织会议上，印尼提议建立一个新的东盟—太平洋联盟合作论坛，以抗衡美国和中国的主导地位。虽然东盟—太平洋联盟合作论坛作为多边贸易协定做出了一些承诺，但区域全面经济伙伴关系协定的成功对印尼来说更为关键，因为区域全面经济伙伴关系协定有望在明年得到全面实施。

亚太自由市场是否可行？

Alan Oxley *

原文标题： Is an Asia Pacific Free Market Feasible?

文章框架： 特朗普政府戏剧性地否决了跨太平洋伙伴关系协定（TPP）这一贸易协定，特朗普的否认引发了一个热点性问题；日本改变了“这场比赛的游戏规则”并决定加入跨太平洋伙伴关系协定（从而实现了与美国达成自由贸易协定的长期目标）；尽管中国官员知道其贸易和投资法规没有达到跨太平洋伙伴关系协定的标准，但也知道这不是短期内可以解决的问题。

观点摘要：

1. 2017 年 1 月，特朗普政府戏剧性地否决了跨太平洋伙伴关系协定（TPP）这一贸易协定，特朗普的否认引发了一个热点性问题：“该地区已准备好达成自由贸易协定了吗?” 8 个月过去了，简单来说，尽管大部分地区已经做好准备，但如果没有美国和中国的支持，该协定就不太可能很快从理论转变为实践。中国政府目睹了美国政府启动跨太平洋伙伴关系协定。这是迄今为止达成的最现代化的贸易协定，促使各方开放服务和投资市场，并解决数字贸易和知识产权问题。

2. 日本改变了“这场比赛的游戏规则”并决定加入跨太平洋伙伴关系协定（从而实现了与美国达成自由贸易协定的长期目标）。这使中国政府不得不从不同的角度出发来看待这一协定。

3. 尽管中国官员知道其贸易和投资法规没有达到跨太平洋伙伴关系

---

* Alan Oxley，澳大利亚亚太经合组织研究中心主席。来源：洛伊国际政策研究所（澳大利亚智库），2017 年 9 月 7 日。

系协定的标准，但也知道这不是短期内可以解决的问题，因此，中国提出了一个宏大而长远的倡议——建立亚太自由贸易区，该贸易区涵盖了亚太经合组织（APEC）的所有经济体（共21个），亚太经合组织经济体在2006年首次同意对建立亚太自由贸易区的想法进行评估。在2014年亚太经合组织北京峰会上，中国推动了一项可行性研究，即关于实现亚太自贸区相关问题的集体战略研究，也被称为《亚太经合组织推动实现亚太自贸区北京路线图》。这项研究于去年完成，但结果并没有明显向建立亚太自由贸易区靠拢的趋势。鉴于特朗普政府不喜欢区域性贸易组织以及中国现在的注意力主要集中在其“一带一路”倡议下建立亚洲、欧洲全球运输平台的计划，因此想要加快这场谈判的速度无疑是不可能的。

经济外交简介：印度尼西亚的自由贸易与公平贸易之争，澳洲联储应对铁矿石价格下跌、老龄化的亚洲等

Greg Earl *

原文标题： Economic Diplomacy Brief: Free vs Fair Trade in Indonesia, RBA on Iron Ore, Ageing Asia and More

文章框架： 在面临巨大挑战的情况下，印度尼西亚依然设法维持了相对开放的经济，但经济民族主义正在对印度尼西亚进行结构性控制；虽然印度尼西亚制定的各种各样的目标有助于商业利益的增长，但不能养活穷人；一旦新总统上任，对外国投资的需求将迫使印尼回到过去的务实路线；十多年来，铁矿石的价格一直都是能够反映澳大利亚经济前景的最重要的信号；随着选举的结束，彼得·奥尼尔重新聚焦于巴布亚新几内亚明年主办的亚太经济合作组织领导人会议；澳大利亚正花费数千万美元在安保和其他方面对巴布亚新几内亚进行援助，以使亚太经合组织峰会筹备工作顺利进行。

观点摘要：

1. 历史学家安东尼·里德（Anthony Reid）表示，像印尼这样处于全球十字路口的岛国，就是为自由贸易而生的（无论是由官方来管理还是由走私者来进行）。经济学家哈尔·希尔（Hal Hill）表示，在面临巨大挑战的情况下（20 世纪 70 年代的一场内战、20 世纪 80 年代的石

* Greg Earl，《澳大利亚金融评论报》副主编，国内事务编辑、亚太事务编辑。来源：洛伊国际政策研究所（澳大利亚智库），2017 年 9 月 21 日。

油危机、20 世纪 90 年代的外债危机），该国依然设法维持了相对开放的经济。但是，澳大利亚国立大学年度印尼更新会议表示（也是洛伊国际政策研究所反复重申的），经济民族主义正在对该国进行结构性控制，与此前在大宗商品价格高企时期出现的周期性干预主义形成鲜明对比。

2. 悉尼大学地理学者杰弗里·尼尔森（Jeffrey Neilson）就经济民族主义对该国的结构性控制给出了一个很好的理由，即印度尼西亚将食品安全与国有（或有关联的）食品和农业项目的商业利益混淆起来，致使其贫困公民无法获得粮食保障，因此，虽然国家制定的各种各样的目标（针对牛肉、大米、糖和大豆的自给自足，大多是失败的）有助于商业利益的增长，但不能养活穷人。

3. 印尼人非常反对外国工人，对进口也持相当消极的态度，但他们对外国“投资”（尤其是游客）的态度相对更为开放。奇怪的是，他们似乎仍然对自己所持的全球化想法感到相当满意。前印尼贸易部部长玛丽·邦格斯都（Mari Pangestu）表示，她用“公平贸易”代替了“自由贸易”，从而使政府度过了危险时期。而且，她预测（从局外人的角度来看），一旦新总统上任，对外国投资的需求将迫使该国回到过去的务实路线。

4. 10 多年来，铁矿石的价格一直都是能够反映澳大利亚经济前景的最重要的信号。而有趣的是，澳洲联储（RBA）在上次董事会会议上几乎被称为“领头羊”，因为它在 10 月中国领导人换届之前就讨论了中国经济的未来。由于新投资带来的铁矿石供应增加，以及澳大利亚最大的客户将达到人均钢铁产量最高点，澳洲联储认为，中国对铁矿石价格的影响已“见顶”，因此，现在看来，继中国之后，印度希望对大宗商品市场产生“显著影响”。澳洲联储董事会似乎还对中国的总体改革进程进行了谨慎的讨论。会议纪要指出，相对于减少国有企业对经济造成的影响，中国国有企业改革更多地关注加强中国共产党对国有企业的领导。

5. 去年晚些时候，巴布亚新几内亚似乎开始将自己排除在主权债券市场之外，拒绝公布其应在国际货币基金组织年度评估后发布的正常国家信息。但本周新当选的巴布亚新几内亚总理彼得·奥尼尔似乎接受了国际货币基金组织发布的一份中期报表，该声明批评了巴布亚新几内亚被高估的汇率、债务以及公共部门过高的工资成本。随着选举的结束，奥尼尔重新聚焦于巴布亚新几内亚明年主办的亚太经济合作组织领导人会议，这不禁让人猜测，彼时峰会将在金融市场的透明度方面做出突破。

6. 澳大利亚正花费数千万美元用于在安保和其他方面对巴布亚新几内亚进行援助，以使亚太经合组织领导人峰会筹备工作顺利进行。但是，亚太经济合作组织峰会的参会人员很可能会对巴布亚新几内亚奥尼尔政府的表现做出评价，这对澳大利亚政府来说可能是一个挑战。

经济外交简报：印度洋—太平洋地区与“美国优先”

Greg Earl *

原文标题： Economic Diplomacy Brief：Indo – Pacific vs America First

文章框架： 跨太平洋伙伴关系协定已经从美国的退出中逐渐恢复过来，并且其发展比大多数人预期的要好；人们将铭记特朗普此次的亚洲之行。

观点摘要：

1. 跨太平洋伙伴关系协定（TPP）已经从美国的退出中逐渐恢复过来，并且其发展比大多数人预期的要好。重组后的跨太平洋伙伴关系协定超越了区域全面经济伙伴关系协定（RCEP），保留了竞争性，维持了区域经济自由化。区域全面经济伙伴关系协定在新加坡的领导下已有一年的时间，新加坡政府应该提出一些创新举措，其中包括新加坡总理李显龙提出的在较小范围内与志同道合国家解决困难的提议。亚洲太平洋经济合作组织（APEC，简称亚太经合组织）的年度声明似乎比今年早些时候的二十国集团（G20）峰会声明更经受得住来自特朗普的压力。亚太经合组织始终倡导自由贸易，并将继续致力于推进亚太自由贸易区（FTAAP）建设。基于此背景，中国和日本开始提出基础设施建设倡议，此举将有助于促进亚太地区一体化。

2. 人们将铭记特朗普此次的亚洲之行。从东京到马尼拉，特朗普在亚太经合组织上拥有卓越表现，他还热情洋溢地宣布这些国家都是美国的朋友。虽然在访问后的演讲中特朗普似乎已经接受了制定亚洲政策

---

* Greg Earl，《澳大利亚金融评论报》副主编，国内事务编辑、亚太事务编辑。
来源：洛伊国际政策研究所（澳大利亚智库），2017 年 11 月 16 日。

的必要性，但从长远来看很难说制定这种政策意味着什么。基于美国的这种不确定性，这无疑显示出亚洲各国领导人对 21 世纪美国总统对亚洲持续时间最久的访问是多么关注。

改变巴布亚新几内亚的地缘政治格局

Jenny Hayward - Jones *

原文标题： Changing Geopolitical Dynamics for Papua New Guinea

文章框架： 巴布亚新几内亚总理彼得·奥尼尔面临严峻的外部形势；巴布亚新几内亚是太平洋岛屿国家中面积最大、资源最丰富、人口最多的国家，它有潜力成为太平洋岛屿地区最具影响力的参与者。

观点摘要：

1. 巴布亚新几内亚总理彼得·奥尼尔（Peter O'Neill）面临严峻的外部形势，他正努力应对严重的国内经济下滑和前所未有的国家预算压力。澳大利亚仍然是巴布亚新几内亚最亲密的伙伴。一直到现在，澳大利亚都是巴布亚新几内亚最大的双边援助伙伴、贸易伙伴和外商投资国。但是现在，随着其他国家开始参与巴布亚新几内亚的事务，澳大利亚的影响力正在逐渐减弱。作为贸易对象、国外贷款主要对象、中小型商业企业投资国和基础设施投资国，中国扮演着越来越重要的角色。除此之外，巴布亚新几内亚与亚洲其他国家的关系正在改善。这一变化可能会因巴布亚新几内亚政府准备于 2018 年主办亚洲太平洋经济合作组织（APEC，简称亚太经合组织）峰会变得更加明显。目前尚不清楚巴布亚新几内亚在总理奥尼尔的领导下是否有能力在国外追求国家利益的同时应对国内一系列复杂的挑战。

2. 巴布亚新几内亚是太平洋岛屿国家中面积最大、资源最丰富、

---

* Jenny Hayward - Jones，洛伊国际政策研究所非常驻研究员，曾任洛伊国际政策研究所马来西亚项目主任。来源：洛伊国际政策研究所（澳大利亚智库），2017 年 12 月 6 日。

人口最多的国家，它有潜力成为太平洋岛屿地区最具影响力的参与者。巴布亚新几内亚积极承担发展太平洋岛屿地区的责任。近年来巴布亚新几内亚对改善与亚洲国家的关系非常感兴趣，因为这可以获得更多扩大贸易和吸引投资的机会。作为亚太经合组织成员和太平洋岛国论坛的成员，巴布亚新几内亚与亚洲的主要经济体即中国和日本有着长期的贸易关系。巴布亚新几内亚正不断增进与一些东亚国家的贸易关系，如印度尼西亚。

亚洲世纪的巴布亚新几内亚*

原文标题： Papua New Guinea in the Asian Century

文章框架： 对于一个人口众多、对服务越来越推崇的发展中国家来说，各种各样合作伙伴的援助是很有吸引力的；澳大利亚仍然积极参与巴布亚新几内亚在提高安全能力方面的筹备工作；巴布亚新几内亚将在一段时间内持续发展商品出口导向型经济，其容易受到经济繁荣和萧条周期的影响，同时也会受到新兴的治理和监管机构的影响。

观点摘要：

1. 对于一个人口众多、对服务越来越推崇的发展中国家来说，各种各样合作伙伴的援助是很有吸引力的，因为外国对巴布亚新几内亚经济的投资也在不断增加。简言之，澳大利亚远不是巴布亚新几内亚唯一的选择，竞争迫使该国努力成为巴布亚新几内亚的合作伙伴，因为这是互利的。考虑到巴布亚新几内亚在该地区的地位以及澳大利亚与巴布亚新几内亚关系的经济和战略基础，澳大利亚正在支持巴布亚新几内亚作为亚太经合组织 2018 年的轮值“主席”。承办亚太经合组织峰会是一项艰巨的任务，巴布亚新几内亚自身的重大能力制约因素和基础设施挑战使这一点更为突出。然而，这将给巴布亚新几内亚提供一个重要的机会，以证明其具备作为该地区重要参与者的资格。

2. 澳大利亚仍然积极参与巴布亚新几内亚在提高安全能力方面的筹备工作。该国还与巴布亚新几内亚一起努力，为亚太经合组织制定政策重点，重点关注数字经济带来的增长机遇。亚太经合组织为澳大利亚提供了一个很好的机会，来证实该国对开放交易环境的坚定承诺。对于

---

* 来源：澳大利亚经济发展委员会（澳大利亚智库），2017 年 10 月 20 日。

巴布亚新几内亚来说，主办一届成功的亚太经合组织峰会可以大大提升其作为一个吸引投资的经济体在世界舞台上的存在度。随着经济的持续增长，预计巴布亚新几内亚在该地区的影响力也将增加。尽管有这种发展，但我们仍需要对巴布亚新几内亚经济的复原力及其短期和长期前景持现实态度。

3. 巴布亚新几内亚将在一段时间内持续发展商品出口导向型经济，其容易受到经济繁荣和萧条周期的影响，同时也会受到新兴的治理和监管机构的影响。虽然它未来增长的潜力是明确的，但如果维持增长，就需要应对一些重大的挑战。治理方面的挑战将持续，同样还有严峻的人口压力，年轻人口激增和高出生率会给任何发展中国家带来挑战，尤其是在服务提供方面。但是，国际经验也表明，通过制定明智的政策，例如提供基本的优质卫生和教育服务，如果管理良好，那么这一人口结构转变将为经济增长提供机遇。

澳大利亚在世界上的地位

Alan Oxley *

原文标题： Australia's Place in the World

文章框架： 欧盟国家、亚洲太平洋经济合作组织的 21 个成员和南美洲的一些经济体的贸易总额占世界贸易总额的 90% 以上；亚太经合组织于 1989 年在澳大利亚等的推动下成立。

观点摘要：

1. 目前世界贸易组织（WTO，简称世贸组织）有 160 多个成员，但其中的 50 多个成员，即欧盟国家、亚洲太平洋经济合作组织（APEC，简称亚太经合组织）的 21 个成员和南美洲的一些经济体的贸易总额占世界贸易总额的 90% 以上。世贸组织中大量的发展中经济体阻碍了全球规则进一步发展，这不利于贸易自由化和国外投资。现在，大多数商品贸易的关税普遍较低，最突出的是农产品，因此，我们关注的重点应该是消除服务业和国外投资的贸易壁垒。发展中经济体（尤其是亚洲地区）管制本国和外国供应商提供的服务以及限制国外投资的行为是很普遍的。这阻碍了经济增长，中国已经意识到了这一点，因此其正在提升服务业产出水平。东南亚国家联盟（ASEAN）经济体签署了关于开放服务和投资的协定，但在落实协定方面进展缓慢。

2. 亚太经合组织于 1989 年在澳大利亚等的推动下成立。在亚太地区经济体的推动下，亚太经合组织已经越来越成为自由贸易与开放贸易的“温床”。与此同时，东盟、美国和中国也在推动自由贸易协定（FTA）的谈判。澳大利亚、新加坡、新西兰和智利也启动了一些自由

---

* Alan Oxley，澳大利亚亚太经合组织研究中心主席。来源：澳大利亚经济发展委员会（澳大利亚智库），2017 年 11 月 2 日。

贸易协定谈判。迄今为止，建立亚太自由贸易区最重要的一步是就跨太平洋伙伴关系协定（TPP）进行谈判。跨太平洋伙伴关系协定原来有12个成员，日本和美国占重要地位，但特朗普一上任就宣布美国退出该协定。可以说，跨太平洋伙伴关系协定是目前为止在服务贸易和国外投资自由化方面达成谈判目标的最先进的贸易协定，其甚至优于世贸组织中的某些条款。如果跨太平洋伙伴关系协定可以继续实行，那么其将为所有亚太经合组织经济体达成更广泛的协定奠定基础。

跨太平洋伙伴关系协定、“一带一路”倡议和东南亚国家联盟：它们将走向何方？

Alice D. Ba*

原文标题： TPP，OBOR and ASEAN：Where Will They Lead to?

文章框架： 无论是在跨太平洋伙伴关系协定（TPP）还是“一带一路”倡议中，东南亚国家一直是美国和中国的特别关注对象；跨太平洋伙伴关系协定和“一带一路”倡议通常被概念化为“区域性”或“区域主义”。

观点摘要：

1. 无论是在跨太平洋伙伴关系协定（TPP）还是“一带一路”倡议中，东南亚国家一直是美国和中国的特别关注对象。就“一带一路”倡议而言，与东北亚国家相比，东南亚国家通常更需要中国的援助。地理上的接近使东南亚国家，尤其是靠近中国边界的国家，在人口和政治上与中国的联系更紧密。至于跨太平洋伙伴关系协定，虽然它只涵盖4个东南亚国家（新加坡、文莱、马来西亚和越南），但美国正积极说服其他东南亚国家也参与进来。除了外交上的劝说外，奥巴马政府还与个别国家合作，帮助它们提升治理和监管能力，以便使美国在跨太平洋伙伴关系协定中获得更广泛的贸易承诺。对于中国和美国来说，东南亚地区至关重要，因为它不仅是连接陆地和海洋的纽带，而且还是太平洋和印度洋间的连接纽带。东盟国家在跨太平洋伙伴关系协定和“一带一

---

* Alice D. Ba，特拉华大学副教授。来源：拉惹勒南国际研究院（新加坡智库），2016年5月11日。

路”倡议中代表着一个庞大的、共同的、具有象征意义的亚洲参与者。

2. 跨太平洋伙伴关系协定和“一带一路”倡议通常被概念化为“区域性”或“区域主义”。然而，目前，不管是从传统的“区域性”一词的使用意义上讲或就现行“区域主义”的做法而言，这两个倡议都不是“区域性的”。尽管跨太平洋伙伴关系协定与亚洲太平洋经济合作组织有联系，但跨太平洋伙伴关系协定仍是一个由北美、南美、东北亚和东南亚以及大洋洲的 12 个国家组成的协定。美国的总体立场是，“区域合作”不应从对预设的区域概念的规范性承诺出发，而应从共同的利益和议程出发。但这并不意味着跨太平洋伙伴关系协定没有引起美国方面的关注，相反，它可能会更好地被概念化，使各个参与国通过一个共同的议程团结在一起。从这个意义上说，跨太平洋伙伴关系协定可能更具多边性而不是区域性。而相比之下，“一带一路”倡议在其假设、起点和参照点上更具区域性，因为它以更直接的方式确定了倡议实施的区域并付诸实践。

贸易中的新国家主义：区域回应

Evan Rogerson *

原文标题： New Nationalism in Trade：Regional Responses

文章框架： 私营部门有助于促进积极的贸易谈判，这需要其继续大力支持多边体系；积极的贸易谈判需要得到政府在行动上的支持。

观点摘要：

1. 私营部门有助于促进积极的贸易谈判，这需要其继续大力支持多边体系。毕竟，《贸易便利化协定》是世界贸易组织（WTO，以下简称世贸组织）着实能够为商业带来益处的直接证明。此外，无论谈判的进展如何，商业部门都需要多边规则具备安全性和可预见性。世贸组织秘书处一直在加强与企业的联系，但其受体制上的约束。企业团体可以发挥自身的积极作用，例如，建立像亚洲太平洋经济合作组织（APEC，以下简称亚太经合组织）以及东南亚国家联盟（ASEAN，以下简称东盟）这样定期召开会议并协商进程的组织。

2. 积极的贸易谈判需要得到政府在行动上的支持。在没有美国参与的情况下继续努力推进跨太平洋伙伴关系协定（TPP）很重要。东盟经济共同体（AEC）、区域全面经济伙伴关系协定（RCEP）的谈判以及亚太经合组织的贸易议程都是"正面教材"。这些协定均以各自的方式发表声明，肯定了各国政府愿意在其各自区域内奉行开放的贸易政策这一行为。考虑到经济在各区域中的重要性，各国政府的这一承诺将具有全球影响力。正如贸易部部长所指出的，新加坡明年担任东盟轮值"主席"将有助于加强对一些关键领域的关注，如数字经济领域。

---

* Evan Rogerson，新加坡南洋理工大学拉惹勒南国际研究院多边主义研究中心杰出客座研究员，曾任日内瓦世贸组织秘书处农业与大宗商品司司长。来源：拉惹勒南国际研究院（新加坡智库），2017 年 5 月 25 日。

由美国新安全中心亚太安全项目高级顾问和高级主管克罗宁博士主导的拉惹勒南国际研究院研讨会

Patrick M. Cronin *

原文标题： RSIS Seminar by Dr Patrick M Cronin，Senior Advisor and Senior Director，Asia - Pacific Security Program，Centre for a New American Security

文章框架： 防止朝鲜半岛爆发核战争不应该简单地归结为东北亚问题；对于应对这些挑战来说，没有捷径可走。

观点摘要：

1. 防止朝鲜半岛核战争的爆发不应该简单地归结为东北亚问题。此外，对自由主义世界秩序的侵蚀似乎也被纳入了俄罗斯等国的许多国际政策之中。尽管该国愿意遏制朝鲜的核项目和导弹项目，但俄罗斯也在单方面使用非正规或政治战争改变区域局势现状。

2. 对于应对这些挑战来说，没有捷径可走。一个好的起点是每个利益相关国家都有可持续的经济增长优势和强有力的防御政策。对于美国来说，特别是退出跨太平洋伙伴关系协定（TPP）后，其迫切需要制定一个替代的地缘经济战略。目前，美国方面将寻求达成双边贸易和投资协定，以参与亚太地区事务。与此同时，亚太地区应继续努力从跨太平洋伙伴关系协定中获取重要章节，以便在今年11月于越南举行的亚太经合组织峰会上达成广泛一致意见。在东南亚，美国力求与盟国和合作伙伴保持良好的权力平衡。

---

* Patrick M. Cronin，美国新安全中心亚太安全项目高级顾问和高级主管，在国家国防大学领导国家战略研究协会，同时负责管理中国军事事务研究中心。来源：拉惹勒南国际研究院（新加坡智库），2017年10月6日。

特朗普在东南亚：加强美国—东盟经济关系的机会?

Kaewkamol Karen Pitakdumrongkit *

原文标题： Trump in Southeast Asia：Opportunity to Bolster US – ASEAN Economic Ties?

文章框架： 特朗普总统此次的亚洲之行是自 1992 年乔治·赫伯特·沃克·布什总统以来的历届美国总统对亚洲访问历时最久的一次；批评人士经常称亚太经合组织框架不具备任何约束性条款或承诺。

观点摘要：

1. 特朗普总统此次的亚洲之行是自 1992 年乔治·赫伯特·沃克·布什总统以来的历届美国总统对亚洲访问历时最久的一次。除日本、中国和韩国外，特朗普还将在越南和菲律宾两个东盟国家停留。根据特朗普的行程安排，他将出席 2017 年 11 月在越南岘港举行的亚洲太平洋经济合作组织（APEC）峰会。在此之后，特朗普将于 11 月 12 日抵达菲律宾首都马尼拉，参加庆祝东盟成立 50 周年的特别晚宴并于 13 日出席美国—东盟峰会和东亚峰会，庆祝美国与东盟建交 40 周年。对东盟观察人士来说，特朗普的参与是个好消息。因为这在一定程度上降低了东盟对美国减少参与该地区事务的担忧。本月的外交活动可以为美国提供一个机会，以弥补其退出跨太平洋伙伴关系协定（TPP）所造成的不利影响，即东南亚国家对美国是否要继续参与该地区事务产生疑虑。

---

* Kaewkamol Karen Pitakdumrongkit，新加坡南洋理工大学拉惹勒南国际研究院多边主义研究中心副主任兼助理教授。来源：拉惹勒南国际研究院（新加坡智库），2017 年 11 月 7 日。

2. 批评人士经常称亚太经合组织框架不具备任何约束性条款或承诺。然而，完全否定亚太经合组织的作用是不对的。亚太经合组织的非约束性就是其自身的优势。亚太经合组织为21个经济体提供了关于探索区域贸易和经济治理理念的空间，这些理念可以在更大的环境下，甚至在全球层面上得到应用和发展，例如亚太经合组织为世界贸易组织（WTO）2013年推行的《贸易便利化协定》做出了贡献。美国在退出跨太平洋伙伴关系协定之后，亚太经合组织成为其在亚太地区促进贸易和投资谈判的主要组织。尽管亚太自由贸易区（FTAAP）长期来看仍然只是愿景，但美国可以积极地与亚太地区国家进行对话。

跨太平洋伙伴关系协定的复活：最终会被批准吗?

Pradumna B. Rana *

原文标题： TPP's Resurrection：Will It Be Finally Ratified?

文章框架： 跨太平洋伙伴关系协定“复活”并被重新命名为全面与进步跨太平洋伙伴关系协定，就内容和经济影响而言，这一新协定或是一个“高质量的协定”；虽然细节尚待拟定，但联合部长级声明及其附件表明，全面与进步跨太平洋伙伴关系协定实质上是原来跨太平洋伙伴关系协定的复制品；全面与进步跨太平洋伙伴关系协定与跨太平洋伙伴关系协定的不同之处表现在两个方面；到目前为止，马来西亚希望全面与进步跨太平洋伙伴关系协定中严格的竞争规则被用于国有企业之前有更长的过渡期；加拿大担心，特朗普所轻视的协定可能会对北美自由贸易协定（NAFTA）正在进行的谈判产生不利影响。

观点摘要：

1. 跨太平洋伙伴关系协定（TPP）“复活”并被重新命名为全面与进步跨太平洋伙伴关系协定（CPTPP），就内容和经济影响而言，新协定或是一个“高质量的协定”。批准规则已经修订，这将有助于签署最终协定。11 月，在越南举行的亚太经合组织（APEC）峰会闭幕式上，环太平洋地区的 11 个国家决定继续推进跨太平洋伙伴关系协定，尽管唐纳德·特朗普在就任后宣布美国退出该协定。该协定被更名为全面与

---

* Pradumna B. Rana，新加坡南洋理工大学拉惹勒南国际研究院多边主义研究中心国际政治经济项目副教授和协调员。来源：拉惹勒南国际研究院（新加坡智库），2017 年 11 月 17 日。

进步跨太平洋伙伴关系协定，以反映自美国退出以来，该协定成员经过四轮谈判后达成的新共识。全面与进步跨太平洋伙伴关系协定仍然是一个“高质量协定”吗？它这一次会被最终批准吗？

2. 虽然细节尚待拟定，但联合部长级声明及其附件表明，全面与进步跨太平洋伙伴关系协定实质上是原来跨太平洋伙伴关系协定的复制品。关税安排仍保持一致，从长远来看，95% 的货物贸易关税将被取消。全面与进步跨太平洋伙伴关系协定保留了在纺织品、技术性贸易壁垒、卫生和植物检疫措施、竞争、国有企业和中小型企业、劳动力和争端解决等关键领域实现自由化的承诺。

3. 然而，全面与进步跨太平洋伙伴关系协定与跨太平洋伙伴关系协定的不同之处表现在两个方面。首先，它暂停了贸易便利化、投资、服务、公共采购、知识产权、环境和透明度等章节中的 20 项规定。这些规则在美国的坚持下被纳入跨太平洋伙伴关系协定，现在已经被搁置(但将来可能会恢复)。值得注意的是，关于知识产权的一章做出了最为重大的修订，例如，版权保护的期限从创建者死亡后的 70 年减少到 50 年。其次，与跨太平洋伙伴关系协定所包含的新自由主义关于自由贸易和市场力量的观点和信念相反，全面与进步跨太平洋伙伴关系协定指出，决策者应该首先考虑他们自己不断改变的“特定国家”的情况和优先事项。在拟订的有关“退出”、“加入”和“审查”等新条款中，将增大政策空间和提高监管灵活性。

4. 到目前为止，马来西亚希望全面与进步跨太平洋伙伴关系协定中严格的竞争规则被用于国有企业之前有更长的过渡期。越南在为其新成立的工会适用于争端解决措施之前寻求更多的时间。加拿大希望保护其政治上敏感的文化和广播业。一些人认为，没有美国，跨太平洋伙伴关系协定是一个毫无意义的协定。这是因为美国国内生产总值占跨太平洋伙伴关系协定所有成员国内生产总值的 60%。但是，使用先进的全球贸易分析项目（GTAP，该模型是根据新古典经济理论设计的多国多部门应用的一般均衡模型）得到的模拟结果表明，没有美国的参与，跨太平洋伙伴关系协定仍将有重大影响。总而言之，模拟结果显示，所有成员从全面与进步跨太平洋伙伴关系协定的商品和服务贸易自由化中获取的净收益大约占其国内生产总值的0.3%或373亿美元。全面与进步跨太平洋伙伴关系协定还将为全球带来额外的210亿美元的福利。随着成员资格的“扩大”，这些好处将增加，并且贸易自由化带来的动态效益，如生产力水平的提高和规模经济，将随着时间的推移而逐渐实现。所有的11个成员将在参与全面与进步跨太平洋伙伴关系协定的过程中变得更加富裕。在亚洲成员中，马来西亚将获益最多（占国内生产总值的2%），接着是越南和文莱（占国内生产总值的1.5%），最后是新西兰和新加坡（占国内生产总值的1%）。在拉丁美洲，墨西哥和智利将比其他国家获利更多（占国内生产总值的0.4%）。虽然全面与进步跨太平洋伙伴关系协定原则上已在部长级层面达成一致，但尚未得到批准。这将要求所有成员采取立法行动。这一过程可能相对简单，但在加拿大面临一个两难境地。

5. 加拿大担心，特朗普所轻视的协定可能会对北美自由贸易协定（NAFTA）正在进行的谈判产生不利影响。然而，改革后的全面与进步跨太平洋伙伴关系协定可能会自相矛盾地成为防止北美自由贸易协定谈判破裂的“保单”。这也许就是加拿大没有参加在越南举行的亚太经合组织领导人峰会的原因之一。修订后的批准规则也可以在这方面有所帮助。跨太平洋伙伴关系协定的生效需要满足批准的国家国内生产总值至少占成员国内生产总值的85%，全面与进步跨太平洋伙伴关系协定已经取消了这一门槛要求，它规定，一旦11个成员中有6个完成其国内批准程序，该协定就可以生效。在新的谈判中引入的灵活性也可能会促进协定的批准。

全面与进步跨太平洋伙伴关系协定的结果：劝说美国认识到退出跨太平洋伙伴关系协定的弊端

Urata Shujiro *

原文标题： Outcome of TPP 11：Persuading the United States of the Disadvantages of Withdrawal

文章框架： 跨太平洋伙伴关系协定是由包括日本、美国和澳大利亚在内的12个亚洲太平洋经济合作组织成员组成的自由贸易协定；区域全面经济伙伴关系协定由16个国家组成，包括日本、中国、印度和澳大利亚。

观点摘要：

1. 跨太平洋伙伴关系协定（TPP）是由包括日本、美国和澳大利亚在内的12个亚洲太平洋经济合作组织（APEC，以下简称亚太经合组织）成员组成的自由贸易协定（FTA）。跨太平洋伙伴关系协定成员国内生产总值占世界国内生产总值（GDP）的36%，贸易总量占世界贸易总量的26%，而且被认为是未来极有可能成为世界贸易准则的协定。在特朗普政府的领导下，美国重返跨太平洋伙伴关系协定并不现实，因此，在美国退出该协定的情况下，日本和澳大利亚发挥主导作用，并于5月开始进行创建全面与进步跨太平洋伙伴关系协定的讨论。跨太平洋伙伴关系协定的其余11个成员的贸易谈判人员进行了多次谈判，目的

---

* Urata Shujiro，早稻田大学亚太研究所经济学教授、日本经济研究中心研究员、东盟和东亚经济研究所高级顾问。来源：经济产业研究所（日本智库），2017年11月28日。

是在 11 月的亚太经合组织领导人非正式会议上达成原则性协定。在很多情况下，美国都提出“冻结”跨太平洋伙伴关系协定中的某些条款，每个国家都承认美国曾这么做过。对于一些条款的暂停，各国都表示接受，如对生物制药数据排他性的保护，但是就有些条款，其他成员与美国的意见有所不同，例如对国有企业的优惠待遇的限制。10 月底上台的新西兰新联合政府有可能要求修改投资政策。日本的谈判小组正在积极地和建设性地达成一项基本协定，并通过与澳大利亚和其他有同样想法的国家进行协同合作，预计日本此举将促进协定达成。

2. 区域全面经济伙伴关系协定（RCEP）由 16 个国家组成，其中包括日本、中国、印度和澳大利亚。该协定的谈判始于 2013 年，但由于一些国家发展水平存在很大差距，谈判没有取得进展。但是就贸易和投资方面而言，如果建立一个以高度透明、自由和稳定为基础规则的商业环境，那么包括日本企业在内的所有跨国公司在区域层面供应链上的建设将得以发展，东南亚的经济也会得到进一步发展。日本正在向东南亚国家联盟（ASEAN，以下简称东盟）提供经济支持以及展开技术合作，以加快在海关方面操作的便利化。东盟国家在区域全面经济伙伴关系协定的谈判中占有重要地位，日本致力于与其推进谈判进程。除了加强与志同道合的国家（即澳大利亚和新加坡）合作外，日本还必须推进与其他主要国家的合作，如中国和印度，以及与预计可以寻求共同利益的国家合作，以确保早日达成协定。

美国的反全球主义

Yamashita Kazuhito *

原文标题： Anti – Globalism in the United States

文章框架： 在20世纪80年代，由于日本要保护其主要农产品（如大米、牛肉）及限制其主要农产品的进口量（这些限制违反了关税及贸易总协定的规则），其在与美国的贸易谈判中遇到了困难；积极推进全面与进步跨太平洋伙伴关系协定的签署是鼓励美国重新加入该协定的最有效方式。

观点摘要：

1. 在20世纪80年代，由于日本要保护其主要农产品（如大米、牛肉）及限制其主要农产品的进口量（这些限制违反了关税及贸易总协定的规则），其在与美国的贸易谈判中遇到了困难。在20世纪80年代，日本对美国向其实施《1974年美国贸易法》301条款的可能性感到恐惧，该贸易条款授权美国总统单方面对任何其不满意的国家进行贸易报复。然而，世界贸易组织（WTO）的成立否定了这一点。如果美国要求谈判达成日美自由贸易协定，日本所需要做的就是说服美国，日美自由贸易协定是不可取的，基于以下原因：第一，跨太平洋伙伴关系协定（TPP）被定义为是旨在为整个亚洲太平洋经济合作组织（APEC，以下简称亚太经合组织）所在地区实现其贸易自由化所做出的举措之一，这使亚太经合组织的成员由建立亚太自由贸易区（FTAAP）转向了致力于寻求达成双边自由贸易协定；第二，双边自由贸易协定的签署

* Yamashita Kazuhito，获得东京大学农学博士学位，日本经济产业研究所高级研究员，佳能全球战略研究所首席研究员。来源：经济产业研究所（日本智库），2017年12月27日。

将导致“意大利面碗效应”，在该效应中，多种贸易规则条例相互纠缠，错综复杂。一个卓有成效的自由贸易协定使贸易规则在多个国家间实现统一。

2. 在奥巴马政府的领导下，由于美国的许多共和党领导人也对跨太平洋伙伴关系协定表示强烈不满，因此这一协定很难得到美国国会的批准。笔者主张除美国之外的 11 个跨太平洋伙伴关系协定的成员继续推进该协定的签署。如果 11 国达成全面与进步跨太平洋伙伴关系协定，那么美国必须支付 38.5% 的关税才能向日本出口牛肉，而加拿大和澳大利亚只需支付 9% 的关税即可向日本出口牛肉，小麦、猪肉、葡萄酒、黄油和奶酪的出口也会面临同样的情况。美国的农产品将被“赶出”日本市场，相关的就业岗位也将随之流失。如果日本与欧盟缔结自由贸易协定，那么美国在与日本进行贸易谈判中的地位将受到严重影响。积极推进全面与进步跨太平洋伙伴关系协定的签署是鼓励美国重新加入该协定的最有效方式。然而，日本方面认为，没有美国加入的跨太平洋贸易伙伴关系协定将毫无意义。

为健康和“积极老龄化”投资，以确保可持续发展*

原文标题： Investing in Healthy and Active Aging for Sustainable Growth

文章框架： 亚洲太平洋经济合作组织即将进入第四个十年，每一个成员都肩负着实现亚太经合组织愿景和目标的责任与承诺；亚洲和太平洋地区有关促进“健康老龄化”和“积极老龄化”的公共政策所面临的挑战在很大程度上是不平衡的。

观点摘要：

1. 亚洲太平洋经济合作组织（APEC，以下简称亚太经合组织）即将进入第四个十年，每一个成员都肩负着实现亚太经合组织愿景和目标的责任与承诺。亚太经合组织成员必须共同努力，将这些承诺付诸短期和长期的实践中，以促进亚太地区“健康老龄化”。通过促进“健康老龄化”，我们可以改变未来老龄化社会的情况，使其能够继续为亚太经合组织的未来做出富有成效的贡献。总体而言，在未来的几十年里，亚洲地区人口老龄化速度将超过其他地区。预计到2050年底，老年人口将近9.23亿人，这是由亚洲地区生育率下降、死亡率下降和人口寿命延长造成的。尽管这种局面的出现早于预期，但是亚太地区经济体不应害怕，而应面对它。将人口老龄化面临的挑战转化为有利因素，以为亚太经合组织成员带来机遇和利益，需要解决以下几个关键问题，即政策制定者必须遵守承诺并积极参与教育发展、移民以及在社会和技术方面的创新。这些问题都必须得到解决，以确保制定出对亚太经合组织发展有利的政策。

2. 亚洲和太平洋地区有关促进“健康老龄化”和“积极老龄化”的公共政策所面临的挑战在很大程度上是不平衡的。一些亚太经合组织

---

* 来源：日本国际交流中心（日本智库），2017年10月11日。

成员积极执行公共政策以满足老年人的需求，但是也有一些成员由于资源有限以及政府优先考虑其他领域的需求而在“积极老龄化”这一事项上行动迟缓。亚太经合组织成员将面临两大挑战：一是在老年人口数量日益增加，年轻人口数量不断减少的社会背景下依然要保持经济增长；二是提出可行的医疗保健方案并建立养老保障体系，以确保没有人“掉队”。这两个挑战都将决定亚太经合组织在 2030 年实现可持续发展目标的承诺的实现情况。

跨太平洋伙伴关系协定与区域全面经济伙伴关系协定：是朋友而非敌人

Ganeshan Wignaraja[*]

原文标题： TPP and RCEP – Friends Not Foes

文章框架： 亚洲国家通过加入跨太平洋伙伴关系协定和区域全面经济伙伴关系协定而占有一定优势；中国和印度也有可能加入跨太平洋伙伴关系协定。

观点摘要：

1. 亚洲国家通过加入跨太平洋伙伴关系协定和区域全面经济伙伴关系协定而获得了一定优势。这两个自贸区的“重叠成员”包括四个东盟成员（文莱、马来西亚、新加坡和越南）以及日本。这些国家的公司在向美国销售货物时可以享受跨太平洋伙伴关系协定的优惠关税，在从中国或印度购买零部件时可以享受区域全面经济伙伴关系协定的优惠关税。随着关税取消和商业法规的精简，这些公司在全球价值链中所具有的实际成本优势就更大。此外，如果跨太平洋伙伴关系协定和区域全面经济伙伴关系协定两者中的一个由于某种原因而无法为“重叠成员”带来优惠时，那么另一个自贸协定仍能为它们带来优惠，因此，“重叠成员”能够从这两个自贸协定的任意一个中受益。

2. 中国和印度也有可能加入跨太平洋伙伴关系协定。这将增强由美国所主导协定的影响力，尤其是当中国和印度正在逐步实施拖延已久的结构性改革时，这些改革可能会进一步推动经济增长。中国已经开始通过改善公司治理和发展混合所有制，对国有企业进行改革。与此同

---

* Ganeshan Wignaraja，亚洲开发银行经济研究和区域合作部顾问。来源：亚洲开发银行研究所（日本智库），2016 年 7 月 4 日。

时，印度也正在放松对外国投资者的股权限制规定。无论现在希望多么渺茫，跨太平洋伙伴关系协定和区域全面经济伙伴关系协定都有可能合并成亚太自由贸易区（FTAAP）。在 2014 年 11 月于北京举行的亚洲太平洋经济合作组织（APEC）峰会上，各国领导人就达成区域内自由贸易协定展开了一项联合研究。研究结果将在 2016 年 11 月于秘鲁举行的亚洲太平洋经济合作组织会议上报告。有趣的是，这一联合研究由中国和美国共同主持，这对亚太地区贸易的未来来说是个好兆头。据报道，中美双边投资协定也取得了进展，这表明中美双方在经济问题上存在许多共同点。

中国—日本—韩国

Alexandra Sakaki；Gudrun Wacker*

原文标题： China – Japan – South Korea

文章框架： 中国、日本和韩国是东亚较大的经济体，因此，对该地区的繁荣与稳定起着决定性的作用；美国和朝鲜在东北亚安全复杂局势中也发挥着重要作用；2014 年 11 月，中国国家主席习近平首次迎接日本首相安倍晋三，他们在于北京举行的亚太经济合作组织（APEC）峰会上交谈了半小时；在过去几年与中国实现和解的过程中，韩国可能主要在试图影响中国的对朝政策；2015 年 5 月，在韩国对日本实行双轨政策后，韩日双边关系有所改善；自 2002 年以来，中日韩三方自由贸易协定的想法一直在讨论之中，但自 2013 年以来进行的谈判一直具有挑战性。

观点摘要：

1. 中国、日本和韩国是东亚较大的经济体，因此，对该地区的繁荣与稳定起着决定性的作用。20 世纪 90 年代亚洲金融危机使三个国家之间进行了三方会谈。自 2008 年起，这三个国家在该框架内建立了秘书处并多次举行独立的首脑峰会和一系列专家会议，以探讨建立更密切的经济和（安全）政策合作的可能性。这一机制有助于稳定一个以紧张局势和安全风险为特点的区域——特别是在三个国家之间的关系中。

---

* Alexandra Sakaki，德国科学与政治基金会（SWP）日本安全问题专家。Gudrun Wacker，德国国际与安全事务研究所亚洲部高级研究员。来源：德国国际与安全事务研究所（德国智库），2017 年 4 月 5 日。

本报告表明了这三个国家中各自的双边关系以及迄今为止“三边形式”的成功、挫折和局限性。

2. 美国和朝鲜在东北亚安全复杂局势中也发挥着重要作用。日本和韩国是美国的正式盟友，而中美关系越来越表现为战略对抗。朝鲜将继续获得中国的支持，但韩国、日本和美国将朝鲜视为该地区和平与稳定的威胁。这个复杂多变的背景提出了一个问题，即“三边形式”有多强健?

3. 2014 年 11 月，中国国家主席习近平首次迎接日本首相安倍晋三，他们在于北京举行的亚太经济合作组织（APEC）峰会上交谈了半小时。中国国务委员杨洁篪和日本安全顾问谷内正太郎（Yachi Shotaro）在此次会议前达成了“四点原则共识”，双方在各自的陈述中更加坚定，他们对造成东海紧张局势的原因持有不同意见。然而，与最初的媒体报道相反，日本并没有转变官方立场，即在钓鱼岛没有领土争端。即便紧张程度已经有所下降，岛屿争端、双方的互不信任和民族主义热情仍继续给中日关系带来压力。

4. 在过去几年与中国实现和解的过程中，韩国可能会试图影响中国的对朝政策。尽管如此，日本仍然担心可能产生负面影响，因此，2013 年 6 月朴槿惠对中国的访问在日本引起了争议。毕竟，她“违背”了韩国总统的首次正式访问要前往美国和日本的传统。

5. 2015 年 5 月，在韩国对日本实行双轨政策后，韩日双边关系有所改善。现在，韩日历史问题与经济和安全事项分开处理。不仅韩国被美国敦促改善韩日关系，而且中国国家主席习近平在 2014 年 11 月首次与安倍晋三会面（作为亚太经合组织峰会的一部分）时，也敦促其改善与韩国的关系。朴槿惠和安倍晋三之间的第一次会晤发生在 2015 年 11 月。一个月后，两位领导人宣布了在“慰安妇”问题上所取得的一个突破——日本将为韩国受害者成立的一个基金会，并支付 10 亿日元（约合 989.8 万美元），但目前该基金会尚未成立。此外，日本外交部部长以安倍晋三的名义向有关妇女就她们的遭遇而道歉。双方宣布这一协定“最终并不可逆转地”结束了争端。日本和韩国之间的友好关系在 2016 年进一步发展：在 8 月底开始了有关新货币互换协定的会谈，在 11 月签署了《军事信息通用安全协定》。

6. 自 2002 年以来，中日韩三方自由贸易协定的想法一直在讨论之中，但自 2013 年以来进行的谈判一直具有挑战性。2016 年 12 月一份由中日韩三国合作秘书处发表的经济报告指出，“尽管取得了一些有限的成果，但谈判进展非常缓慢”。到目前为止，三方都没能够就谈判应该结束的日期达成一致意见。韩国目前对谈判表现出极少的热情，由于其在 2015 年与中国签署了自由贸易协定，它认为自身在中国市场方面较日本有竞争优势。三方协定可能会否定韩国的优势，从而对日本有利。中国对建设中日韩自由贸易区的兴趣自 2015 年底 12 个环太平洋国家（包括美国、加拿大和日本）签订自由贸易协定（跨太平洋伙伴关系协定）以来就开始上升。跨太平洋伙伴关系协定引起中国的关注，因为该地区的基本贸易和投资规则将在中国缺席的情况下进行谈判，所以中国呼吁加快中日韩三边自由贸易协定谈判。一个核心问题在于，这三个国家所寻求的三边自由贸易协定将仿照中国和韩国之间已经存在的自由贸易协定。就职几天后，特朗普总统签署了一项行政命令，将美国从跨太平洋伙伴关系协定中撤出。这并不一定意味着中国将对签署规模宏大的自由贸易协定失去兴趣。在 2016 年 11 月于秘鲁召开的亚太经合组织峰会和 2017 年 1 月在达沃斯召开的世界经济论坛上，习近平主席强调，中国将继续致力于推进全球化和自由贸易以及进行相应的区域协定谈判。

7. 中国将三边合作视为地区经济发展和政治稳定的核心，同时，中国也将这种合作作为对抗“外部压力”（如美国的“再平衡”战略带来的压力）的工具。中国希望通过中日韩自由贸易协定对抗美国主导的跨太平洋伙伴关系协定，但其也认为加强经济合作是一个优先事项。就中国而言，三国间自由贸易也是该地区更广泛的贸易自由化项目的重要组成部分，如区域全面经济伙伴关系协定（RCEP，包括东盟 10 国和 6 个对话伙伴国）和亚太自由贸易区（FTAAP，涉及亚太经合组织所有成员）。日本观察家认为，中国希望利用三国合作加强“东盟 +3”机制（所有东盟国家加上中国、日本和韩国）来应对日本所青睐的“东盟 +6”机制（东盟国家加中国、日本、韩国、印度、新西兰和澳大利亚，现在扩展到包括俄罗斯和美国）。

2017 年里加对话回顾：改变欧洲—大西洋安全格局

Victoria V. Panova*

原文标题： Riga Dialogue Afterthoughts 2017：Transforming Euro – Atlantic Security Landscapes

文章框架： 大西洋两岸国家的经济前景欠佳和社会不稳定导致欧洲在全球政治和决策方面的作用进一步下降；俄罗斯正在重新调整政治重点。

观点摘要：

1. 伴随着亚洲和世界其他地区持续崛起以及发达国家内部的政治分歧，大西洋两岸国家的经济前景欠佳和社会不稳定导致欧洲在全球政治和决策方面的作用进一步下降，结果，俄罗斯政策制定者和企业对欧洲—大西洋次区域的兴趣日益降低。以下数值反映了这种变化。从俄罗斯整体贸易额来看，欧洲贸易份额占比下降 2 个百分点（从 44.8% 下降到 42.8%），对亚洲太平洋经济合作组织（简称亚太经合组织）成员尤其是中国（其在俄罗斯对外贸易中的占比从 28.1% 增长到了 30%）有利。

2. 俄罗斯正在重新调整政治重点，一方面与中国和其他亚洲、拉丁美洲和非洲国家的优先合作伙伴加强双边合作；另一方面在金砖国家、上海合作组织、二十国集团和其他组织内加强多边合作。美国一直关注俄罗斯与西方国家的关系。有趣的是，二十国集团（G20）汉堡峰会期间的大多数关注焦点并不在于欧洲议程或者多边全球挑战方面，而在于两位总统——普京和特朗普的双边会晤。

---

* Victoria V. Panova，自 2016 年 3 月起担任俄罗斯远东联邦大学东方研究所所长。来源：弗里德里希·艾伯特基金会（德国智库），2017 年 4 月 13 日。

MANIS 国家：是时候举办一个新的论坛来推动区域合作了

John Blaxland *

原文标题： MANIS：Time for a New Forum to Sweeten Regional Cooperation

文章框架： 作为东盟的一部分，MANIS（印尼语词语，分别指马来西亚、澳大利亚、新西兰、印度尼西亚和新加坡）国家与许多组织密切相关。

观点摘要：

作为东盟的一部分，MANIS（印尼语词语，分别指马来西亚、澳大利亚、新西兰、印度尼西亚和新加坡）国家与许多组织密切相关。澳大利亚通常被认为是第一个与东盟于 1974 年 4 月建立了多边关系的外部国家，随后澳大利亚和新西兰一直是东盟相关论坛的支持者，比如东盟地区论坛、东亚峰会和东盟国防部部长会议。澳大利亚一直是其他国际机构的积极支持者，例如 20 世纪八九十年代出现的亚洲太平洋经济合作组织（APEC）。东盟地区论坛和东盟灾害管理人道主义援助协调中心已经为人道主义援助提供了平台。东盟还举办了一系列论坛，包括东盟外长会议和东盟海事论坛。同样，环印度洋区域合作联盟（IORA）为印度洋资源安全问题的解决提供了一个平台。东盟地区论坛和环印度洋区域合作联盟的职能虽然有限，但其重点远比应对安全挑战（存在于印尼总统佐科提出的"全球海上支点"战略所在地区——印尼群岛）更为广泛。

---

* John Blaxland，获得新南威尔士大学学士学位、澳大利亚国立大学硕士学位、加拿大皇家军事学院战争研究博士学位；担任澳大利亚国立大学战略与国防研究中心高级研究员，撰写关于军事历史、情报和安全以及亚太事务的文章。来源：苏黎世联邦理工学院安全研究中心（瑞士智库），2016 年 6 月 9 日。

中国视角：亚太地区贸易政策的新动态

Zha Daojiong [*]

原文标题： New Dynamics in Asia Pacific Regional Trade Policies：A View from China

文章框架： 特朗普兑现了其在竞选美国总统时所做出的承诺——退出了跨太平洋伙伴关系协定（TPP），美国退出该协定使亚太地区的贸易结构体系发生了转变；中国是否有强大的国际影响力来影响区域全面经济伙伴关系协定的谈判进度？然而，很多迹象表明，中国对区域全面经济伙伴关系协定的谈判进程并没有过多地予以关注。

观点摘要：

1. 特朗普兑现了其在竞选美国总统时所做出的承诺——退出了跨太平洋伙伴关系协定（TPP），美国退出该协定使亚太地区的贸易结构体系发生了转变。中美两国在建立亚太地区贸易结构体系方面，拥有共同目标。笔者认为，中美两国应携起手来在协调跨太平洋伙伴关系协定和区域全面经济伙伴关系协定（RCEP）的基础上共同建立一种全新的区域贸易结构体系。与此同时，我们应该时刻警惕美国想要重新发挥其主导作用来主宰亚太地区贸易规则的制定。美国与新加坡以及其他三个经济体过去对跨太平洋伙伴关系协定的采纳为中国加快实施或采取果断行动实施贸易自由化政策提供了有利条件。中国于 2013 年在上海建立了上海自由贸易区，三年后，又将自由贸易区的范围扩大到了中国其他的 7 个省份；自 2015 年起，中国开始将“负面清单”运用于本国以及

---

* Zha Daojiong，北京大学国际政治经济学教授。来源：苏黎世联邦理工学院安全研究中心（瑞士智库），2017 年 5 月 10 日。

国外投资者的项目审批中；自 2009 年起，中国开始与瑞士、韩国和澳大利亚缔结并实施自由贸易协定；中国逐步实现了其先前所设想的经济愿景，即实现了“古丝绸之路”的复兴；自 2012 年以来，中国在制定亚洲太平洋经济合作组织（亚太地区最具影响的经济合作官方组织，以下简称亚太经合组织）领导人非正式会议和二十国集团（G20）峰会的议程方面变得更加积极。中国正在加速推进贸易自由化的进程。中国推进贸易自由化进程的宗旨与中国奉行的不结盟外交政策的宗旨存在极大的相似性。随着美国退出跨太平洋伙伴关系协定，越来越多的人将注意力转向了区域全面经济伙伴关系协定（中国是区域全面经济伙伴关系协定的成员之一）。与跨太平洋伙伴关系协定相似的是，区域全面经济伙伴关系协定也受到了斥责和批评。

2. 中国是否有强大的国际影响力来影响区域全面经济伙伴关系协定的谈判进度？然而，很多迹象表明，中国对区域全面经济伙伴关系协定的谈判进程并没有过多地予以关注。事实证明，中国并没有与包括美国在内的其他任何国家在多边贸易谈判方面争夺主导权。在中美两国携起手来共同建立一种全新的区域贸易结构体系时，两国应该竭力做到势均力敌，不让其中任何一方“处于劣势”。中国和美国作为亚太地区目前较大的贸易市场，在源源不断地为整个亚太地区的贸易发展培育新兴贸易市场。事实上，到目前为止，于 2014 年在中国北京举办的亚太经合组织领导人非正式会议上提出的建立亚太自由贸易区（FTAAP）的倡议已经取得了一定进展。为了促进亚太自由贸易区的实现，中国、美国以及亚太经合组织的其他成员都积极加入了关于建立亚太自由贸易区的可行性讨论中。

瑞典智库观点摘要

试水：日本与俄罗斯和解

Liam Palmbach *

原文标题： Testing the Waters：Japan's Rapprochement with Russia

文章框架： 日本首相安倍晋三和俄罗斯总统弗拉基米尔·普京的第四次单独会晤将于2017年在越南举行的亚洲太平洋经济合作组织（APEC）峰会期间进行；在过去两年里，日俄两国在合作方面达成了四项重大协定。

观点摘要：

1. 日本首相安倍晋三（Shinzo Abe）和俄罗斯总统弗拉基米尔·普京（Vladimir Putin）将举行第四次单独会晤。此次会议将于2017年在越南举行的亚洲太平洋经济合作组织（APEC）峰会期间进行。两国元首的会晤频率很高。2014年，在日本与七国集团（G7）就俄罗斯吞并克里米亚一事对俄罗斯实施制裁之后，俄罗斯与日本的关系变得冷淡。经过一段时间之后，双边关系开始复苏，双方签署了大量的贸易和能源协定就证明了这一点，并且它们急于解决南千岛群岛长期以来的争端。然而，尽管两国关系中出现的这些“改善”令人信服，但会使一些七国集团成员感到担忧，并且日本仍将坚定地支持亲美阵营。

2. 在过去两年里，日俄两国合作达成了四项重大协定。第一，安倍晋三与普京于2016年5月在索契会晤，安倍晋三宣布日本对俄罗斯采取“新方案”，并宣布了在能源、交通、农业、科技、卫生保健、城

---

* Liam Palmbach，于2017年9月至2018年2月在安全和发展政策研究所斯德哥尔摩日本中心实习。来源：安全和发展政策研究所（瑞典智库），2017年11月3日。

市基础设施和中小企业等领域的经济合作计划。随后，2017 年 4 月，安倍晋三访问了莫斯科，并签署了一系列贸易、经济、体育、教育、科学和旅游方面的协定。第二，2016 年 12 月，日本和俄罗斯在南千岛群岛问题上达成协定，在一个特殊的法律框架下进行联合经济活动。第三，2017 年初，简化日本和俄罗斯之间的签证系统。这标志着日本希望回到 2014 年前与俄罗斯的合作，因为暂停签证谈判是日本对俄制裁的关键部分。第四，去年日本国际协力银行（JBIC）终结了一项协定——为俄罗斯第一大独立天然气生产商诺瓦泰克公司（Novatek）运营的亚马尔液化天然气（Yamal LNG）项目提供资金。作为全球最大的液化天然气进口国，日本强烈希望入股该项目。

3. 尽管这些事态发展清楚地表明，日俄关系正在迅速发展，但日本与美国及周边国家的贸易更为重要。根据 2016 年的数据，日本对美国的出口额为 1300 亿美元，占日本出口总额的 22%。紧随其后的是中国内地、韩国、中国香港和泰国。此外，日本最大的进口国是中国，接着是美国、韩国、德国和澳大利亚。相比之下，日本对俄罗斯的出口额为 15 亿美元（占比为 0.84%），进口额为 113 亿美元（占比为 1.9%），因此，尽管与俄罗斯的合作有所增加，但美国对日本经济和地缘政治未来的影响要大得多。

中日会在2018年恢复友好关系吗？

Liam Palmbach；Julian Tucker *

原文标题：Sino－Japanese Rapprochement in 2018？

文章框架：尽管中国和日本局势紧张，但两国仍然继续保持接触；习近平主席和安倍晋三首相对自己在任期内要达成的目标有相似的愿景，即强化各自作为区域主导参与者的角色。

观点摘要：

1. 尽管中国和日本局势紧张，但两国仍然继续保持接触。在2017年11月的亚洲太平洋经济合作组织（APEC）峰会上，习近平主席与日本首相安倍晋三的非官方会晤表明了2018年中日双边关系有回暖迹象。2017年12月，日本自民党干事长二阶俊博访问了中国。众所周知，中国外交部部长王毅在对日事务上立场向来强硬，但他现在呼吁中日合作，以缓和朝鲜半岛的紧张局势。此举燃起了人们对习近平主席与安倍晋三互访以及李克强总理可能出席中日韩三边峰会的希望。更重要的是，2018年恰逢中国改革开放40周年、《中日和平友好条约》缔结40周年以及在习近平主席提出的新时代下，中国努力重塑在世界舞台上角色的一年。

2. 习近平主席和安倍晋三对自己在任期内要达成的目标有相似的愿景，即强化各自作为区域主导参与者的角色。事实上，他们的这个目标很可能不利于中日双方在“一带一路”倡议、亚洲基础设施投资银行（AIIB）和区域全面经济伙伴关系协定（RCEP）方面潜在的合作。

---

* Liam Palmbach，于2017年9月至2018年2月在安全和发展政策研究所斯德哥尔摩日本中心实习。Julian Tucker，获得加拿大麦吉尔大学人类学和中东语言学学士学位。来源：安全和发展政策研究所（瑞典智库），2018年2月2日。

在越南岘港举办的亚洲太平洋经济合作组织峰会上，安倍晋三除了会见习近平主席外，还会见了跨太平洋伙伴关系协定（TPP）成员领导人。自特朗普总统宣布美国退出跨太平洋伙伴关系协定以来，日本带领着其余11个成员就改革协定进行谈判，并希望在3月之前能够达成并签署一项新协定。此外，日本正和印度合作，将可能建设“亚洲—非洲增长走廊”。日本与相关国家的接触以及对美国提出的构建“自由开放的印度洋—太平洋战略”的推动会对中国的经济目标产生影响。

平衡俄罗斯远东地区的资源预期

Jiayi Zhou*

原文标题： Balancing Resource Expectations in the Russian Far East

文章框架： 由于俄罗斯本国的政策和驱动因素，中国媒体将俄罗斯对中国的态度贴上了“纠结”和“善变”的标签；在亚太经合组织峰会上，俄罗斯公布了一项投资计划，该计划明显没有提及中国，但大约在同一时间，俄罗斯公开表示更愿意与中国合作。

观点摘要：

1. 由于俄罗斯本国的政策和驱动因素，中国媒体将俄罗斯对中国的态度贴上了“纠结”和“善变”的标签。这些评估充分地说明了俄罗斯对外来劳动力和外来投资的依赖及欢迎，但这些外部资源往往受到证券化需求和国内民族主义或排外言论的限制。在投资层面，俄罗斯一直非常欢迎外来投资者进入其农业市场。这一点明确体现在俄罗斯 2012 年在符拉迪沃斯托克举行的亚太经合组织（APEC）峰会上，此次会议重点讨论了全球粮食安全问题。

2. 在峰会上，俄罗斯公布了一项投资计划，向外部投资者提供了大约 20 个项目，其中一些项目涉及 15 万公顷以上的农业用地。值得注意的是，在俄罗斯经济发展部副部长安德烈·斯列普涅夫列出的越南、新加坡、泰国和日本等可能在此次投标过程中受益的国家名单中，他明显没有提及中国。大约在同一时间，俄罗斯远东发展部部长维克托·伊沙耶夫公开表示，在农业领域，俄罗斯比起与日本、韩国合作，更愿意与中国合作。实际上尽管中国被排除在交易或官方声明之外，但中国对远东地区和俄罗斯其他土地市场的参与并没有真正遇到障碍。

---

* Jiayi Zhou，气候变化与风险项目研究员，美国战略与国际问题研究中心太平洋论坛非常驻研究员，聚焦于非传统安全、地缘经济和暴力极端主义。来源：斯德哥尔摩国际和平研究所（瑞典智库），2017 年 8 月 2 日。

改变绿色能源叙事以及国际太阳能联盟（ISA）的重要性

Kunal Kashyap *

原文标题： Changing Green Energy Narrative and Significance of the International Solar Alliance（ISA）

文章框架： 印度政策制定者和规划者意识到，转向绿色能源是不可或缺的；近年来，印度在全球舞台上一直走在积极的道路上；根据国际太阳能联盟的工作文件，它不应复制其他组织在有关工作领域的努力；当今地球上最严重的问题是全球变暖问题，这是由温室气体排放过多造成的；化石燃料消耗在导致全球变暖中的作用最大，转向使用可再生能源可能会解决这个问题；世界在限制化石燃料消费方面正变得更加自信；在寻求无碳能源的过程中，世界以一种前所未有的方式对太阳能进行了大力开发；国际太阳能联盟的发起者，特别是印度和法国，需要确保该联盟能够实现无缝扩展和运作。

观点摘要：

1. 印度的能源部门长期以来努力缩小产能增加以及人口日益增加和工业基地不断扩张带来的需求增加之间的差距。由于 2012 年 7 月北部电网的崩溃，印度北部和东部大部分地区遭受严重的电力中断影响，这为人们敲响了警钟。自 2014 年以来，该部门出现了一些重大的结构

---

* Kunal Kashyap，现役陆军军官，目前在一个旅中担任参谋，曾在拉达克地区服役。来源：地面战争研究中心（印度智库），2018 年 1 月 22 日。

性和政策改革，显示出复苏的迹象。但这一部门的萎靡不振带来的问题远远超越需求—供给难题，以化石燃料为基础的能源消费结构会带来严重的影响。印度政策制定者和规划者意识到，转向绿色能源是不可或缺的。国际太阳能联盟（ISA）的建立是印度的一个巨大飞跃。

2. 近年来，印度在全球舞台上一直走在积极的道路上。它反映在各个领域的活动中，如与美国签订民用核协定以及后来与其他重要国家如加拿大、法国和澳大利亚签订民用核协定等。最重要的是，印度主导的国际太阳能联盟的总部在印度。该联盟建立的目的源于 1981 年的联合国大会决议。该决议强调了发展中国家之间合作的必要性以及为新能源和可再生能源调集财政资源的必要性。该联盟于 2015 年 11 月 30 日由印度总理纳伦德拉·莫迪和法国总统弗朗索瓦·奥朗德在巴黎举行的气候变化大会期间共同推出。该联盟是一个以条约为基础的政府间组织，并于 2017 年 12 月 6 日“拉开帷幕”。该联盟建议将所有 121 个国家（在地理上完全或部分地位于北回归线和南回归线之间，即阳光下的国家）整合在一起。这些国家日照天数每年大约有 300 天。如果这些国家可以通过协调一致的努力来分享这些经验，那么它们就能以一种有效的方式来利用太阳能。这些国家都在向前发展，大部分都是以农业为基础的经济体。这些国家的人口约占世界人口的 73%，而国内生产总值（GDP）仅占世界经济总量的 36% 左右。这些国家消耗了全球 55% 的能源，而其仅占太阳能发电总量的 23% 左右，因此，国际太阳能联盟发挥的作用对于这些国家来说至关重要。该联盟计划在 2030 年之前筹集 1000 亿美元的资金，并产生 1000 万千瓦的太阳能发电能力。该联盟是第一个专门的全球性太阳能机构，并符合联合国可持续发展目标——到 2030 年，确保所有人都能获得负担得起、可靠的、可持续的现代能源。

3. 根据联盟的工作文件，它不应复制其他组织在有关工作领域的努力，例如国际可再生能源机构（IRENA）、可再生能源及能源效率伙伴关系（REEEP）、国际能源署（IEA）、21 世纪可再生能源政策网络（REN21）等的相关工作，但是该联盟将建立网络并与这些组织协同发展，以可持续和专注的方式“补充”其努力。该联盟的目标是建立一个合作平台，以增加太阳能技术的“部署”，以维护能源安全和促进可持续发展，改善农村和偏远地区的能源使用情况，提高生活水平。国际太阳能联盟拟议治理结构将由大会、理事会和秘书处组成。在未来的日子里，这种管理模式将继续受到成员的“审议”。大会将为秘书处进行活动提供指导及咨询意见。此外，国际太阳能联盟的详细法规正在制定中。

4. 当今地球上最严重的问题是全球变暖问题，这是由温室气体排放过多造成的。温室气体的排放有几个来源。然而，仅能源部门的排放量就占到了排放总量的三分之二以上。全球变暖的现象有可能造成最严重的灾害。它已经导致了大陆冰川的消退以及极地、靠近北极或南极地区和山区永久冻土的减少。北半球的积雪和北冰洋的浮冰已经减少。厄尔尼诺和拉尼娜现象的影响越来越多地导致了灾难性的影响。沿海地区也出现很多问题，海平面上升将淹没几个岛屿。按目前的排放量增长看，全球表面温度预计到2100年将上升3.3°C~3.9°C，这可能会产生灾难性的影响。目前世界各国正在努力限制这些温室气体的排放，主要是二氧化碳。关于这一问题探讨进展的决定性时刻是发达国家在1997年签署《京都议定书》，该议定书规定，2008年至2012年，发达国家的温室气体排放量要在1990年的基础上平均削减5.2%。虽然这一目标没有完全实现，但是各国仍在继续努力中。2015年在巴黎举行的气候变化大会上，相关国家做出了以下承诺：到2025年，要把全球平均气温升幅控制在1.5°C~2°C。大多数国家提交了“国家自主贡献预案”(INDCs)。这些国家还达成了一项联合协定，在2050年至2100年实现温室气体零排放。

5. 化石燃料消耗在导致全球变暖中的作用最大，转向使用可再生能源可能会解决这个问题。根据国际可再生能源署（IRENA）在巴黎气候大会上对2015年能源报告的重新思考，可再生能源可以通过以下两种方式来解决有时间限制的温度稳定问题：可再生能源可以“提供”一半的减排，将气温升幅控制在2°C以内；能源效率措施可以带来其他的好处。可再生能源使用技术是唯一可以快速“部署”的技术，并且能够及时缩小这一差距。可再生能源已经有了显著的贡献，其发电量占总发电量的22%以上，从而减少了电力部门的排放量。根据相关分析，太阳能本身可以弥补25%的累积二氧化碳当量缺口。

6. 世界在限制化石燃料消费方面正变得更加自信。最近，法国通过了一项在2040年前停止油气勘探的法案。许多欧洲国家都在准备“抛弃”以化石燃料为基础的汽车，而印度也设定了2030年的目标。2016年，全球巨头壳牌集团宣布停止在北极地区开采石油。2017年10月，时任美国总统奥巴马做出了历史性的决定，否决了“基石”输油管道项目，理由是需要将化石燃料留在地下。改造印度国家研究院（NITI Aayog）在2015年12月的报告中称，到2022年，印度的发电装机总容量将达到275吉瓦，远远超过了140吉瓦的峰值需求。仅以煤炭为基础的发电能力就高于其峰值需求。然而，能源行业状况不佳的原因是煤炭供应短缺、输电和配电的损耗水平高以及公用事业的财务运行状况不佳。此外，与国内煤炭不同，进口煤炭的价格不受监管。一些电力部门的根本问题阻碍了现有系统的有效利用，以致无法满足电力的需求。除了糟糕的供应状况外，人们不得不求助于私人的、昂贵的解决方案，这些解决方案引发了健康和环境方面的问题。

7. 对于这一巨大的混乱，唯一的解决办法是可再生能源，其潜力巨大且没有得到充分开发。最近的估计显示，印度的太阳能潜力超过750吉瓦，其宣布的风能潜力为302吉瓦（实际可能高于1000吉瓦）。印度2047年能源安全方案显示，到2047年，风能和太阳能光伏发电量将分别达到410吉瓦和479吉瓦。可再生能源如果能发挥其强大作用，就能满足印度的整体能源需求。转向可再生能源的另一个重大好处是减轻了印度政府的财政负担。2014～2015年，印度仅煤炭进口量就高达2.12亿吨。这就需要增加目前处于萌芽阶段的绿色能源基础设施。根据印度“十二五”规划，规划委员会估计，仅能源部门的基础设施发展就需要超过1万亿美元，而且如果将可再生能源的投资要求包括在内，这一数额就将更大。然而，这些费用将长期通过减少进口产品等来弥补。

8. 在寻求无碳能源的过程中，世界以一种前所未有的方式对太阳能进行了大力开发。可再生能源发电能力在2016年出现了有史以来最大的年度增长，预计新增装机容量为 161 吉瓦。全球总容量比 2015 年增长近 9%，达到 2017 吉瓦。仅中国就拥有世界可再生能源发电能力的 25% 以上，总容量约为 564 吉瓦。太阳能光伏发电的新增装机容量首次超过了其他发电技术。2016 年，太阳能光伏发电的新增装机容量占新增装机可再生能源容量的 47%，风能和水力发电分别占 34% 和 15.5%。由于煤炭产量的整体下降，可再生能源得以快速发展。此外，对可再生能源的补贴也大幅增加，这来源于各国对逐步取消化石燃料补贴的各种承诺，如二十国集团（G20）和亚太经合组织（APEC）在 2009 年做出的承诺，以及 2016 年底，50 多个国家做出的类似承诺。《联合国气候变化框架公约》下的 2015 年《巴黎气候变化协定》于 2016 年 11 月在摩洛哥马拉喀什正式生效。可再生能源在“国家自主贡献”中占据了重要地位。在第 22 届联合国气候变化大会上，48 个国家的领导人共同致力于实现各自国家 100% 的可再生能源使用。随着可再生能源市场的增长，相关就业岗位在 2016 年也大幅增加。可再生能源行业的就业人数超过了 1100 万人，其中大部分在亚洲。

9. 世界正在快速地被污染而且资源正在衰减，只有有限的资源来支持人类的需求，而人类的需求似乎是无限的，因此，需要改变这种局面。虽然危机是巨大的，但这一局面仍然处于可逆转的状态。世界必须解决对森林砍伐的依赖并进行大规模的植树造林。然而，更艰巨的任务是将目前使用的能源转变为完全可再生能源。关于这一方面的许多工作已经开始或正处于发展阶段。国际太阳能联盟可以说是这一领域最具潜力的推动者，目前正处于萌芽阶段。国际太阳能联盟的发起者，特别是印度和法国，需要确保该联盟能够实现无缝扩展和运作。能源在本质上具有极大的“破坏性”，该联盟应该保持警觉，与时俱进，不断改革，以保持其相关性。国际太阳能联盟是一个全球性的组织，对印度影响深远。除了解决能源危机外，该联盟还将为印度的“惰性”外交政策提供支持，并有可能引导印度采取一种更具修正主义的全球策略，这会增强印度的实力。

跨喜马拉雅经济走廊：尼泊尔作为门户

Madhukar Sjb Rana *

原文标题： Trans – Himalayan Economic Corridor：Nepal as a Gateway

文章框架： 尼泊尔已明确表示，它希望成为连接中亚、南亚和东南亚之间的喜马拉雅大陆桥；五年后，尼泊尔毛派总理帕苏巴·卡麦尔·达哈尔首次宣布这一构想，于 2010 年提出了包括印度、中国和尼泊尔在内的“三边战略关系”概念。

观点摘要：

1. 尼泊尔已明确表示，它希望成为连接中亚、南亚和东南亚的喜马拉雅大陆桥，因此，它将欢迎“一带一路”南段与欧洲接轨，也欢迎中国铁路延伸到加德满都和蓝毗尼。尼泊尔国王贾南德拉于 2005 年在多哈举行的第二届南方首脑会议上提出了尼泊尔作为“转口经济体”的想法。这一战略政策被纳入该国 2005 年的预算中。此外，国王要求财政部部长带领一个代表团前往拉萨和北京，讨论在中尼边境开发更多双边贸易航线的问题，并表达了尼泊尔希望看到北京—拉萨的铁路路线延伸到尼泊尔边境和加德满都。

2. 五年后，尼泊尔毛派总理帕苏巴·卡麦尔·达哈尔（Pushpa Kamal Dahal）于 2010 年提出了包括印度、中国和尼泊尔在内的“三边战略关系”概念。他相信这一概念将“立即解决所有三方关切的问题”。据报道，2012 年，普拉昌达以尼泊尔共产党（毛主义）的身份与亚太经济合作组织（APEC）签署了一项价值 30 亿美元的协定，将蓝毗尼发展成为世界级的宗教旅游和文化城市。该项目将极大地惠及中国、印度

* Madhukar Sjb Rana，尼泊尔发展经济学家。来源：观察家研究基金会（印度智库），2017 年 2 月 10 日。

和尼泊尔，特别是在比哈尔邦的菩提伽耶、鹿野苑和拘尸那罗。毛派领导人巴布拉姆·巴塔拉伊（Babu Ram Bhattarai）2011 年在议会上发表讲话时表示，从今以后，尼泊尔应该充当“友谊桥梁”，不再是“两块卵石之间的山药”。

中日关系的发展状况

K. V. Kesavan *

原文标题： The State of Play in Sino – Japanese Relations

文章框架： 今年，日本和中国正在纪念两国关系正常化45周年；“经济上温暖和政治上冷漠”，用这句话来描述近年来中日关系的特征可能再合适不过了；2006年安倍晋三（Shinzo Abe）第一次担任日本首相，他把中国作为上任后第一个出访国家；安倍晋三于2012年12月重新掌权，他在钓鱼岛问题上立场强硬；尽管双边关系长期处于紧张状态之中，但人们也应该注意到，有迹象表明，日本方面尤其希望恢复正常交往；在2017年5月的最后一周，中日第四轮政治对话在东京举行，由中国国务委员杨洁篪和日本国家安全保障局局长谷内正太郎共同主持。

观点摘要：

1. 今年，日本和中国正在纪念两国关系正常化45周年。两国的伙伴关系是亚太地区最重要的伙伴关系之一，对该地区的和平与稳定具有重大影响。两国双边贸易额约为3400亿美元，是整个亚太地区最大的贸易额。在紧密结合、相互依赖的亚太地区，仅仅在狭隘的双边框架内审视中日关系是不恰当的。它们的战略和经济利益远远超出了对包括海洋安全、区域经济发展和全球气候变化在内的各种区域性和全球性问题的影响（这里只提少数几个）。正如许多分析人士所承认的那样，在中

---

* K. V. Kesavan，印度国家关系学院博士，观察家研究基金会高级研究员，印度日本研究领域杰出学者。来源：观察家研究基金会（印度智库），2017年6月14日。

国和日本之间缺乏友好关系的情况下，很难想象亚太地区的和平与稳定。然而，近年来，两国之间的紧张关系引起了人们对两国未来关系及其对整个亚太地区影响的重大关切。

2. “经济上温暖和政治上冷漠”，用这句话来描述近年来中日关系的特征可能再合适不过了。中日双边关系遭到历史和领土问题的破坏，而两国采取的民族主义做法使双边关系进一步恶化。然而，它们保持了相当高的经济互动水平。两国在工业和技术能力方面的差异使两国经济具有高度互补性。这为中日在若干领域的相互合作提供了相当大的空间。中国是日本最大的贸易伙伴，也是日本投资的最大目的地。相反，在政治领域，由于历史和领土问题，两国关系严重紧张，而政治局势紧张往往会威胁到经济合作的前景。2001～2006 年，小泉纯一郎（Junichiro Koizumi）在担任日本首相期间，参拜了有争议的靖国神社，这使中日两国关系降至冰点。但两国的经济关系保持稳定，贸易和投资大幅增长。日本政府开发援助（ODA）继续帮助中国发展经济。

3. 2006 年安倍晋三（Shinzo Abe）第一次担任日本首相，他把中国作为上任后第一个出访的国家，并与中国签署了联合声明，强调了促进“基于共同战略利益的互利关系”的重要性，这后来成为日本政府的外交模板。随后出现了一些积极的发展势态，如防务对话、海军互访以及搜救任务的联合训练。但是，安倍晋三的任期在 2007 年“戛然而止”，随后出现了一系列短期内阁，直到 2012 年得以结束。2009～2012 年，执政的日本民主党无法与中国进行任何有意义的对话。与此相反，在 2010 年中日船只相撞后，钓鱼岛问题首次成为严重问题，后来日本首相野田佳彦（Noda Yoshihiko）将这些岛屿据为国有。从那时起，钓鱼岛问题突然改变了两国关系的整体基调。

4. 日本首相安倍晋三于 2012 年 12 月重新掌权，他在钓鱼岛问题上立场强硬。此外，他在 2013 年 12 月参拜靖国神社后，采取了一系列措施，使两国关系紧张，并导致中国终止与日本的所有重要交往，包括峰会级别的会议。在各区域组织会议上，安倍晋三强烈主张所有国家都有权在公海自由航行，任何国家都不能通过武力改变现状。安倍晋三还向菲律宾和越南等国提供了安全经济援助。他在南海问题上的强硬立场，包括他对国际仲裁法庭裁决的支持，被中国指责为毫无根据，因为日本不是直接卷入争端的一方。

5. 尽管双边关系长期处于动荡之中，但人们也应该注意到，有迹象表明，日本方面尤其希望恢复正常交往。日本一些有影响力的领导人，如福田康夫（Fukuda Yasuo）、高村正彦（Masahiko Komura）和二阶俊博（Toshihiro Nikai），与中国的执政机构保持着密切的联系，他们在安排习近平主席和安倍晋三首相在一些地区组织的会议间举行会晤方面发挥了关键作用。虽然 2014 年在北京和 2015 年在马尼拉举办亚太经合组织会议期间，两国并没有在前两次非正式会议中表现得很热情，但 2016 年 9 月在二十国集团（G20）杭州峰会上举行的第三次协调人会议被证明是相当重要的，两国领导人强调需要发展并推进正常关系。

6. 在 2017 年 5 月的最后一周，中日第四轮政治对话在东京举行，由中国国务委员杨洁篪和日本国家安全保障局局长谷内正太郎共同主持。双方坦诚地就双边和地区问题交换了意见，重申了加强合作关系的决心。双方都渴望恢复自 2010 年以来一直没有实现的高层经济对话。有报道称，他们非常希望为习近平主席与安倍晋三安排定期的一对一峰会。两国立即看到未来几年可能合作的两个重要领域。第一个领域涉及朝鲜，最近几个月朝鲜无视联合国安理会的决议，进行了一系列核试验。美国总统唐纳德·特朗普（Donald Trump）领导下的美国政府对中国限制朝鲜寄予了极大的期望，同时，由于日本与朝鲜的威胁如此接近，日本也希望与中国保持良好关系，并进行合作。第二个领域涉及如何处理特朗普政府的保护主义政策。在 5 月第一周，日本、中国和韩国的官员在横滨会晤，并同意抵制各种形式的保护主义。在特朗普推行“美国优先”政策之后，中国采取了特别坚定的立场支持自由贸易。总之，在追求改善两国关系的过程中，日本和中国都采取了一种非常务实的政策，即将政治与经济分开。当前，两国经济关系相对稳定。但随着政治紧张局势的加剧，将政治与经济区分开的政策面临挑战。鉴于两国的伙伴关系及其与亚太地区和平与稳定的关系，两国应探索多层次的沟通渠道，以确保两国关系持续稳定。

亚洲的海上“四方安全对话”可能会变得难以捉摸

Abhijit Singh *

原文标题： Asia’s Maritime – Quad Might Prove Elusive

文章框架： “四方安全对话”（由美国、日本、澳大利亚和印度组成）的回归引起了战略专家们的高度关注；在亚洲太平洋经济合作组织（APEC）成员对特朗普总统宣布美国退出跨太平洋伙伴关系协定（TPP）的决定日益担忧之际，美国正面临亚洲太平洋经济合作组织成员要求其强调对亚太地区经济发展所做承诺的压力。

观点摘要：

1. “四方安全对话”（由美国、日本、澳大利亚和印度组成）的回归引起了战略专家们的高度关注。上周有报道称，唐纳德·特朗普总统本周访问东京期间，日本首相安倍晋三提议美国、日本、澳大利亚和印度举行四方对话。印度猜测，新的“四方安全对话”可能旨在寻求对抗中国在亚洲的海军实力。分析人士认为，印度将推动日本海军加入“马拉巴”联合军演，从而扩大军演规模并重振与日本和澳大利亚的防务关系，这表明了印度的政策制定者支持在亚洲开展“硬制衡”。通过仔细观察亚洲新兴的海军力量，显而易见的是“四方安全对话”并不是一个完全可行的主张。无论是日本还是美国，都没有表明这个组织将围绕中国提出安全议程。本周早些时候，一名美国高级政府官员否认了“四方安全对话”是为了遏制中国的说法。从日本和美国的报道来看，如果“四方安全对话”有什么不同的话，那就是该组织可能专注于寻

---

* Abhijit Singh，观察家研究基金会高级研究员和海事政策倡议负责人。来源：观察家研究基金会（印度智库），2017 年 11 月 9 日。

求中国“一带一路”倡议的替代方案。

2. 随着亚洲太平洋经济合作组织（APEC）成员对特朗普总统宣布美国退出跨太平洋伙伴关系协定（TPP）的决定日益担忧之际，美国正面临亚洲太平洋经济合作组织成员要求其强调对亚太地区经济发展所做承诺的压力。即使美国想要发出加强其在亚洲海上力量的信号，也很可能遭到东南亚国家联盟（ASEAN）的劝阻。东南亚国家联盟正积极地与中国海军接触（在上个月中国—东盟国家首次举行的联合海上搜救演习中就能看出这一点）。鉴于许多东南亚国家公开承认中国在地区安全和发展中的作用，因此，美国似乎不太可能发表旨在遏制中国海军在亚洲实力的提议。

特朗普的亚洲之行使中国更加强大

Mayuri Banerjee *

原文标题： Trump's Asia Visit Leaves China Stronger

文章框架： 东南亚国家历来致力于发挥美国的作用以制衡中国，面对中国日益增长的经济实力，特朗普总统此次亚洲之行从东道主亚洲国家所得到的欢迎是前所未有的，甚至是一直受威胁要被列入汇率操纵国的中国也向其“铺了红地毯”。

观点摘要：

1. 东南亚国家历来致力于发挥美国的作用以制衡中国，面对中国日益增长的经济实力，特朗普总统的亚洲之行充满了修补政治关系和恢复美国领导层可信度的意味。特朗普利用此次亚洲之行，推动他的“美国优先”议程。他在亚洲太平洋经济合作组织（APEC）峰会上发表的讲话宣称，美国不会再被利用，美国将只对遵守贸易公平惯例规则的国家开放双边贸易市场。在亚洲太平洋经济合作组织峰会上，美国对多边协定和自由贸易的反对让峰会上的各成员更加不安。然而此前，美国政府曾在该地区大力推动多边协定和自由贸易。在缺乏连贯性政策的情况下，特朗普此次访问的主要目的是表明美国正从东南亚战略空间撤出。在特朗普的访问期间，他主要强调了美国的经济发展，这些发展可能从国内的角度看是一种胜利，但是这种对外贸易方式可能会进一步疏远其盟友，因为它们不会屈服于特朗普的行事方式，无论是在形式上还是在内容上。

2. 特朗普总统此次亚洲之行从东道主亚洲国家所受到的欢迎程度

---

* Mayuri Banerjee，贾达普大学国际关系硕士，观察家研究基金会研究助理。来源：观察家研究基金会（印度智库），2017 年 11 月 18 日。

是前所未有的，甚至是一直受其威胁要被列入汇率操纵国的中国也向其“铺了红地毯”。特朗普不仅称赞中国国务院总理取得了巨大的政治胜利，而且还要求习近平主席帮助他“解决朝鲜问题”。政治评论家认为，这些声明属于缓和言论的一部分。在亚洲太平洋经济合作组织峰会上，中国谈到了创新、数字经济和发展中经济体的自由贸易协定，这为多边讨论奠定了基调。同时这也可能表明，在国际组织中，角色在逐渐发生“逆转”。与特朗普对国际结构的漠不关心不同，中国正在推动更多的国际性制度安排。在人们担心中国试图重建国际中心并通过其庞大的基础设施项目“一带一路”倡议在国际论坛上发表讲话的情况下，特朗普在亚洲问题上的不介入立场，将进一步强化中国的领导地位。

区域全面经济伙伴关系协定：深化印度—东盟伙伴关系的催化剂

Sreeja Kundu *

原文标题： RCEP：A Catalyst for Deepening India – ASEAN Partnership

文章框架： 在第十五届印度—东盟峰会上，印度在强调“印度与东盟的关系是其外交政策的关键性原则和‘东向行动’政策的基础”后，印度的“东向行动”政策便具有了重大的战略意义；印度与东盟的关系正在升温，即“东盟是印度的第四大贸易伙伴”，区域全面经济伙伴关系协定为印度提供了充足的机会。

观点摘要：

1. 在第十五届印度—东盟峰会上，印度在强调“印度与东盟的关系是其外交政策的关键性原则和‘东向行动’政策的基础”后，印度的“东向行动”政策便具有了重大的战略意义。对于一个希望拥有巨大权力的国家来说，印度总理莫迪的“邻国优先”和“东向行动”政策是印度要在本国所在地区凸显影响力的举措，因此，区域全面经济伙伴关系协定（RCEP）为印度提供了一个决定性的平台，以影响其在印度洋—太平洋地区的战略和经济地位，并推动“东向行动”政策的实施。区域全面经济伙伴关系协定是由东盟 10 个成员与 6 个自由贸易区伙伴国组建的，以扩大、深化各方之间的接触，并在各方参与的前提下促进发展该区域经济。这一协定显得非常“雄心勃勃”，因为它将包括

---

* Sreeja Kundu，观察家研究基金会研究员，主要研究领域包括国际关系、地缘政治风险以及公共政策。来源：观察家研究基金会（印度智库），2018 年 1 月 29 日。

澳大利亚、中国、日本、韩国、新西兰在内的世界主要经济体纳入一个贸易组织，也将使印度—东盟贸易伙伴关系得到巩固。

2. 印度与东盟的关系正在升温，即“东盟是印度的第四大贸易伙伴”，区域全面经济伙伴关系协定为印度提供了充足的机会。区域全面经济伙伴关系协定将补充印度和东盟国家以及其他一些成员的现有自由贸易协定。这将有利于提升印度作为“增长最快经济体”的地位。正如国际货币基金组织（IMF）早于莫迪在达沃斯世界经济论坛发表讲话前建议的那样，此举将使印度能够增强与澳大利亚和新西兰等国的贸易联系，因为印度在亚洲太平洋经济合作组织（APEC）和跨太平洋伙伴关系协定（TPP）中没有与这些国家建立正式贸易伙伴关系。

俄罗斯大使指出：与政治对话水平相比贸易周转更滞后*

原文标题： Trade Turnover Lagging behind Compared to Level of Political Dialogue：Russian Ambassador

文章框架： 对于欧亚大陆的互联互通与合作，库达舍夫（Kudashev）指出需要以和平的方式解决阿富汗问题并以此消除该地区可能带来的威胁；中印互信是欧亚大陆稳定的核心要素，两国可以通过多边合作组织来增进互信。

观点摘要：

1. 对于欧亚大陆的互联互通和合作，俄罗斯驻菲律宾大使库达舍夫（Kudashev）指出需要以和平的方式解决阿富汗问题并以此消除该地区可能带来的威胁。上海合作组织（SCO）、欧亚经济联盟（EEU）以及东盟（ASEAN）等其他组织将为更广泛的欧亚大陆伙伴关系提供基础。"一带一路"倡议被寄予厚望，它几乎涉及上海合作组织（SCO）成员所有人的利益。

2. 俄罗斯驻菲律宾大使库达舍夫接着强调，中印互信是欧亚大陆稳定的核心因素，两国可以通过多边合作组织来增强互信。俄罗斯也支持中国通过亚太经合组织（APEC）等多边组织在地区事务中发挥更大作用。随着欧亚大陆逐渐成为世界政治和经济活动的中心，俄罗斯和印度应优先考虑通过合作的方式来解决区域问题。加强对话会促使两国以最有效的方式解决各种问题。我们的目的是要找到共同的解决办法以应对共同的威胁和挑战，并提高对各国敏感利益的认知水平，避免造成与别国的敌对或疏远。

---

* 来源：观察家研究基金会（印度智库），2018 年 2 月 15 日。

南太平洋：印度外交政策中的优先事项

Niranjan Chandrashekhar Oak *

原文标题： South Pacific：Gaining Prominence in Indian Foreign Policy Calculations

文章框架： 最近巴布亚新几内亚正在寻求发展与印度、中国和阿联酋等国的关系；巴布亚新几内亚是唯一一个成为亚太经合组织（APEC）成员的南太平洋岛国，而印度渴望成为亚太经合组织的成员。

观点摘要：

1. 传统上，巴布亚新几内亚的区域政策一直聚焦于澳大利亚、新西兰和南太平洋。然而，最近巴布亚新几内亚正在寻求发展与印度、中国和阿联酋等国的关系。印度和巴布亚新几内亚有着密切的关系。印度于1975年从澳大利亚获得独立后就同巴布亚新几内亚政府建立了外交关系。然而，34年后，两国才首次举行双边部长级访问。2009年7月，巴布亚新几内亚外交部部长萨姆·阿巴尔（Sam Abal）对印度进行了为期四天的访问。随后，两国间还进行了其他部长级别访问。2015年8月，巴布亚新几内亚总理彼得·奥尼尔（Peter O'Neill）访问印度并参加了在斋浦尔举行的第二届印度—太平洋岛屿合作论坛（FIPIC）峰会。

2. 除了进行双边访问外，巴布亚新几内亚还是“不结盟运动”的成员。巴布亚新几内亚宪法于1975年颁布，以印度宪法为蓝本。巴布亚新几内亚是唯一一个成为亚洲太平洋经济合作组织（以下简称亚太

* Niranjan Chandrashekhar Oak，印度国防研究和分析中心东南亚和大洋洲研究实习生。来源：国防研究和分析中心（印度智库），2018年5月10日。

经合组织，APEC）成员的南太平洋岛国，而印度渴望成为亚太经合组织的成员。此外，巴布亚新几内亚还是区域和次区域组织一个具有影响力的成员，这些组织包括美拉尼西亚先锋集团（MSG）、瑙鲁协定（PNA）和太平洋岛国发展论坛（PIDF），这些组织排除了重要的南太平洋国家，如澳大利亚和新西兰。

中国与印度：在印度洋—太平洋地区构建一个和平的秩序

Gurpreet S Khurana；Antara Ghosal Singh *

原文标题：India and China：Constructing a Peaceful Order in the Indo – Pacific

文章框架：“一带一路”倡议旨在通过政策沟通、设施联通、贸易畅通、资金融通、民心相通，形成共同利益、共同责任和命运共同体；“一带一路”倡议不仅象征着中国作为一个大国在全球舞台上的崛起，而且也代表了中国特色、中国风格和中国自信的独特外交方式；“一带一路”倡议已经取得了一定的进展，同时也面临一些问题；尽管印度理解与中国打交道的经济必要性，但考虑到中印关系的复杂性，印度对中国项目采取了相当谨慎的态度；所有这些都反映了印度对“一带一路”倡议的“积极与合作态度”；印度特别赞赏中国支持印度在联合国安理会和核供应国集团的愿望，中国也欢迎印度加强与亚太经合组织和上海合作组织联系的愿望。

观点摘要：

1. “一带一路”倡议是中国国家主席习近平在2013年9月访问哈萨克斯坦和10月访问印尼时提出的。该倡议涉及60多个国家，44亿人口，经济总量超过21万亿美元。按照中国政府的官方说法，“一带一路”倡议旨在将亚太经济圈与欧洲经济圈联系起来。其旨在通过加强

* Gurpreet S Khurana，印度海军上校、国家海事基金会执行董事。Antara Ghosal Singh，国家海事基金会研究员。来源：国家海事基金会（印度智库），2017年5月9日。

政策沟通、设施联通、贸易畅通、资金流通、民心相通，形成共同利益、共同责任和命运共同体。中国政策制定者表示，这一倡议完全是由经济合作驱动的，而不是由地缘政治所驱动，或者试图施加影响力。

2. 为什么中国要承担起振兴“古丝绸之路”的重任？这是由于 2008 年金融危机后，中国经济正努力从外国投资驱动型和出口驱动型增长转向国内消费驱动型增长。然而，这一趋势尚未开始，另外，由于国内市场的产能过剩和竞争加剧，加之中国外汇储备庞大，中国正日益走向全球。为适应这一新常态，中国旨在建立更加“科学、可持续、平衡”的发展模式，并在此基础上，将重点放在中国东部、中部和西部的更协调发展上，以及减少资源和环境成本。“一带一路”倡议与中国的“走出去”战略以及“均衡发展模式”都很契合。此外，“一带一路”倡议不仅象征着中国作为一个大国在全球舞台上的发展，而且也代表了中国特色、中国风格和中国自信的独特外交方式。

3. 到目前为止，“一带一路”倡议已经取得了一定的进展，同时也面临一些问题。中国—哈萨克斯坦货运列车近期开始运营，中俄天然气管道项目、中老铁路项目、中泰铁路项目等已取得一定进展。中国正在与印度尼西亚、柬埔寨、斯里兰卡等国开展港口开发和运营合作，还与该地区其他国家建立并升级自由贸易协定。然而，中国的投资在斯里兰卡、希腊以及早些时候在缅甸和墨西哥遇到了麻烦。有趣的是，中国学术界的一小部分人对中国在海外投资领域的有限成功直言不讳。他们指出，尽管中国是全球第二大对外直接投资来源国，但其海外投资项目的一半以上都是无利可图的。

4. 就印度而言，该国在古老的丝绸之路和香料路线上具有重要的地理位置，历史上一直是这些贸易路线的中心，并与沿线的国家和地区分享其古老的智慧。中国与印度文明在“古丝绸之路”上的互动已经被很好地记录了下来。除商品外，佛教和印度教等也通过“古丝绸之路”在印度以外得到了很好的传播。印度拥有 12 亿人口和巨大的市场，位于“一带一路”倡议的独特交叉点上，因此，中国领导人显然对寻求印度支持“一带一路”倡议非常感兴趣。尽管印度理解与中国打交道的经济必要性，但考虑到中印关系的复杂性，印度对中国项目采取了相当谨慎的态度。

5. 此外，孟中印缅经济走廊正在迅速发展成为中国和印度共同努力提升不发达地区的一个平台。印度是亚洲基础设施投资银行（AIIB）首批创始成员之一，印度是该银行第二大股东，印度还与中国合作建设金砖国家新开发银行，旨在为发展中国家的基础设施建设提供资金。所有这些都反映了印度对“一带一路”倡议的“积极与合作态度”。

6. 在全面改善与中国关系的背景下，印度正在转向与中国合作。中国和印度之间的工业和商业关系正在恢复，制造业和基础设施成为合作的内容。铁路方面也有重大合作计划。为了抵消日益加剧的贸易不平衡，中国企业被鼓励在印度投资。习近平主席在访问印度期间承诺将在5年内投资200亿美元，因此，在浦那和瓦尔多达拉的两个中国工业园区正如火如荼地建设。中国和印度之间已经形成了地区层面的合作。双方加强了在反恐、人员培训、重大安全事件、打击跨国犯罪、粮食安全、气候变化等领域的合作。印度特别赞赏中国支持印度在联合国安理会和核供应国集团的愿望，中国也欢迎印度加强与亚太经合组织和上海合作组织联系的愿望。

印度的贸易选择

Amita Batra [*]

原文标题： India's Trade Options

文章框架： 正如今年早些时候美国退出跨太平洋伙伴关系协定所引发的那样，印度洋—太平洋地区的经济空间继续保持对外开放并且正在被重新配置；就中国和其他区域经济体而言，随着东亚区域一体化进程的深化，印度有机会通过区域全面经济伙伴关系协定加强与中国和东南亚国家联盟间的贸易往来，从而落实其“东向行动”政策。

观点摘要：

1. 正如2017年早些时候美国退出跨太平洋伙伴关系协定（TPP）所引发的影响那样，印度洋—太平洋地区的经济空间继续保持对外开放并且正在被重新配置，因此，有关中国将如何在该地区经济秩序中发挥主导作用引发了许多猜测，尤其是在日本试图重振跨太平洋伙伴关系协定的努力迄今为止尚未取得任何积极成果的情况下。此外，基于日本首相安倍晋三本月早些时候对印度进行访问一事，日本与印度的关系在该地区被视为一股可能制衡中国的力量，因此，研究中国和日本与印度经济关系的紧密程度，并在更大的区域经济背景下讨论印度的选择是有意义的。

2. 就中国和其他区域经济体而言，随着东亚区域一体化进程的深化，印度有机会通过区域全面经济伙伴关系协定（RCEP）加强与中国和东南亚国家联盟（ASEAN）间的贸易往来，从而使其“东向行动”

---

* Amita Batra，国际关系研究所南亚研究中心经济学教授，和平与冲突研究所专栏作家。来源：和平与冲突研究所（印度智库），2017年9月28日。

政策得到落实。通过区域全面经济伙伴关系协定实现贸易自由化将成为印度融入区域价值链的重要契机，这一过程包括生产升级、制造业产能增长、就业和工人技能提升，这些目标体现在印度总理莫迪推行的“印度制造”计划中。如果区域全面经济伙伴关系协定没有发展，中国有可能会推动建设亚太自由贸易区（FTAAP），并邀请亚洲太平洋经济合作组织（APEC，简称亚太经合组织）成员加入。在2014年亚太经合组织峰会上，中国正式启动亚太自贸区进程，各方就《亚太经合组织推动实现亚太自贸区北京路线图》达成了共识。但到目前为止，印度还没有获得亚太经合组织成员准入资格，通过加强与日本的关系在这方面将对印度有所帮助。

对于多边主义，中国的选择方案

D. S. Rajan*

原文标题： China's Selective Approach towards Multilateralism

文章框架： 中国宣布的外交政策目标是在全球政治经济形势面临新的挑战、新的调整和新的发展之际，采取多边外交行动。

观点摘要：

1. 中国多边行动的例子包括出资成立亚洲基础设施投资银行（AIIB，以下简称亚投行），参与金砖国家框架下的合作计划，参与二十国集团机制、亚洲太平洋经济合作组织（APEC）和东盟外交部长会议，参与上海合作组织和中非合作论坛以及提出“一带一路”倡议。出于自身的战略原因，美国和日本一直不参与亚投行，而印度对加入中国的“一带一路”倡议持保留态度。

2. 中国宣布的外交政策目标是在全球政治经济形势面临新的挑战、新的调整和新的发展之际，采取多边外交行动。正如中国所预测的那样，在不断变化的环境下，这些多边行动正在加速实施，旨在为全球和区域经济发展提供援助。

---

* D. S. Rajan，印度钦奈中国研究中心杰出研究员。来源：南亚分析集团（印度智库），2016 年 2 月 29 日。

中国渔船在纳土纳群岛：对地区安全的影响

Teshu Singh *

原文标题： China's Fishing Vessels in the Natuna Island: Implications for the Regional Security

文章框架： 中国与印度尼西亚的关系是相互依存的；在战略上，印度尼西亚对中国仍然非常重要。

观点摘要：

1. 中国与印度尼西亚的关系是相互依存的。早在1950年，印度尼西亚就成为第一个与中国建交的东南亚国家。但后来，由于华人社区向印度尼西亚共产党提供支持，两国关系一直冻结到1990年。然而，20世纪90年代末的亚洲金融危机为中国加强与印度尼西亚的关系提供了契机。1998年8月，中国同意向印度尼西亚出售5万吨大米，捐赠了价值300万美元的药品，提供了2亿美元经济贷款，并参与了国际货币基金组织的救助计划。中国还在2004年印度尼西亚爆发海啸时提供了帮助。2005年，中国和印度尼西亚签署了《中华人民共和国和印度尼西亚共和国关于建立战略伙伴关系的联合宣言》。自此之后，两国贸易额从2010年的427亿美元增长到2014年的800亿美元。2015年4月，印度尼西亚总统佐科·维多多（Joko Widodo）表示："中国将参与兴建24个港口项目、15个机场项目、长达1000公里的公路项目和8700公里的铁路项目以及其他基础设施建设项目。"2015年9月，印度尼西亚向中国"提供"了一份价值数十亿美元的雅加达—万隆高速铁路项目合同。

2. 在战略上，印度尼西亚对中国仍然非常重要。2013年10月，习

* Teshu Singh，获得德里大学东亚研究系博士学位，维韦卡南达国际基金会高级研究员。来源：维韦卡南达国际基金会（印度智库），2016年4月29日。

近平主席在印尼国会演讲中提出了“21 世纪海上丝绸之路”倡议。在所有东南亚国家中，选择在印度尼西亚宣布“21 世纪海上丝绸之路”倡议是印度尼西亚对中国外交重要性的例证。

俄罗斯与美国和中国不断演变的格局：对印度的影响

Harinder Sekhon *

原文标题：Russia's Evolving Equations with the USA and China：Implications for India

文章框架：中国、印度和巴西等新兴大国逐渐崛起，它们的实力足以与美国“分享”世界舞台，即便它们未必能与美国相匹敌；对东亚新兴战略发展的一项调查显示，全球权力结构领域正在形成一种“权力共享”方式；中国致力于通过完善亚太经合组织议程围绕促进区域经济增长和互联互通的一系列举措，来努力缓解地区的恐惧；2011 年 11 月，时任美国国务卿希拉里·克林顿在《外交政策》上发表了题为《美国的太平洋世纪》一文，明确指出美国对亚太地区的重视；“重返亚太”战略的主要目标；多数国家认为，美国的“重返亚太”战略与其说是实质性的，不如说夸夸其谈；唐纳德·特朗普当选美国总统之后，人们对美国对“再平衡”战略和东亚安全的承诺感到担忧；毫无疑问，美国在亚太地

---

* Harinder Sekhon，毕业于新德里芮姆女子学院，获得旁遮普大学硕士和博士学位；维韦卡南达国际基金会高级研究员，从事了 30 多年的研究、写作和教学工作，研究内容涉及印美关系各个方面、美国在亚洲的政策和战略以及南亚和东亚地区的安全挑战；2004 ~ 2013 年，担任观察家研究基金会美国研究项目高级研究员，在此之前，在印度国家安全委员会秘书处担任情报和战略分析师两年，从事数据分析，并就印度政府的政策执行战略问题进行评估；曾在几个国家和国际会议上发表研究论文，经常在其研究领域为学术期刊和几家报纸撰稿。来源：维韦卡南达国际基金会（印度智库），2017 年 9 月 13 日。

区的经济和政治利益是巨大的，并且需要增加美国在亚太地区的影响力，这还将给予许多亚洲国家对该地区的战略优先权；虽然中美两国在可预见的将来不可能成为亲密的盟友，但它们仍然可以在许多问题上密切合作。

观点摘要：

1. 中国、印度和巴西等新兴大国逐渐崛起，它们的实力足以与美国"分享"世界舞台，即便它们未必能与美国相匹敌。但是，当前的全球秩序只有在一些新的稳定大国崛起的情况下才会成为真正的多极格局，但大国（这些大国将是稳定的，并将发挥负责任的国际作用）的崛起将难以预测。我们很可能会看到一个新兴大国体系的崛起，这个体系将变得更不具全球化，而更区域化，即由地区霸主主导，这些霸权国家足够强大，能够控制它们的周边环境，但没有足够的能力在全球范围内采取行动。这样一种基于区域的国际秩序可能具有破坏性，因为它可能意味着经济和安全领域的全球规范的终结，并提出了一个重要的问题：如果没有大国有能力在全球采取行动，那么谁将实施防止核武器扩散或执行贸易规范呢？因此，这些地区大国需要指望美国在可预见的未来继续塑造全球力量结构。

2. 对东亚新兴战略发展的一项调查显示，全球权力结构领域正在形成一种"权力共享"方式。这些都反映了多极化或多中心世界的发展。在安全领域，美国的"重返亚太"战略和"再平衡"战略值得关注。促使全球权力关系变化的另一个重要的当代因素是地缘政治和地缘经济组织的出现。像七国集团或八国集团这样的组织不能像过去那样有效地为所有人做决定，因为它们不再代表现行的权力体系。该地区的特点是具有复杂的双边和多边关系网络以及具有不同有效性和合法性的组织。其中如东亚峰会，已经建立起来，特别是自 1997～1998 年亚洲金融危机以来，东南亚国家联盟是亚洲持续时间最长的区域组织。其他组织如上海合作组织（SCO），做出了对冷战结束的反应（中国试图在没有美国干涉的情况下建立更多的战略空间）。与此同时，一些多边会议，如中日韩三边会议或美日印三边会议，是对经济和战略因素的回应。有些组织横跨太平洋，特别是亚太经济合作组织（APEC），而其他组织的成员则在“更狭窄”的东亚范围内。尽管许多组织显然有能力应对区域挑战，但对于这些组织在预防或缓和冲突和促进长期合作方面如何取得成功，并没有达成分析上的共识。

3. 中国致力于通过完善亚太经合组织议程，围绕促进区域经济增长和互联互通的一系列举措，来努力缓解地区的恐惧。有人担心，随着美国越来越忙于乌克兰和中东事务，在东亚地区，中国将致力于改变现有的、多元化的地区秩序，并以中国势力取而代之。尽管这些都是需要立即关注的严重问题，但美国不能忽视它所面临的长期和更严重的挑战，即中国在东亚的崛起。亚太地区的战略力量以及美国和中国两个主要参与者已成为21世纪国际关系的主要推动力。在过去20年里，中国的经济迅速崛起使中国提高其军事能力并且提高其在地区内和地区外的影响力。虽然中国一直在尽力坚称其崛起将是和平的，“对邻国或现有的国际政治和经济秩序没有威胁”，但其自信心日益增强，并且自2010年以来更加明显，这是一个值得关注的问题，也会迫使美国将重新定位其亚太政策。2011年11月，美国前总统奥巴马出席了在印尼巴厘岛举行的东亚峰会，这是美国总统首次出席该峰会，标志着美国政策的重大转变，以保护其在亚洲的战略利益。

4. 2011年11月，时任美国国务卿希拉里·克林顿（Hillary Clinton）在《外交政策》上发表了题为《美国的太平洋世纪》一文，明确指出美国对亚太地区的重视。她指出，“利用亚洲的增长和活力是美国经济和战略利益的核心，也是奥巴马总统确定的一项首要任务。亚洲开放的市场为美国进行投资、贸易及获取尖端技术提供了前所未有的机遇。我国国内的经济复苏将取决于出口和美国公司开发亚洲广阔和不断增长的消费群体的能力。在战略上，无论是通过捍卫南海的航行自由、应对朝鲜的核扩散问题还是确保该地区主要国家的军事活动的透明度，保障整个亚太地区的和平与安全，都对全球发展越来越至关重要”。这再次表明美国对亚太地区的关注，促使美国以“重返亚太”（“再平衡”）的方式发出战略声明。虽然这一战略不是新政策（主要是先前美国政府已实施政策的延续和扩大），但“奥巴马主义”有两个不同的特点。第一个特点是它更加全面，包括“战略的所有必要组成部分，即军事、政治、经济和意识形态”。第二个特点是扩大了亚太地区的范围，将南亚包括在内，特别是印度，并将太平洋和印度洋联系起来，将其作为美国亚洲大战略的一个统一体。

5.“重返亚太”战略的主要目标是：通过防止地区冲突和引发国家间对抗，重申美国维护该地区稳定的兴趣；维护全球公共领域的安全，特别是超过50%的全球贸易和70%的船载石油通过的海上通道；通过双边自由贸易协定和促进跨太平洋伙伴关系协定，为美国与东亚地区和国家间的贸易规模进一步扩大创造有利环境；虽然没有明确说明，但通过影响“在美国仍然占主导地位的地区和国际体制下的准入和完全一体化”来关注中国的活动并管控其在该地区的作用；发挥温和的和不可或缺的霸权作用，从而“获得必要的影响力，以影响区域参与者”。美国希望通过加强在关岛和澳大利亚的军事部署，调整贸易和外交政策，实现其目标。另外，“重返亚太”战略的重点是使美国在该地区的军事存在更加灵活，并且其为迅速部署采取的措施引起了中国的担忧。尽管美国坚称其战略平衡只是“为了所有人的利益而加强地区稳定，而不是遏制或威胁中国”，但中国认为美国此举是为了保持其“霸权主导优势，阻挠中国的崛起，并使其变得脆弱”。这进一步加剧了东亚地区的紧张局势，近几个月来，中国在东亚地区变得更加积极，而美国则在其他地方忙得不可开交。这些紧张局势集中在朝鲜半岛和中国台湾海峡，并具有重要的海洋重要性，因此，导致该地区发生战争的可能性很高。日本、越南和菲律宾除了觉得自己很脆弱之外，还致力于做出将美国的注意力拉回亚太的努力。

6. 多数国家认为，美国的“重返亚太”战略与其说是具有实质性的，不如说夸夸其谈。一些国家认为，美国对亚洲的优先权已经从“再平衡”战略中发生了重大变化，尽管并不一定通过增加军事存在的方式进行，美国对该地区发出的信号对安抚一些国家，并且有望阻止其他国家的活动至关重要。另一些国家则认为，该政策所产生的影响远远小于它所能达到的效果，而且它最初的动力现在已经消散了。在美国的朋友对其“再平衡”战略的承诺表示怀疑之际，美国前国务卿约翰·克里（John Kerry）试图缓和这种恐惧和担忧。他在一份声明中说，

“亚太地区是世界上最有希望的地方之一，美国的未来和安全与繁荣与其紧密地联系在一起”。克里还说，“奥巴马总统对亚太地区的‘再平衡’战略及我们与日本、韩国、澳大利亚、泰国和菲律宾等长期盟友的巨大价值，以及我们与东盟的兴盛关系将成为当务之急”。克里概述了“再平衡”战略的四个主要方面。第一，创造可持续经济增长的机会，其中包括敲定跨太平洋伙伴关系协定，这不应该通过狭隘的贸易协定来看待，而是美国和其他太平洋国家团结起来、共同繁荣的战略机遇。第二，推动清洁能源革命，这将有助于应对气候变化，同时推动全球经济发展。第三，通过完善体制及建立稳定区域的准则，缓和紧张局势并促进区域合作。第四，创造一个环境，让整个亚太地区的人们过上有尊严、有安全感的生活。

7. 唐纳德·特朗普当选美国总统之后，人们对美国的“再平衡”战略和东亚安全的承诺感到担忧。在整个总统竞选活动中，特朗普对美国在该地区的价值发表了一系列煽动性言论，尤其是针对那些结盟的国家（如日本和韩国）。特朗普公开质疑美国为保障亚洲盟友的安全而支出的资金数额，并要求韩国和日本“提供报酬”。这些言论使日本和韩国感到担忧和困惑，这两个盟友已经在其国内为美军提供了大量支持。事实上，日本支付了近75%的直接成本，而这些直接成本包括美国在其国内驻军的花费。特朗普还表示，日本和韩国可能最终会考虑致力于发展独立的核武器，以便在该地区更充分地保护自己。这一声明与美国几十年来在该地区的政策相矛盾，包括其核不扩散承诺和扩大核威慑承诺，并且在韩国和日本引发了担忧，即美国可能会致力于解除其“核保护伞”的保障。特朗普的言论进一步暴露了美国盟友对其在该地区言论的价值以及其威慑承诺的极度不确定性。

8. 毫无疑问，美国在亚太地区的经济和政治利益是巨大的，并且需要增加美国在亚太地区的影响力，还将给予许多亚洲国家对该地区的战略优先权。但长期的问题是，美国是否有意愿和资源，在中国持续崛起和国内压制的背景下继续做出努力。中国有可能很容易地专注于主导该地区，而不必过于担心世界其他地区的直接贸易、投资和资源需求。美国在其他地区总是会有其他优先考虑的事情，这让许多中国的邻国感到担忧。幸运的是，在过去几个月里，特朗普通过对东亚采取一种传统政策来缓解地区担忧。就中国而言，特朗普的态度特别矛盾。他在竞选期间非常严厉，称中国是“汇率操纵国”，是一个偷走美国就业机会的国家。在他就职后不久，他还给中国台湾地区领导人打了一通有争议的电话，引起了中国大陆政府的深切关注。但在特朗普和中国国家主席习近平在佛罗里达州举行的首次会晤后不久，两人的关系就变得异常融洽。这位美国总统将习近平描述为一个“了不起的人”，他称自己与习近平有“非常好的关系”。为了换取与习近平达成帮助美国遏制朝鲜的协定，特朗普政府也撤回了美国在其他地区的“压力”，并承诺将共同努力解决双边贸易关系中的问题，为解决这一问题，他还设定了“百日新政”计划。但是这个“蜜月期”是短暂的。在 7 月初美国总统唐纳德·特朗普政府的一系列声明中，似乎表明美国对中国的政策将有所改变，两个超级大国之间的关系冷却下来。与此同时，因为朝鲜继续进行更复杂的核试验，所有中美合作对于亚太地区的稳定来说比以往任何时候都更重要。然而，越来越多的网络争端正在挑战这两个大国之间的关系。特朗普政府将如何看待和处理在亚洲的外交政策问题呢？

9. 虽然中美两国在可预见的未来不可能成为亲密的盟友，但它们仍然可以在许多问题上密切合作，例如朝鲜问题、气候和环境问题、保障全球共同利益等。美国可以以积极的态度看待中国关于包容性经济议程的建议，因为持续竞争和潜在对抗对每个国家都是不利的。《纽约时报》称，“上个月领导美国商务委员会的 51 位顶尖商界领袖敦促奥巴马在 2016 年与习近平会晤时优先缔结双边投资条约”。他们称这样的条约对两国都有好处。美国也需要在改善多边体系方面发挥更积极的作用，因为最终以规则为基础的合作方式符合美国的利益，就像其可以振兴二十国集团一样。美国应该更加大胆地准备在各种机构进行改革，不论是国内还是国际机构。美国的协商领导不仅需要涉及显著的政治和经济领域，而且需要在重大的跨领域问题上取得进展，在这些问题上获得进展仍然困难，但同样重要的是，气候变化、网络安全、防止核扩散、宏观经济失衡等问题对亚洲“再平衡”战略发挥作用仍然至关重要，相关政策应该被作为一个长期目标来实现。对于美国来说，应对中国在该地区的强硬态度是必要的，但合作的中美关系也是必要的。这些都是具有挑战性的问题，因为美国没有能力在亚洲建立一个强大而可靠的区域机构和联盟网络，就像二战后的欧洲那样。尽管美国应该毫不犹豫地宣扬其价值观和原则，但它必须确保自己的行为不会偏离这些价值观和原则。为了保证在该地区持续存在的影响力，美国必须自然地与东亚和东南亚国家保持联系。

特朗普所说的世界

Shyam Saran *

原文标题： The World According to Trump

文章框架： 特朗普的对华政策将对中印关系产生重大影响，布兰斯塔德出任美国驻华大使表明美国意识到了中美关系的重要性和敏感性。

观点摘要：

特朗普的对华政策将对中印关系产生重大影响，布兰斯塔德出任美国驻华大使表明美国认识到了中美关系的重要性和敏感性。中国媒体热烈欢迎布兰斯塔德出任驻华大使，并称其为中国的“老朋友”。随后，特朗普还与中国台湾地区领导人蔡英文进行了电话会谈，该事件严重影响到中美两国关系的友好发展。特朗普对中国的这一评论做出了驳斥，与此同时，还表现出似乎准备与中国进行公开对抗的迹象。中美间的关系直接决定中国未来的地缘政治格局。近年来，印美在国防领域和反恐领域进行了前所未有的合作。特朗普的政策会对印度产生何种直接影响？一方面，特朗普政府对印度专家的特殊专业人员/临时工作签证进行了严格限制，这将对印度的信息技术行业造成严重的不利影响；另一方面，跨太平洋伙伴关系协定（TPP）的废除给了印度一些喘息的空间，因为该协定极可能将印度推向全球贸易的边缘。印度应该抓住这一机会，为早日缔结区域全面经济伙伴关系协定做出贡献，与缔结跨太平洋伙伴关系协定相比，缔结区域全面经济伙伴关系协定的任务更加繁重。印度还应继续推进申请加入亚洲太平洋经济合作组织（APEC，简称亚太经合组织）的议程。一个强有力政府的背后需要实力雄厚的大企业的有力支持。美国对中国的政治态度表明，其将对中国采取更为强硬的对抗政策。

---

* Shyam Saran，政策研究中心前外交干事。来源：政策研究中心（印度智库），2016年12月20日。

印度—日本简史

Rani D. Mullen *

原文标题： India – Japan Brief

文章框架： 日本和印度是亚洲历史较悠久的两个民主国家，也是亚洲三大经济体中的两大经济体；基于数百年的商业和政治关系，特别是面对印度独立后所制定的有利政策，印度和日本的外交关系于 1952 年正式建立，并签署了和平条约；为了加强两国关系，印度和日本自 2005 年以来也一直在举行重要的年度峰会以及提出一些倡议。

观点摘要：

1. 日本和印度是亚洲历史较悠久的两个民主国家，也是亚洲三大经济体中的两大经济体。1952 年印度和日本签署了两国第一个条约。6 年后，也就是 1958 年，印度首次获得日本的官方发展援助。而两国关系的重大突破是在 2000 年，当时日本首相森喜朗访问了印度。这次访问见证了“印度与日本全球伙伴关系”的建立。2006 年，这一关系提升为“战略性全球伙伴关系”。随后在 2014 年，两国伙伴关系升级为“特殊战略和全球伙伴关系”。2015 年 12 月，印度和日本两国领导人共同发表了一份联合声明——《2025 愿景：日印合作推动印太及世界和平与繁荣的特殊战略全球伙伴关系》，阐述了印日关系的未来路线图。这两个经济体也发现自己处于互利的状况：日本由于人口老龄化和人口规模萎缩而难以维持经济增长，而印度则面临基础设施建设瓶颈。更重要的是，强大的印日同盟也为平衡和对抗日益增长的中国影响力，确保

---

* Rani D. Mullen，政策研究中心发展合作研究项目研究员。来源：政策研究中心（印度智库），2017 年 2 月 7 日。

印度洋—太平洋地区的航行自由和多边主义提供了动力。这两个国家也在多边层面上就全球问题构成了强有力的双向扶持来源，包括两国都想要成为联合国安理会常任理事国，以及印度获得四个核管制机构（即核供应国集团、导弹及其技术控制制度、瓦森纳协定和澳大利亚集团）的成员身份。

2. 基于数百年的商业和政治关系，特别是面对印度独立后所制定的有利政策，印度和日本的外交关系于 1952 年正式建立，并签署了和平条约。6 年后，日本政府也开始向印度提供官方发展援助，并于 1986 年成为印度最大的援助国。重要的是，近年来由于亚洲格局的变化，这种双边关系变得更加具有战略性。其重要性上升的另一个因素是印度和日本各自的长期政治和经济目标趋同。

3. 为了加强两国关系，印度和日本自 2005 年以来也一直在举行重要的年度峰会以及提出一些倡议，例如外交部部长级别的年度战略对话、印度—日本关于核不扩散和核裁军的磋商以及部长级经济对话。2014 年，印度总理莫迪参加在日本举办的年度双边峰会期间，将两国关系上升为“特殊战略和全球伙伴关系”，印度总理和日本首相在一份联合声明中提出了印度和日本关系的《2025 愿景：日印合作推动印太及世界和平与繁荣的特殊战略全球伙伴关系》。在 2015 年举行的印度—日本年度首脑会议期间，两国还加强对彼此获得联合国安全理事会（UNSC）常任理事国候选国资格的支持。此外，日本也一直是支持印度加入亚太经济合作组织和四个核管制机构的重要来源。这些机构对印度实现其获取核技术和物质供应基础的雄心至关重要。

印度尼西亚智库观点摘要

东盟成员和东盟经济一体化

Ponciano S. Intal Jr；Lurong Chen *

原文标题： The ASEAN Member States and ASEAN Economic Integration

文章框架： 大西洋自由贸易区、世界贸易组织开展的“乌拉圭回合谈判”、亚太经合组织峰会以及 1997 ~ 1998 年亚洲金融危机之后的结构调整方案，都有助于印度尼西亚进一步推动自由化进程；东盟通过大西洋自由贸易区、东盟经济共同体（AEC）将深化其在印尼国内改革计划中发挥的促进作用；21 世纪以来，东盟通过东盟自由贸易区、东盟经济共同体以及亚太经合组织的推动，深化了它对各国国内政策的影响；东盟对菲律宾的作用和其对印度尼西亚的作用相同。

观点摘要：

1. 大西洋自由贸易区、世界贸易组织（WTO）开展的“乌拉圭回合”、亚太经合组织（APEC）峰会以及 1997 ~ 1998 年亚洲金融危机之后的结构性调整方案，都有助于印度尼西亚进一步推动自由化进程。印度尼西亚战略与国际问题研究中心经济系主任达姆里（Yose Rizal Damuri）表示，在印度尼西亚《共同有效优惠关税》下，关税削减和最惠国税率之间拥有紧密联系，他认为《共同有效优惠关税》在 20 世纪 90 年代末和 21 世纪会影响国家总体关税削减方案。印度尼西亚在世贸组织关于约束关税和特定服务部门、减少非关税壁垒以及取消数量限

---

* Ponciano S. Intal Jr，高级经济师。Lurong Chen，经济师。来源：东盟和东亚经济研究所（印度尼西亚智库），2016 年 11 月 22 日。

制原则方面的承诺，都是对大西洋自由贸易区倡议的补充。同样，在敏感产品和行业中削减关税和取消非关税壁垒，以及在国际货币基金组织结构性调整方案下推行服务自由化也都是对大西洋自由贸易区倡议的补充。

2. 通过东盟自由贸易协定和东盟经济共同体（AEC），东盟将增强其在印尼国内改革计划中发挥的促进作用。《东盟经济共同体蓝图2025》预计将继续深化东盟对自由化和便利化的承诺，因此，总的来说，东盟、世界贸易组织、亚太经合组织和国际货币基金组织的协调，为印尼在20世纪90年代和21世纪初进一步的经济开放提供了外部动力。

3. 在这篇关于菲律宾的报告中，吉尔伯特（Gilbert Llanto）展示了菲律宾贸易政策的演变：从20世纪50年代到70年代的贸易保护主义、内向型政策，到从20世纪80年代开始日益外向和更加开放的贸易体制。虽然自由化倡议最初是在国际货币基金组织和世界银行方案下的单边计划，但大西洋自由贸易区、世界贸易组织的“乌拉圭回合谈判”以及亚太经合组织都参与了20世纪90年代的贸易和工业改革。21世纪以来，东盟通过东盟自由贸易区和东盟经济共同体以及亚太经合组织的推动，深化了它对各国国内政策的影响。

4. 东盟对菲律宾的作用和其对印度尼西亚的作用相同，即在20世纪90年代和21世纪初与世贸组织和亚太经合组织一起作为该国贸易改革的推动者，以及在符合《东盟经济共同体蓝图2025》的情况下作为更广泛国内改革的推动者。东盟一体化已经影响了菲律宾商品贸易的方向，主要是由于菲律宾的出口目的地已经转向东北亚。和印度尼西亚一样，菲律宾与其他东盟成员存在贸易逆差。与达姆里对印度尼西亚的观察不同，毫无疑问，东盟对菲律宾越来越不利，而其对进口的保护力度越来越大。相反，不断增加的压力是为了改善基础设施以及该国的监管制度，以对投资者更具吸引力，使国内企业在国内和国外市场更具竞争力，从而从经济一体化中获益。

跨太平洋伙伴关系协定中关于国有企业的规定：综述和评估

Tsuyoshi Kawase；Masahito Ambashi *

原文标题：Disciplines on State – Owned Enterprises under the Trans – Pacific Partnership Agreement：Overview and Assessment

文章框架：亚太经合组织有望推动基于跨太平洋伙伴关系协定第 17 章规则的进一步研究。

观点摘要：

区域全面经济伙伴关系协定（RCEP）目前正在谈判当中，该协定由“东盟 +6”（即与东盟经济关系密切的中国、印度、日本、韩国、澳大利亚和新西兰六国）组成。确保该地区的竞争中立非常关键。由于区域全面经济伙伴关系协定成员资格与跨太平洋伙伴关系协定（TPP）/全面与进步跨太平洋伙伴关系协定（CPTPP）的成员资格重叠，因此跨太平洋伙伴关系协定第 17 章——“国有企业和指定垄断”的内容可以为区域全面经济伙伴关系协定制定有关国有企业的规定提供一个模板。换句话说，跨太平洋伙伴关系协定中有关国有企业的规则可能广泛适用于区域全面经济伙伴关系协定中的经济体。另外，亚洲太平洋经济合作组织（APEC，以下简称亚太经合组织）中包括所有 12 个跨太平洋伙伴关系协定缔约方，该组织可能难以对所有经济体的国有企业实施严格规定，因为从本质上讲，亚太经合组织更适合制定软性规则并基于自愿和灵活的协定来进行合作。然而，

---

* Tsuyoshi Kawase，日本东京上智大学法学院教授。Masahito Ambashi，东盟和东亚经济研究所（ERIA）经济学家。来源：东盟和东亚经济研究所（印度尼西亚智库），2018 年 2 月 6 日。

“控制”国有企业的重要性已被广泛认可，以确保亚太地区具有竞争性和开放的商业环境，因此，亚太经合组织有望推动基于跨太平洋伙伴关系协定第 17 章规则的进一步研究。

在 21 世纪加强亚欧全面伙伴关系

PHAM Binh Minh *

原文标题： Enhancing a Comprehensive Asia – Europe Partnership in the 21st Century

文章框架： 越南与其他东盟成员密切合作，以推动与欧盟建立伙伴关系并达成合作协定，为建立东盟—欧盟战略伙伴关系铺平道路。

观点摘要：

越南与其他东盟成员密切合作，以推动与欧盟建立伙伴关系并达成合作协定，为建立东盟—欧盟战略伙伴关系铺平道路。另外，越南正在尽一切努力履行其在东盟与其合作伙伴之间的众多自由贸易协定中所做的承诺，并促进东盟—欧盟自由贸易协定谈判等。这也为越南在促进亚欧一体化方面提供了更好的条件。今后 5 ~ 10 年对越南的未来发展和国际形象至关重要。越南将在 2017 年举办亚洲太平洋经济合作组织（APEC）峰会，在 2018 年前完成对世界贸易组织的承诺，达成新一代自由贸易协定。越南将在 2020 年担任东盟轮值“主席”，目前正在为联合国安理会在 2020 ~ 2021 年的非常任理事国席位进行竞争。这表明越南决心参与深入的国际一体化进程并开展全面的多边外交，这是越南外交政策的主要支柱之一。在这一努力中，越南承诺与亚欧会议伙伴密切合作，以实现以人为本、充满活力、相互联系、具有韧性的亚欧会议。

---

* PHAM Binh Minh，越南外交部副部长。来源：战略与发展研究所（菲律宾智库），2016 年 6 月 29 日。

亚欧会议成立 20 周年

Jean - Marc Ayrault *

原文标题： The Asia - Europe Meeting on Its 20th Anniversary

文章框架： 亚欧会议即将到来；在过去的 20 年里，世界发生了巨大的变化。

观点摘要：

1. 亚欧会议即将到来。20 年来，作为一个非正式的国际组织，它仍然年轻。亚欧会议得以延续 20 年说明了其存在的必要性。在过去 20 年里，虽然世界发生了巨大的变化，但亚欧会议仍然为其设定的目标服务。1994 年 10 月，新加坡总理吴作栋在访问巴黎期间提出要建立一个致力于发展和加强亚洲、欧洲之间各种联系的组织。他的想法是，世界正被塑造成三个主要的贸易集团，即美国、亚洲和欧洲。美国和欧洲的联系源远流长；美国和亚洲的联系围绕着当时刚刚启动的亚洲太平洋经济合作组织（APEC）展开，因此亚洲和欧洲的联系是这个三角关系的"薄弱环节"。

2. 在过去 20 年里，世界发生了巨大的变化。一些国家摆脱了贫困和落后的发展状况，而另一些国家则在 10 年里或用更少的时间实现了这一目标，特别是亚洲国家。在欧洲方面，以前亚欧会议只局限于"西欧"，现在包括了大部分东欧国家。除此之外，俄罗斯也加入了亚欧会议。亚欧会议成员不断增加证明了这样一个事实，即这种形式的对话和 20 年前一样有其存在的必要性，因为它有助于缓解紧张局势，促进理解，并迫使各方加强自身内部协调。亚洲和欧洲都不是一个单一的

---

* Jean - Marc Ayrault，法国外交与国际发展部部长。来源：战略与发展研究所（菲律宾智库），2016 年 7 月 4 日。

集团，在每个集团内部，合作伙伴都有各自的分歧。分组会谈至少让我们尝试超越甚至可以超越这些差异。恰逢 20 周年是一个很好的机会，我们可以对亚欧会议的成功和失败进行反思，从中吸取教训，展望未来。

关于竞争政策的多边规则：争论综述

Berend R. Paasman*

原文标题：Multilateral Rules on Competition Policy：An Overview of the Debate

文章框架：过去十年来，竞争政策在贸易全球化和资本自由化进程中已经成为一个重要的话题；过去多次尝试建立有关竞争政策的多边协定，但均未成功。

观点摘要：

1. 过去十年来，竞争政策在贸易全球化和资本自由化进程中已经成为一个重要的话题。进口关税平均水平大幅下降，各种非关税限制也被取消。然而，关于私营部门设置的贸易壁垒问题几乎没有得到解决，尽管这些商业行为可能造成贸易扭曲，并且不利于投资流动，甚至导致国家间发生冲突。竞争政策涉及反竞争商业惯例（有时被称为限制性商业惯例）。竞争法首先在美国实行，后来在欧洲国家实行，拉丁美洲国家直到最近才通过。竞争法十分复杂且涉及多个学科，它结合了国际法、公司法、产业组织、创新政策、跨国公司、国际贸易和运输等领域的知识。竞争法旨在防止公司降低市场机制的效率，防止公司形成"卡特尔"或其他形式的垄断，防止其滥用市场支配地位，并确保公司进行兼并和收购时受到适当的审查。垄断行为往往限制竞争，不利于激励公司在产品创新、降低价格和改善客户体验方面进行提升。除此之

---

* Berend R. Paasman，拉丁美洲和加勒比经济委员会国际贸易和发展资金司国际贸易部顾问。来源：拉丁美洲和加勒比经济委员会（智利智库），2017 年 12 月 15 日。

外，这种反竞争行为也可能为贸易发展和投资流动设置壁垒。

2. 过去多次尝试建立有关竞争政策的多边协定，但均未成功。经济合作与发展组织（OECD，以下简称经合组织）、联合国贸易和发展会议（UNCTAD，以下简称贸发会议）等对这一议题进行了广泛的研究和讨论。贸发会议参与了许多有关竞争政策的倡议，并协助发展中国家制定了适当的法律法规。此外，贸发会议还制定了一套非约束性多边规则来管控企业的限制性商业行为。经合组织认为，制定并实行竞争政策是我们在国际层面上迈向打造可竞争市场的一步。该组织建议所有成员实行竞争政策，并建立必要的执法机构。经合组织成员应该协同合作，抵制对多个国家产生不利影响的反竞争行为。目前，各国际组织正在讨论竞争政策。世界贸易组织（WTO）的一个工作组正在研究该问题，一些国家甚至希望就竞争规则达成多边协定。此外，经合组织也在研究这一议题并提出了几项建议，拉丁美洲的讨论小组也在研究该议题。各分区域组织，包括南方共同市场、日美德三国集团、北美自由贸易协定（NAFTA）和亚洲太平洋经济合作组织（APEC）都组成了工作组，审查与竞争政策有关的问题。该议题也同样被列入建立美洲自由贸易区（FTAA）的筹备工作中。

特朗普时代的国际贸易风险

Jonathan Berkshire Miller *

原文标题： International Trade Risks under Trump Era

文章框架： 特朗普时代已经使全球诸多问题被不确定性所包围；跨太平洋伙伴关系协定的崩溃不仅会对美国在亚太地区的政策产生影响，而且也将影响全球贸易体制；美国退出跨太平洋伙伴关系协定明确表明了新政府对多边贸易协定的厌烦；与经济利益同样重要的是所签署协定的战略重要性；跨太平洋伙伴关系协定的“后退”再次激励了中国主导的协定。

观点摘要：

1. 特朗普时代已经使全球诸多问题被不确定性所包围，这些问题涉及安全、气候变化和全球贸易等方面。他在担任总统的第一个星期，正式签署了一项行政命令，将美国从跨太平洋伙伴关系协定（TPP）中撤回，这是一个大型自由贸易协定，将亚太地区 12 个国家团结在一起，经济总量占世界经济总量的近 40%。不过跨太平洋伙伴关系协定表面上的消亡只有一个原因：特朗普“开始”了一种新的贸易保护主义政策，将全球贸易协定“妖魔化”。美国的这些发展，连同其他扭曲国际贸易的趋势（如英国脱欧），将导致在未来几年内其在试图推动全球贸易议程的过程中面临极大的、不确定性的挑战。

2. 跨太平洋伙伴关系协定的流产不仅会对美国在亚太地区的政策

* Jonathan Berkshire Miller，国际政策委员会创始董事，东西方研究所东亚高级研究员，外交关系委员会国际事务研究员，以及日本亚洲论坛高级研究员。来源：半岛研究中心（卡塔尔智库），2017 年 3 月 30 日。

产生战略影响，而且也将影响全球贸易体制。跨太平洋伙伴关系协定是区域自由贸易协定的主要标准，并且该协定的签署被视为贸易自由化在世界贸易组织多哈回合谈判中经历多年挫折后的胜利。在2016年11月于秘鲁举行的亚太经济合作组织（APEC）领导人非正式会议中，这一环太平洋地区贸易组织的成员在一份联合公报中再次表明自由贸易的重要性。包括美国在内的亚太经合组织成员进一步承诺“将继续保持我们的市场开放，并打击一切形式的保护主义”，这样的声明将阻止贸易保护主义言论的“增长”，这尤其针对美国高涨的贸易保护主义和其对跨太平洋伙伴关系协定彻底转变的态度。

3. 美国退出跨太平洋伙伴关系协定明确表明了新政府对多边贸易协定的厌烦，唐纳德·特朗普总统称，其政府的政策是在所有谈判中代表美国人民和他们的财务状况（特别是美国工人）并创造服务于他们利益的、公平的、经济上有利可享的贸易协定。为了确保这些成果，美国政府的目的是直接与个别国家在一对一（或双边）基础上进行有关未来贸易协定的谈判。

4. 但也许与经济利益同样重要的是所签署协定的战略重要性。跨太平洋伙伴关系协定旨在缩小差距，并将美国的亚洲政策与长期战略联系起来。跨太平洋伙伴关系协定可能不仅会成为将该区域与美国联系在一起的战略“黏合剂”，而且还能加强区域经济的相互依存和合作。跨太平洋伙伴关系协定并不依赖于美国在与亚洲国家发展关系时传统的“中心辐射型”模式（该模式专注于双边关系及联盟），而是为了支持一个由美国领导的更协调和重叠的网络，以连接这个地区志同道合的国家。

5. 跨太平洋伙伴关系协定的“后退”再次激励了中国主导的协定，其中包括区域全面经济伙伴关系协定（RCEP）。虽然跨太平洋伙伴关系协定和区域全面经济伙伴关系协定有许多共同的成员，但两个协定最显著的区别是后者没有美国的参与。中国也可能通过努力完成与日本和韩国的三边贸易谈判，来“窥探”美国在该地区的影响力。中国早在2015年便与韩国签署了双边协定。除此之外，其他可能的途径将是亚太自由贸易协定（FTAAP），该协定是一个理想的由亚太经济合作组织领导的倡议，将同时包括美国和中国（虽然这个协定似乎不太可能在短时间内达成）。

后　记

本系列专题报告能得以付梓，全有赖于许多老师、同事和朋友的襄助与关心。在此特鸣谢如下。

感谢景峰同志带领的工作团队，他们以顽强的事业心和责任心，完成了所有前期翻译和初步译校工作。

感谢本书系的顾问陆忠伟先生、编委会主任丁奎淞和各位编委，正因为这些前辈、领导和朋友的厚爱和期望，我们才能在困境中坚持走下去。

感谢社会科学文献出版社的祝得彬、刘学谦和王春梅诸位编辑，在他们的鼓励和支持下，该书才得以在短时间内面世，也正是他们严谨的工作作风，才保证了本书系的较高水平，在此谨向他们高质量的专业水准和孜孜敬业精神致敬。

王灵桂

2018 年 5 月 14 日

图书在版编目(CIP)数据

APEC：中国推进全球化的再次努力／王灵桂主编
. -- 北京：社会科学文献出版社，2019.1
（国家全球战略智库系列专题报告．国外智库论中国与世界；四）
ISBN 978-7-5201-3807-9

Ⅰ.①A… Ⅱ.①王… Ⅲ.①亚太经济合作组织-研究 Ⅳ.①F116

中国版本图书馆 CIP 数据核字（2018）第 251013 号

· 国家全球战略智库系列专题报告 ·
APEC：中国推进全球化的再次努力
——国外智库论中国与世界(之四)

主　　编／王灵桂

出 版 人／谢寿光
项目统筹／祝得彬
责任编辑／刘学谦　王春梅

出　　版／社会科学文献出版社·当代世界出版分社(010) 59367004
地址：北京市北三环中路甲 29 号院华龙大厦　邮编：100029
网址：www.ssap.com.cn
发　　行／市场营销中心（010）59367081　59367083
印　　装／三河市尚艺印装有限公司

规　　格／开 本：787mm×1092mm　1/16
印 张：19　字 数：292 千字
版　　次／2019 年 1 月第 1 版　2019 年 1 月第 1 次印刷
书　　号／ISBN 978-7-5201-3807-9
定　　价／98.00 元